Wandergenuss
Elsass und Vogesen

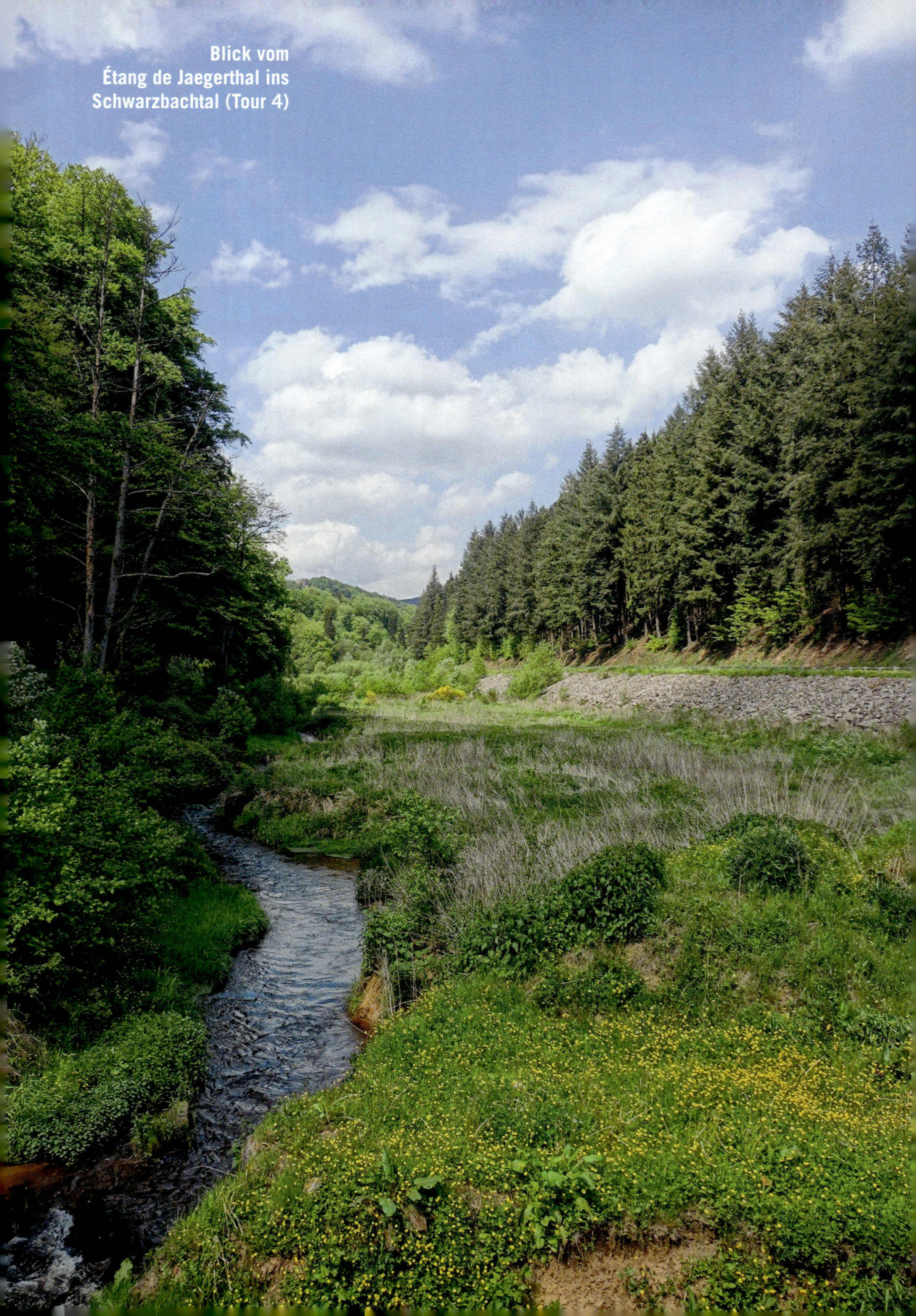

Blick vom
Étang de Jaegerthal ins
Schwarzbachtal (Tour 4)

Rainer D. Kröll

Wandergenuss

ELSASS UND VOGESEN

37 spannende Natur- und Kulturerlebnisse auf aussichtsreichen Wegen

BRUCKMANN

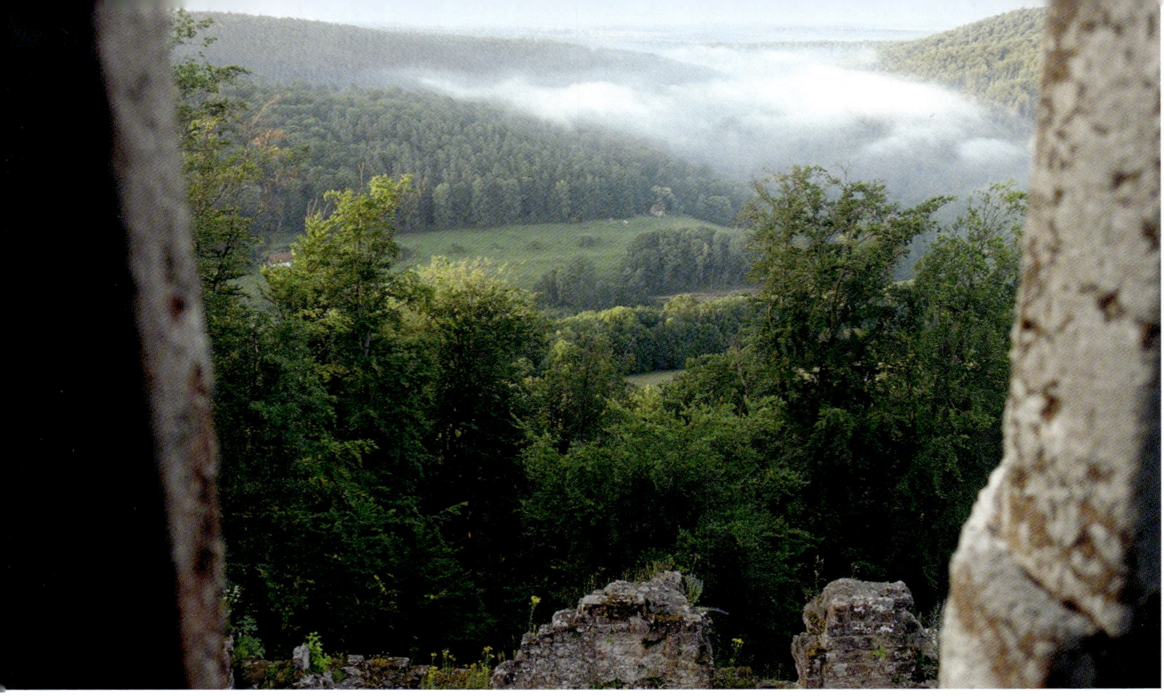

Aussicht durch die Fenster des Château du Nouveau-Windstein (Tour 4)

Der Aussichtsturm auf dem Wasenkoepfl (Tour 5)

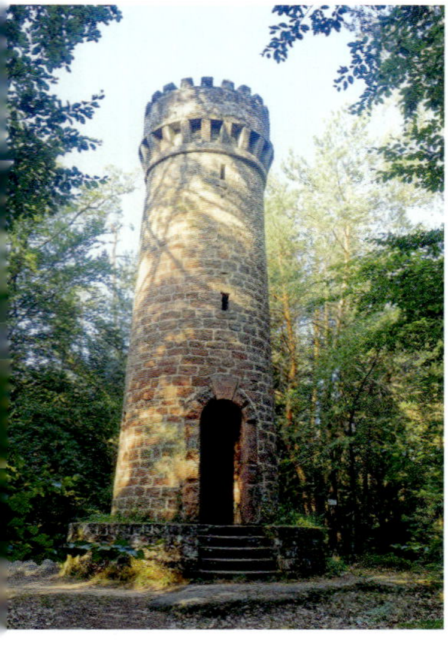

Inhalt

GENUSS AUF SCHRITT UND TRITT

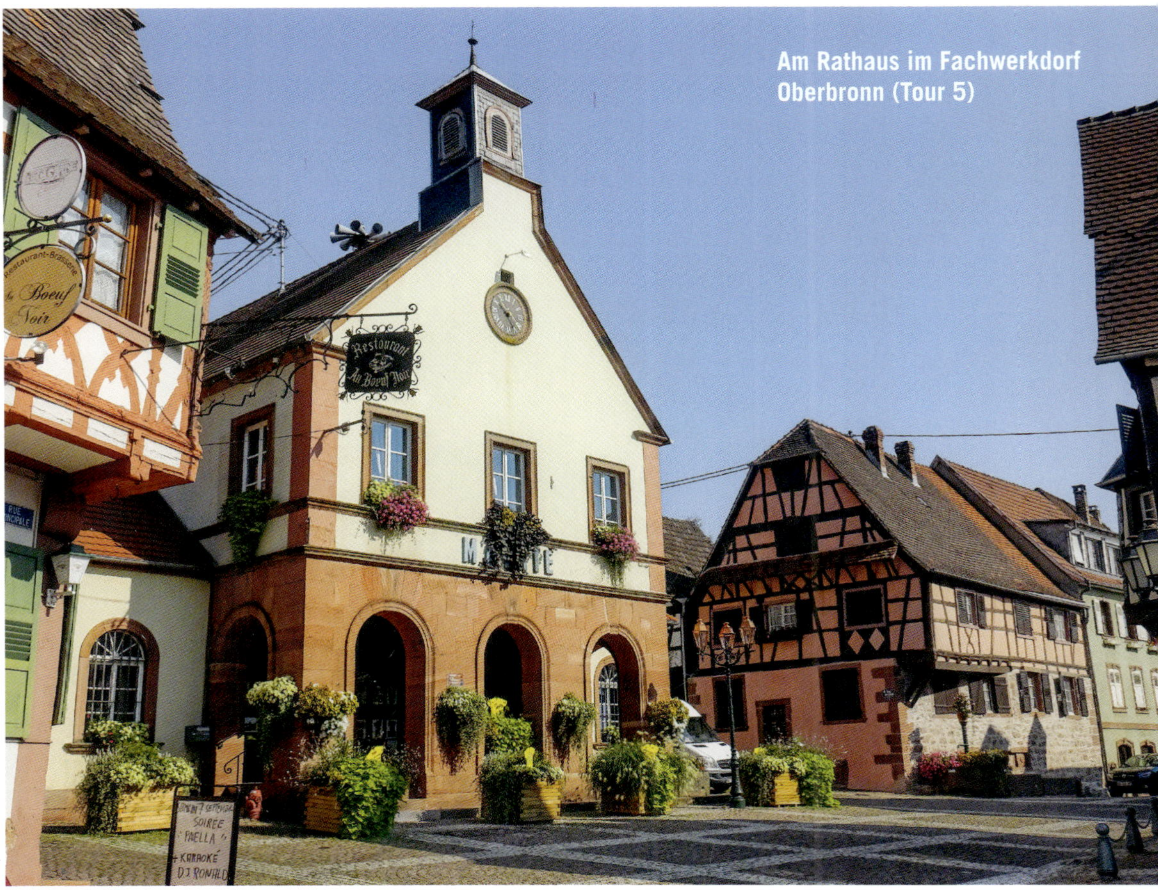

Am Rathaus im Fachwerkdorf Oberbronn (Tour 5)

Die Chapelle Saint-Denis steht inmitten der Rebflächen (Tour 14).

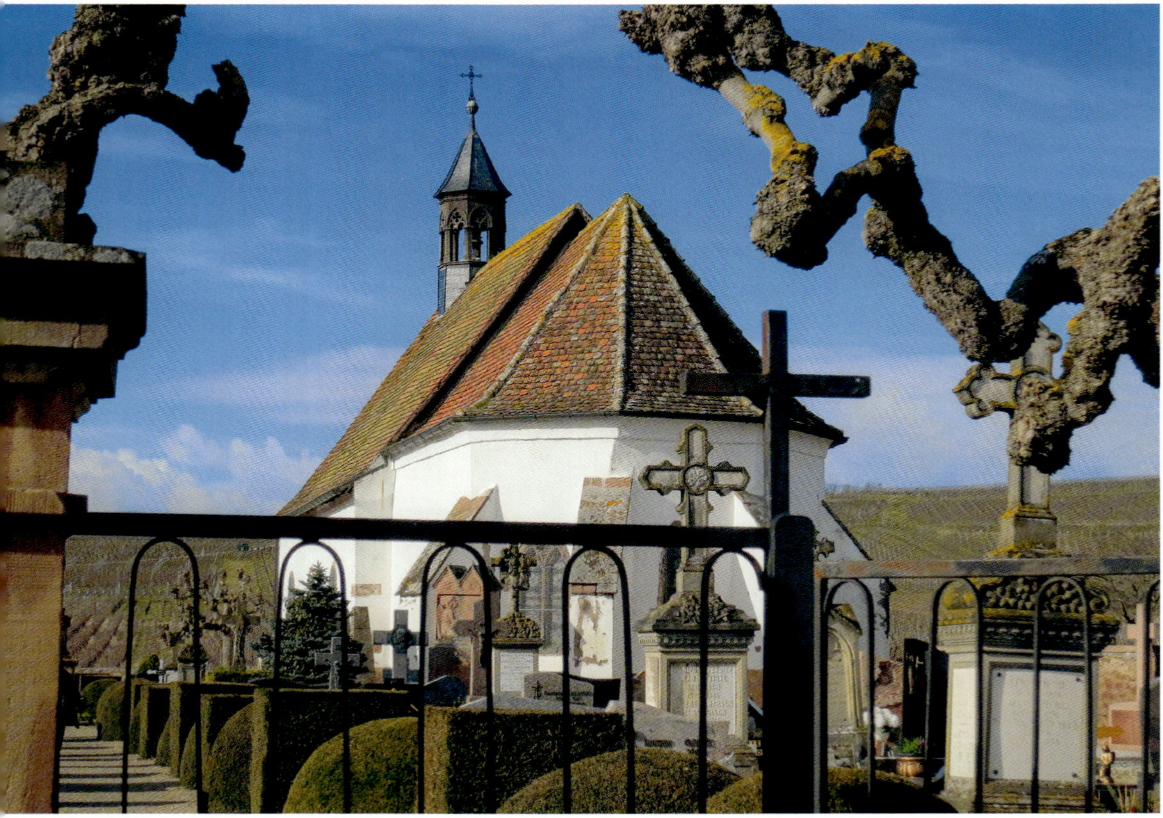

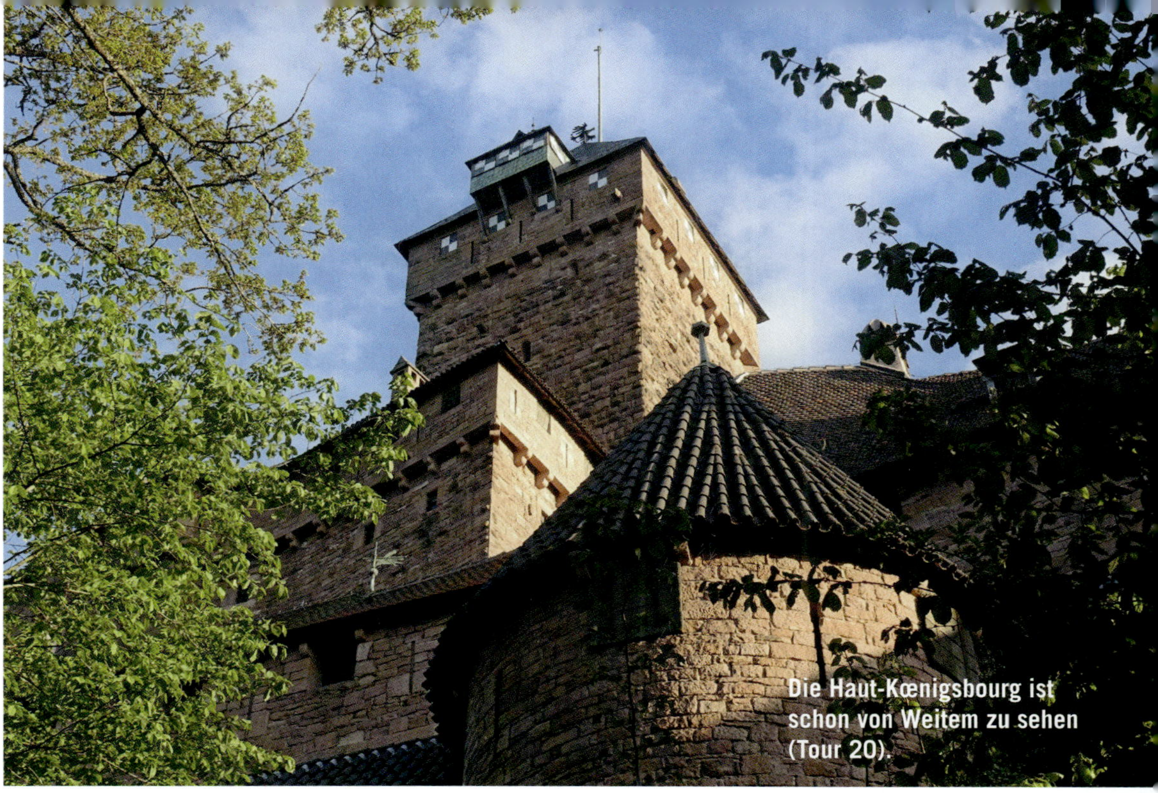

Die Haut-Kœnigsbourg ist schon von Weitem zu sehen (Tour 20).

Am Obertor in Bergheim (Tour 21)

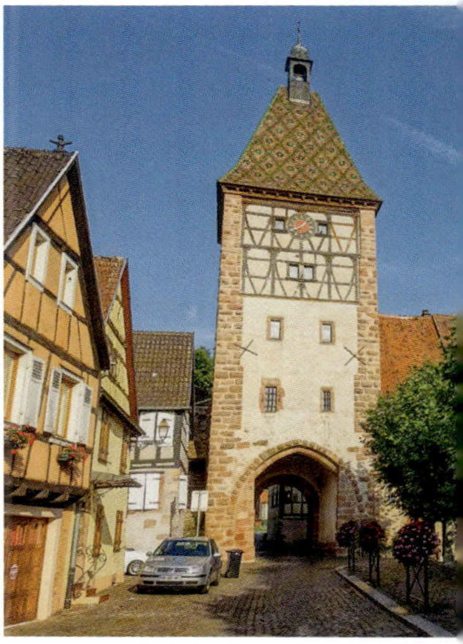

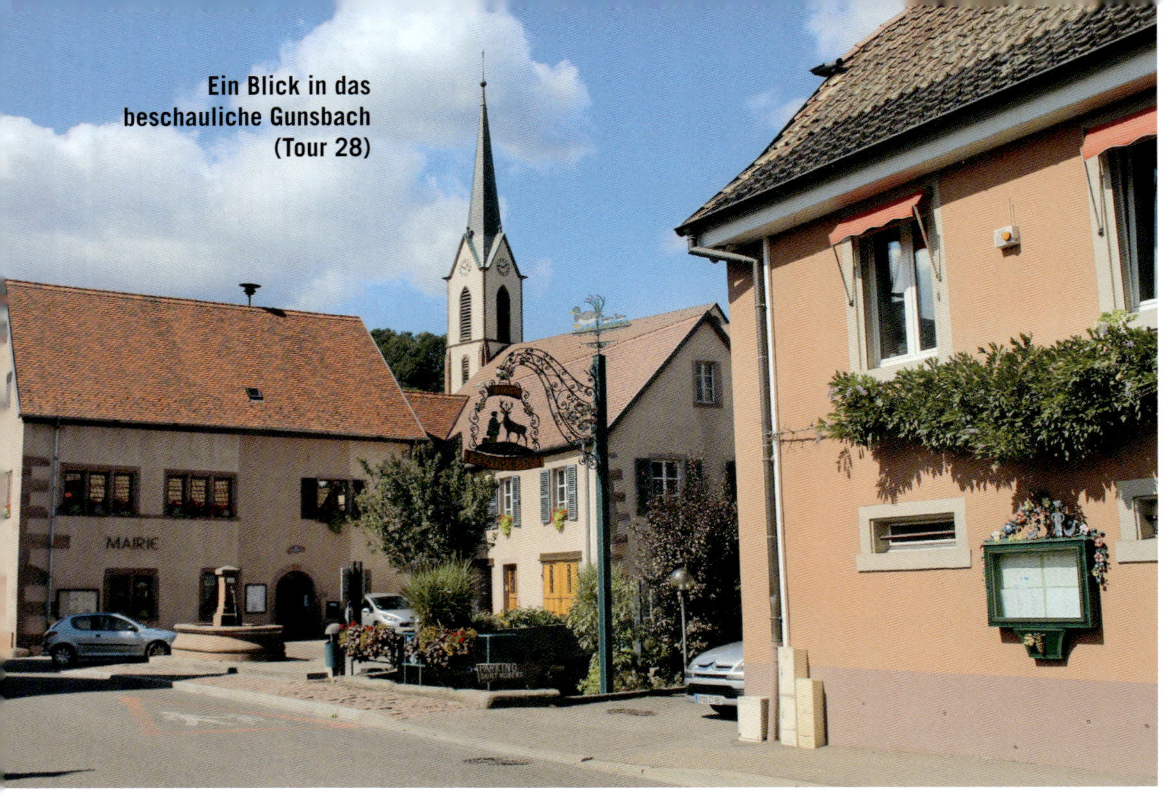

Ein Blick in das beschauliche Gunsbach (Tour 28)

Kirchenfenster in der Notre-Dame du Schauenberg (Tour 30)

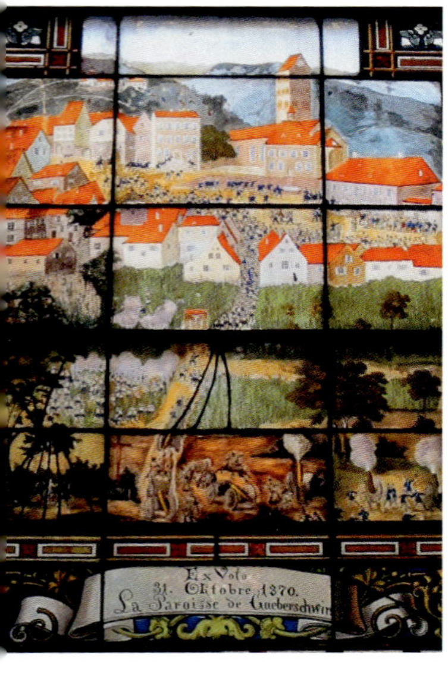

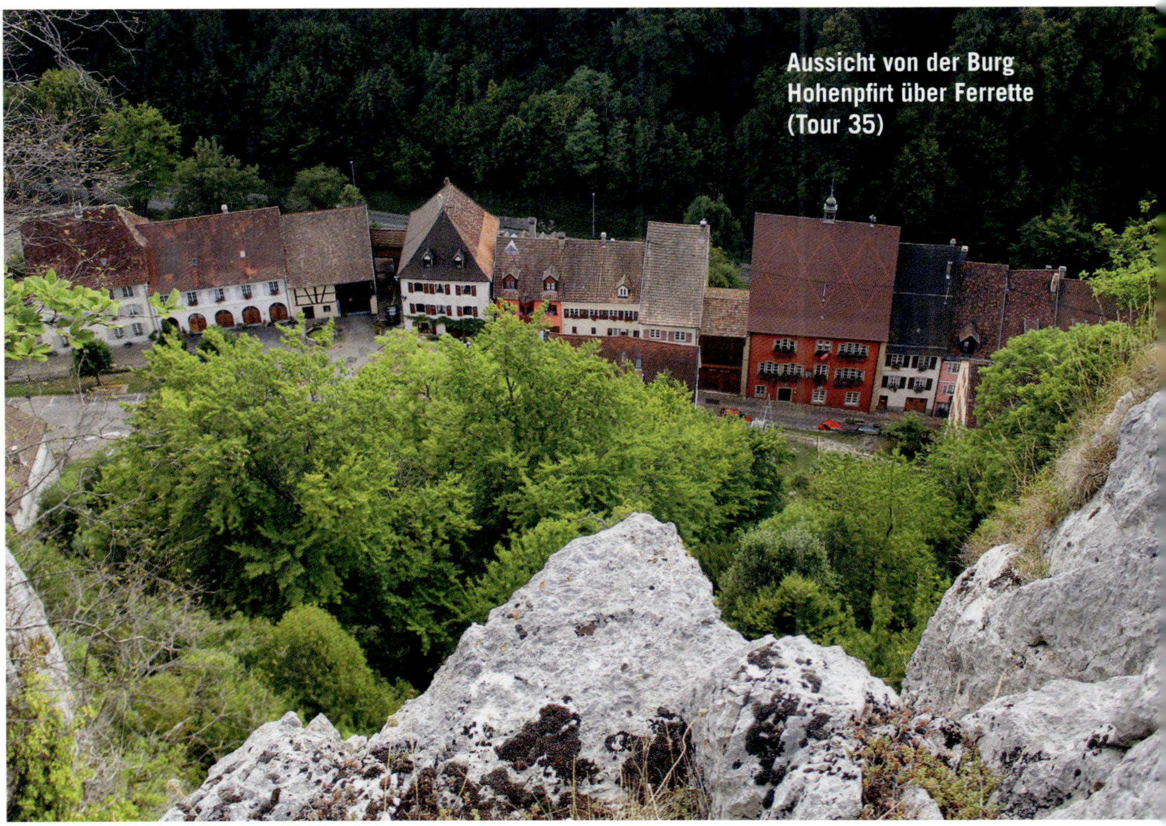

Aussicht von der Burg Hohenpfirt über Ferrette (Tour 35)

Unterwegs im Elsass und in den Vogesen

Das Elsass ist ein sehr abwechslungsreiches Urlaubsgebiet. Die Ebenen und die Vorberge der Vogesen mit den Weinanbaugebieten liegen im klimatisch begünstigten Rheingraben. Die Burgundische Pforte zwischen Vogesen und Jura lässt milde, mediterrane Luft in das Rheintal fließen. Das Frühlingserwachen der Natur setzt hier früher ein als anderswo. Wenn in den Vogesen noch der Winter herrscht, zeigen sich in der elsässischen Ebene schon die ersten Blumen. Bereits die Römer nutzten das milde Klima für den Weinbau.

Die hohen Berge der Vogesen sind den Westwinden ausgesetzt, was den Gipfeln und Graten manchmal durchaus Bedingungen der Hochgebirge bescheren. Glaziale Bergseen liegen wie glitzernde Juwelen in den grünen Tälern und auf den Hochflächen. Die besiedelten Täler zeichnen sich durch jahrhundertealte Kultur und Tradition aus. Der stille Sundgau im Süden ist etwas für Ruhe suchende Genießer. Noch heute ist das Elsass geprägt von kleinen Städten und Dörfern, vom Weinbau und vom Rhein. Rasante Moderne und alte Substanz in den lebenswerten Städten sowie ein Mix aus französischer und elsässischer Küche machen die Region zu einem beliebten Reiseziel. Das Elsass gehört zu den reizvollsten Landschaften Europas. Die Gegend hat etwas Heiteres und Entspanntes und lässt die Zeit langsamer vergehen. Kultur und Tradition bestimmen die Abläufe. Hier lässt es sich gut leben und gut Urlaub machen.

Das Château Luetzelstein steht auf einem Felssporn (Tour 7).

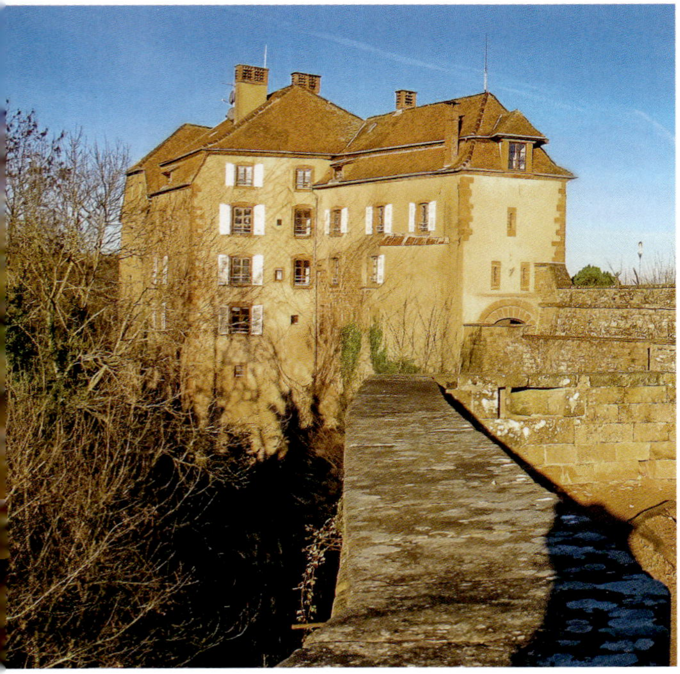

Nach der Veröffentlichung der Wanderführer *Elsass und Vogesen* und *Vergessene Pfade Elsass und Vogesen* habe ich mich sehr gefreut über den Auf-

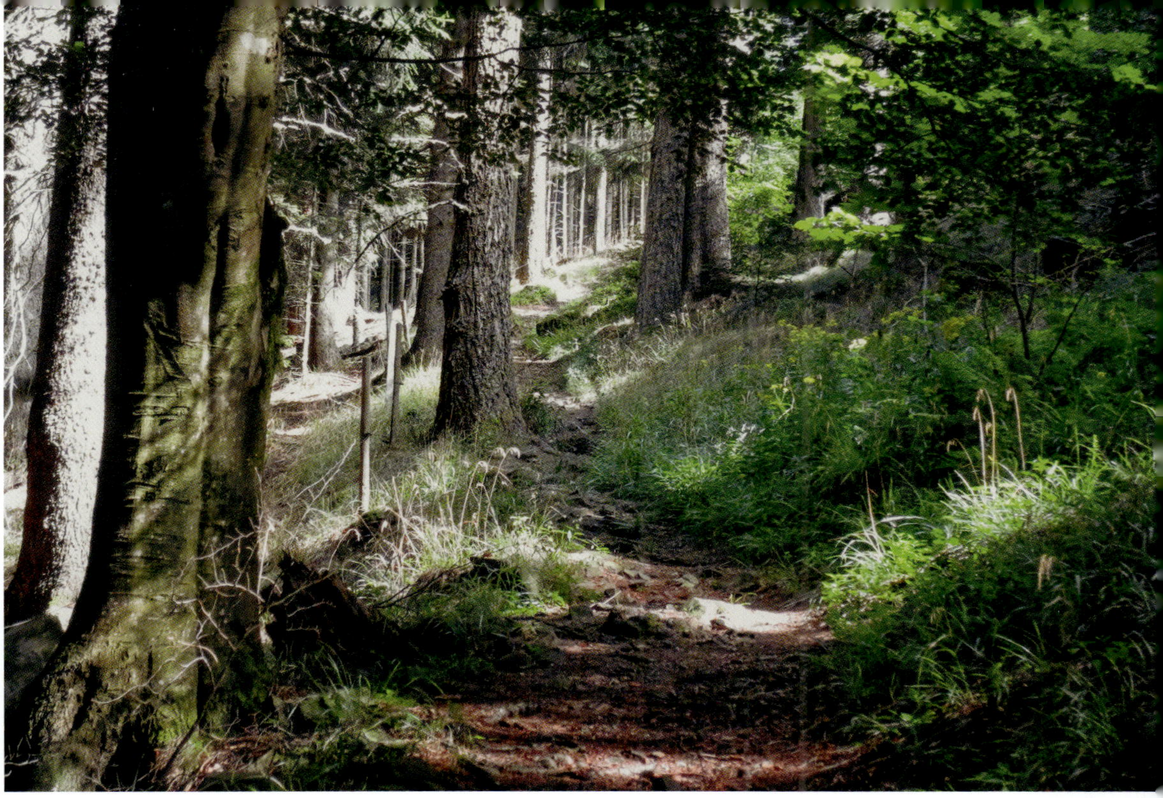

Auf dem Weg zum Petit Ballon (Tour 31)

trag zu vorliegendem Buch *Wandergenuss Elsass und Vogesen*. Die Recherche vor Ort an den vorherigen Büchern dauerte jeweils drei Monate, während deren ich in der Region gelebt habe. Wieder drei Monate im Elsass verbringen zu dürfen und neue sowie bekannte Gipfel und Orte besuchen zu dürfen, ist ein echtes Glück. Das bedeutet herrliche Landschaften wiederzusehen, bekannte Ferme Auberges, Restaurants und Weingüter wiederzubesuchen.

Die Destination ist nicht unendlich, so gibt es in diesem Buch Wanderungen, die schon in meinen anderen Büchern erschienen sind. Aber die Touren in diesem Buch mit dem Thema »Genusswandern ...« wurden in diesem Sinne total überarbeitet, meist verkürzt und auch alle erneut begangen. So leuchten sie in neuem Gewand.

Das Thema »Wandergenuss Elsass und Vogesen« erlaubte mir auch eine neue Entdeckungsreise unter anderem Gesichtspunkt. Mit diesem Thema des Wandergenusses bin ich zum Entdecker und Experten der Genüsse geworden. So habe auch ich für das Buch *Wandergenuss Elsass und Vogesen* wieder Neues entdeckt oder bereits Bekanntes wiedergesehen und unter dem Aspekt Vergnügen neu erlebt. Mit der Fertigstellung dieses Buchs habe ich nun fast 120 herrliche Wanderungen im Elsass und in den Vogesen hinter mir. Wenn Sie sich an einigen der beschriebenen Routen mit Genusserlebnis erfreuen, bin ich zufrieden.

Die romanische Burgkapelle im Château du Haut-Barr (Tour 10)

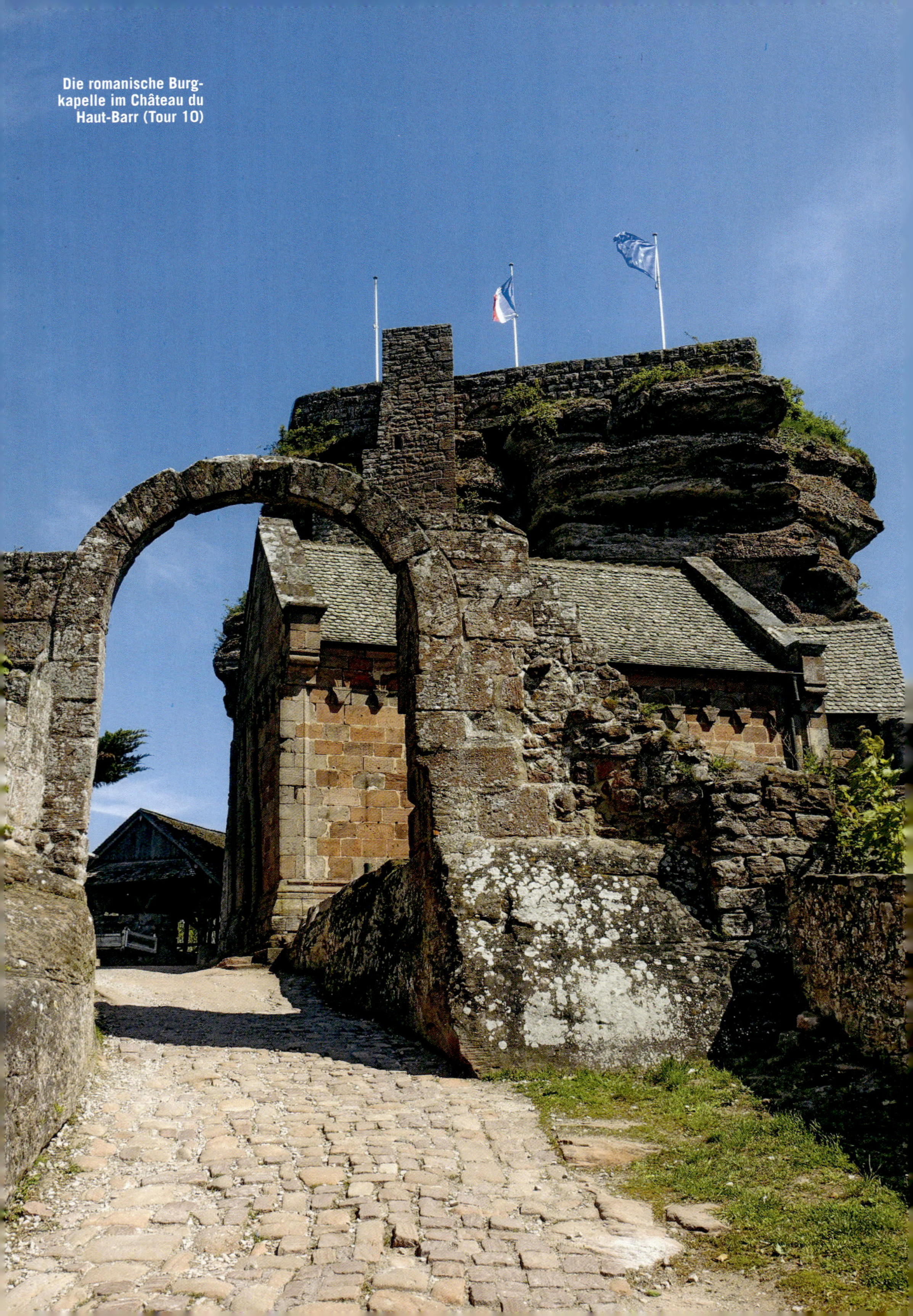

Praktische Informationen

Reisen im Elsass

Am bequemsten überallhin kommt man mit dem eigenen Auto. In entlegenen Tälern und auf den Vogesen gibt es aber oft keine Tankstellen. Gute Anbindung mit öffentlichen Verkehrsmitteln bieten die Orte, die mit der Bahn erreichbar sind. Fast jedes Dorf wird von einem Bus angefahren, und trotzdem sind diese Verbindungen für Wanderer kaum brauchbar. Die Fahrpläne sind in erster Linie für die Arbeits- und Schulbedingungen aufgestellt. Bei drei Touren in diesem Buch ist der Startpunkt nur mit dem Auto oder mit dem Taxi zu erreichen.
Aktuelle Fahrplanauskünfte zu Bahn und Bus: www.fluo.eu und Bus Route des Crêtes: www.navettedescretes.com

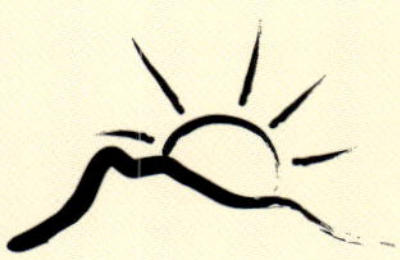

Aussicht

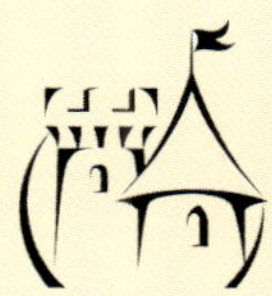

Kultur am Wegrand

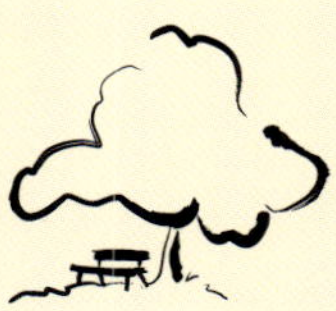

Ruhe und Natur

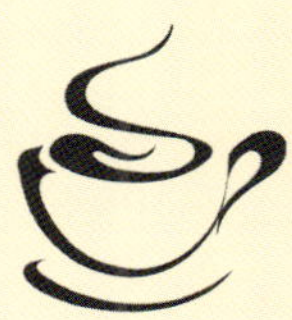

Einkehr

Die Touren

Die Wanderungen sind eher kurz gewählt, um Zeit für die genussvollen Dinge neben dem Weg zu lassen. Die Genusstouren in diesem Buch sind in vier Kategorien unterteilt, mit jeweiligem Schwerpunkt bei »Aussicht«, »Ruhe und Natur«, »Kultur am Wegrand« oder »Einkehr«. Sicher liegt der Wandergenuss bei der einen oder andere Tour in mehreren dieser Rubriken, sodass sich der Autor für das seiner Meinung nach hervorstechendste Merkmal entschieden hat. Hierzu findet sich bei jeder der 37 Touren ein Tippkasten mit dem entsprechenden Symbol.

Die Einordnung der Touren für Kindertauglichkeit im Tourenfinder in diesem Buch wird ganz einfach mit 300 Höhenmeter Aufstieg begrenzt. Die Leistungsfähigkeit der Kinder ist jedoch stark abhängig vom Alter, von der Kondition und von ihrem Willen.

Die Wandergebiete sind in zwei Gruppen gefasst und so nummeriert, wie eines der Gebiete in etwa im Zusammenhang bereist werden kann.

Nördliches Elsass begrenzt durch den Pfälzer Wald im Norden, Lothringen im Westen und Rhein im Osten. Als südliche Abgrenzung wurde das Bruchetal gewählt. Dieses Flußtal ist eines der längsten Täler der Vogesen. Die Bruche entspringt in den Vogesen am Climont (Tour 19). Bei Mutzig tritt sie durch die Vorhügelkette in die Oberrheinische Tiefebene ein und tangiert Molsheim. Sie mündet nach 77 Kilometern bei Straßburg in die Ill. Das nördliche Elsass umfasst die Landschaften das Krumme Elsass, den Naturpark der Nordvogesen, das Hanauer Land und den Landstrich Kochersberg zwischen Saverne und Straßburg.

Südliches Elsass begrenzt vom Bruchetal im Norden, Lothringen im Westen und Rhein im Osten. Die Vogesen vom Dabo nach Süden. Als südliche Abgrenzung bietet sich natürlich das Ende der Vogesen am Belforter Land an. Dies beinhaltet den Naturpark der mittleren und südlichen Vogesen. Die Ballon-Vogesen und der Sundgau an der Schweizer Grenze liegen auch in diesem Bereich.

Französische Begriffe für Wanderer

Deutsch	Französisch	Deutsch	Französisch
Almhütte	Chalet	Kapelle	Chapelle
Almhütte bewirtsch.	Ferme Auberge	Kirche	Église
		Klettersteig	Via Ferrata
Bach	Ruisseau	Kloster	Monastère
Berg	Montagne	Leicht	Léger
Berghütte	Refuge	Mulde	Cuvette
Brücke	Pont	Parkplatz	Parking
Bushaltestelle	Arrêt de Bus	Pass	Col
		Quelle	Source
Dorf	Village	Rettung	Sauvetage
Einsiedelei	Ermitage	Rundweg	Circuit
Fahrplan	Horaire	Schlucht	Gorge
Fels	Rocher	Schnee	Neige
Fluss	Rivière	Schwierig	Difficile
Gasthaus	Auberge	See	Lac
Gefahr	Danger	Straße	Rue
Gipfel	Pic	Tal	Vallée
Hilfe	Aide	Verboten	Interdit
Hoch	Haut	Wald	Bois, Forêt
Hochfläche	Haut Plateau	Wasserfall	Cascade
Höhle	Caverne, Grotte	Weg	Chemin
Hügel	Colline	Weiher	Étang
Joch	Joug	Wiese	Prairie

Beste Jahreszeit und Tageszeit

Natürlich ist ein Urlaub im Elsass in den Sommermonaten am besten. Aber herrlich ist auch der Herbst mit seinen unvergleichlichen Farben, und das Wetter kann stabiler sein als im Sommer. Wer Blumen liebt, wird sich je nach Höhenlage am Frühling oder am Frühsommer orientieren. Außerdem sind die Regionen unterschiedlich einzustufen. Die Vogesen sind von den rauen westlichen Luftströmungen beeinflusst und haben eine viel kürzere Vegetationszeit. Anders die großen Täler und noch mehr die Weingebiete im Rheintal. Hier ist deutlich der Einfluss der warmen Luftströmungen aus der Burgundischen Pforte spürbar. Sowohl im Frühjahr als auch im Herbst lässt sich da die Urlaubszeit deutlich aus-

dehnen. Entscheidend für die Durchführung einer Wanderung ist allemal die Höhenlage. Während in der Rheinebene die Blumen blühen und der Wein wächst, liegen in den hohen Vogesen mitunter auch im Mai noch Schneefelder, die gerade die ersten Narzissen freigeben. Selbst die Route des Crêtes, die Vogesenhochstraße, ist manchmal erst ab Mai geöffnet.
Viele Elsässer sind Bergfreunde und an Wochenenden massenhaft unterwegs. Frühaufsteher sind aber nicht viele. So ergibt eine frühe Startzeit oftmals eine ruhige Tour und alleiniges Gipfelglück.

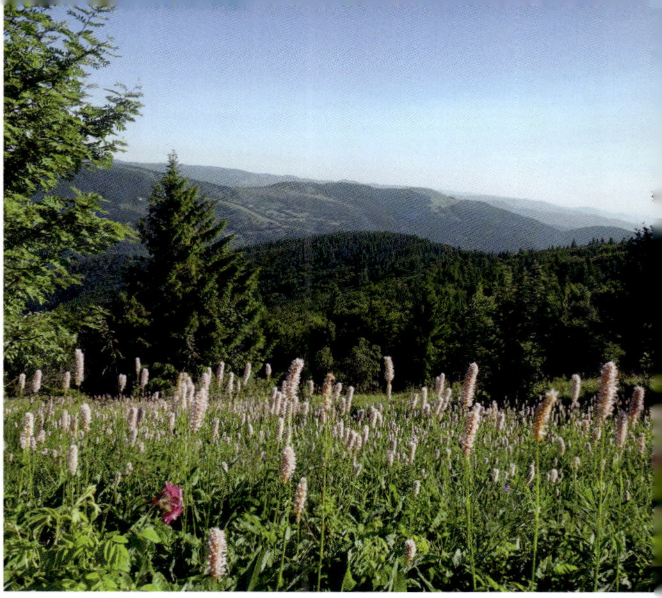

Blumenwiese mit Schlangenknöterich am Hohneck (Tour 26).

Wetter

Jeder Wanderer steht in der Eigenverantwortung, sich zur Wetterlage zu informieren. Die aktuellen Wetteraussichten zeigt am besten einer der Wetterberichtanbieter oder örtliche Webcams im Internet: www.wetteronline.de/wettertrend/vogesen oder www.meteofrance.com/accueil.

Sundgauer Fachwerkhäuser zeigen die gemütliche Seite der Region (Tour 36).

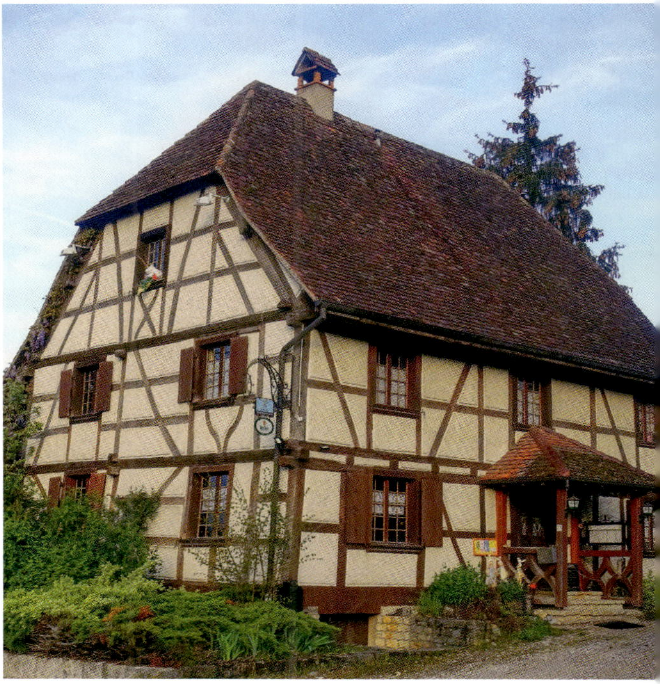

Ausrüstung

Wasserdichte knöchelhohe Bergschuhe mit bester Sohle sind wohl mit die wichtigsten Ausrüstungsgegenstände in den Vogesen. Sonnen- und Regenschutz, wobei ein stabiler Regenschirm gute Dienste leistet, solange kein Wind mit im Spiel ist. Eine Regenjacke ist unverzichtbar, führt selbst in modernster Ausführung jedoch im Gegensatz zum Regenschirm bei entsprechender Wärme zu starkem Schwitzen. Zur Ausrüstung gehören eine schnelltrocknende Wanderfunktionshose, ein guter Rucksack gefüllt mit Notproviant, ausreichend Flüssigkeit, ein Wechselshirt und eine Notfallapotheke. Teleskop-Bergstöcke und Mobiltelefon (nicht immer besteht Netz) sind in den Vogesen zur

Sicherheit ebenfalls nötig. Oft wird ein Kälteschutz vernachlässigt, besonders wenn schönes Wetter am Himmel steht. Was aber, wenn sich einer verletzt und am Boden gelagert werden muss? Wenn dann noch Nässe dazukommt, wird es gefährlich.

Anforderungen

Orientierung in den Himmelsrichtungen und die Fähigkeit, Karten zu interpretieren, sind Voraussetzungen für die Wegfindung. Der in den Anforderungen verwendete Begriff Trittsicherheit bedeutet die Fähigkeit zu haben, sich beim Wandern in unwegsamem Gelände sicher bewegen zu können. Nach der international gültigen Wegeklassifizierung Leicht, Mittel und Schwer, enthält dieses Wanderbuch nur leichte Touren mit der Farbe Blau und mittelschwere Touren mit der Farbe Rot.

Gefahren und Sicherheit

Die persönliche Leistungsfähigkeit kann besonders bei Hitze falsch eingeschätzt werden. Umkehren oder Abkürzen der Wanderung ist kein Zeichen von Schwäche, sondern Klugheit. Es geht um Wandergenuss, nicht um Höchstleistung. Bei Wanderungen in den Vogesen ist schneller Wetterwechsel durchaus eine Gefahr. Ein aufziehendes Gewitter mahnt zur Vorsicht.

Am Lac Vert – der grüne See der Vogesen (Tour 25)

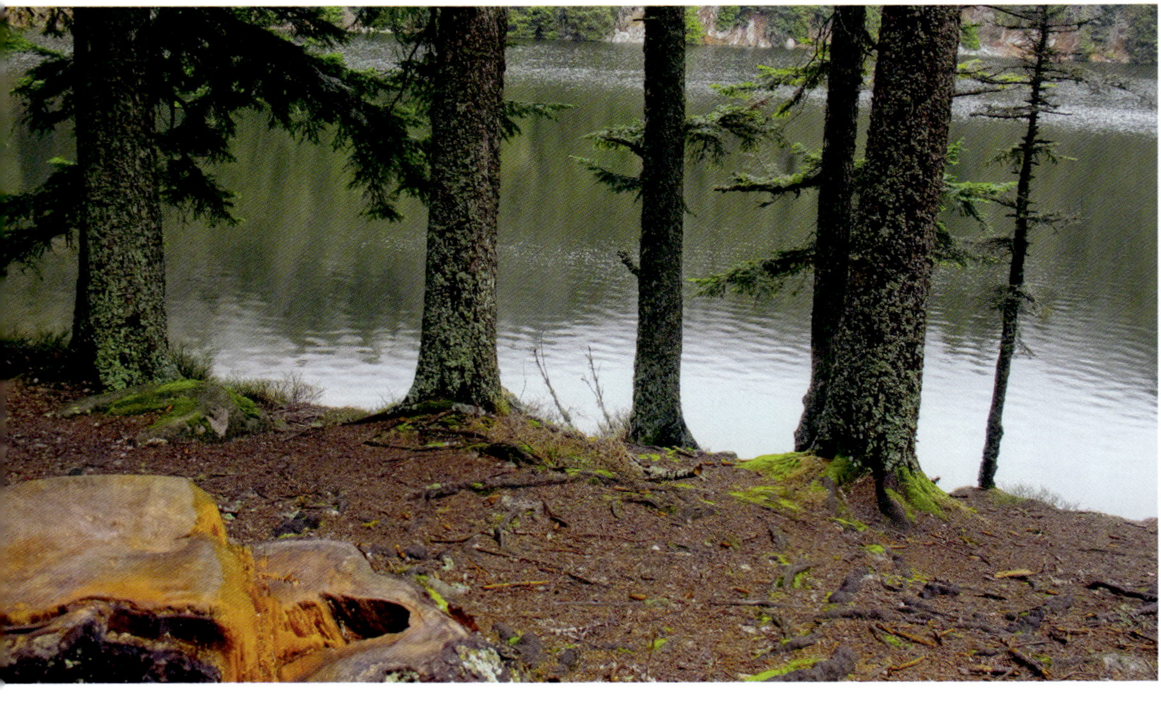

Erfahrene Bergwanderer beobachten an jedem sich bietenden Fixpunkt ihren Höhenmesser und justieren ihn erneut. Denn steigt die Angabe des Höhenmessers von einem Fixpunkt zum nächsten erheblich an, bedeutet dies einen Luftdruckabfall und lässt eine schnelle Wetterverschlechterung voraussehen.
Notruf Polizei, Notarzt, Feuerwehr: 112
Bergrettung in Frankreich: 15
Notrufsignal: Optisch oder akustisch
6 Signale hintereinander mit 10 Sekunden Abstand

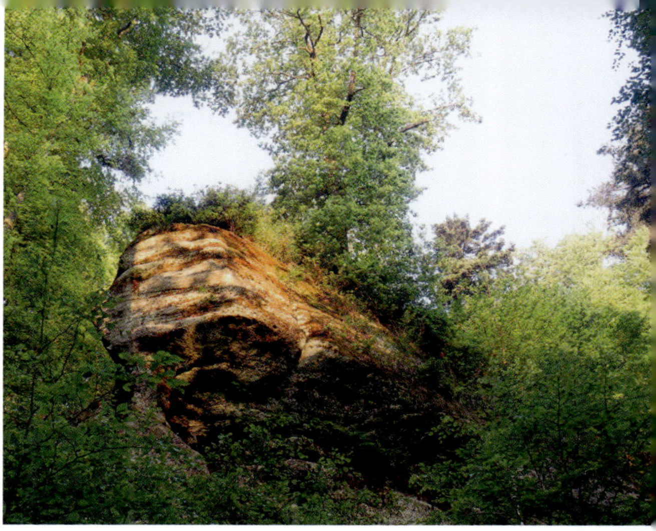

Unter dem mächtigen Rocher du Blanc (Tour 7)

Gehzeiten, Höhenmeter und Richtungsangaben

Die Gehzeiten sind reine Zeiten unterwegs ohne Pausen. Sie wurden in eigener Erfahrung subjektiv ermittelt. Auf orografische Bezeichnungen wurde zugunsten der Allgemeinverständlichkeit verzichtet. Abzweige und Richtungswechsel sind im Text meist trotz Wegweiser beschrieben, denn die können ja mal fehlen.
Die Höhenangaben entstammen zuallererst den Karten, denn die haben Geografen erfasst, dann erst aus dem ständig justierten Höhenmesser und schließlich den Beschilderungen in der Natur. Bei den Angaben des Höhenmessers sind aber immer Ungenauigkeiten möglich, weil diese wegen der Veränderung des Luftdrucks durch Wetterwechsel variabel sind. Die angegebenen GPS-Daten sind vor Ort in freier Natur erhoben, unterliegen jedoch manchmal nicht geringen Messabweichungen durch die Umgebungs- und Umweltbedingungen.

Wegweiser und Markierungen

Wenn vorhanden, sind in den Wegbeschreibungen die Markierungen der Wanderwege angegeben. Verschiedenartig geschriebene Ortsnamen sind vorrangig den Karten entnommen, dann erst der Beschilderung in der Landschaft.

Anforderungen

● **Leicht:** einfache Wanderung auf guten Wegen und Pfaden ohne ausgesetzte Stellen, die aber auch ohne Markierung sein können. Orientierungssinn und Trittsicherheit werden benötigt.

● **Mittel:** mittelschwere Wanderung, die gute Kondition, Trittsicherheit, Schwindelfreiheit und Orientierungssinn erfordert. Ausgesetzte Passagen auch mit Seilversicherungen möglich. Alpine Erfahrung ist nötig.

● **Schwer:** anspruchsvolle Bergtour mit hoher Anforderung an die Kondition, Schwindelfreiheit und Trittsicherheit. Enthält ausgesetzte Passagen und leichtere Klettereien am Fels. Ein gutes Orientierungsvermögen ist unbedingt geboten. Ausgeprägte alpine Erfahrung wird vorausgesetzt.

Einkehrmöglichkeiten

Einkehrmöglichkeiten in Restaurants und Ferme Auberges sind angeführt. Die Öffnungszeiten sind jedoch je nach Jahreszeit unterschiedlich. Erkundigen Sie sich daher selbst anhand der Telefonnummern.

Naturschutz

Geschützte Pflanzen sind in allen ihren Teilen geschützt und sollten auch nicht zertreten werden. Wir müssen daher auf den Wegen bleiben und dürfen keine »Abkürzer« benutzen und keine weglose Wildnis betreten. Auch wenn an einigen Stellen eine geschützte Art in großen Mengen wächst, bleibt dies eine bedrohte Art und darf nicht gepflückt werden. Die in den Vogesen massenweise auftretenden Narzissen sind sowieso giftig.
Wildtiere benötigen besonders in den Bergen ihre Ruhezonen. Aus meiner berufsbezogenen forstlichen Fachkenntnis wurden bei allen beschriebenen Wanderungen keine Wildeinstandsgebiete durchquert. Ebenso wurde weglose Wildnis gemieden.

Regionale Küche und Versorgung

Die regionale Küche im Elsass ist eine geglückte Synthese alemannischer Deftigkeit und französischer Raffinesse. Der elsässische Karikaturist Tomi Ungerer meinte zur elsässischen Küche: »Französische Qualität und deutsche Portionen«. Beispiele für traditionelle elsässische Küche sind das *Baeckeoffe* und das *Choucroute* oder die *Tourte Alsacienne*, jeweils deftige Fleischgerichte mit Kraut.
Der Einkauf in Supermärkten erfreut wegen der großen, appetitlichen Auswahl. Nicht zu vergessen die Weine. Es besteht die Gefahr, dass sich die Geschmacksknospen an den erfrischenden Cremant und Riesling oder an die Fülle des Pinot Noir gewöhnen.
Das Schild »Ferme Auberge« in den Vogesen ist meist mit einem guten, aber üppigen Erlebnis verbunden. In entlegenen Tälern und auf den Vogesen gibt es jedoch oft keine Läden. Viele Ferme Auberges geben frische Milchprodukte und Käse ab und bedienen auch gerne hungrige Wanderer.

Interessante Internetadressen

www.frankreich-info.de/reisen/elsass
Urlaubsmöglichkeiten im Elsass unterteilt in Regionen und Städte
www.tourisme-alsace.com
Virtuelle Elsassreisen mit Schwerpunkt Kultur
www.france-voyage.com
Streckenideen für den Elsassurlaub, Städte, Gastronomie, Unterkünfte
www.elsass-geniessen.de
Themenreisen: Orte, Kirchen, Kunst, Museen, Familie, Aktivurlaub
www.elsass-netz.de
Reisetipps und Reiseführer der Elsässer Regionen
www.elsass-weinstrasse.com
Urlaubsträume entlang der Weinstraße
www.valle-munster.eu
Wegweiser durch das Feinschmeckertal mit Kultur und Sport

Die Landschaft

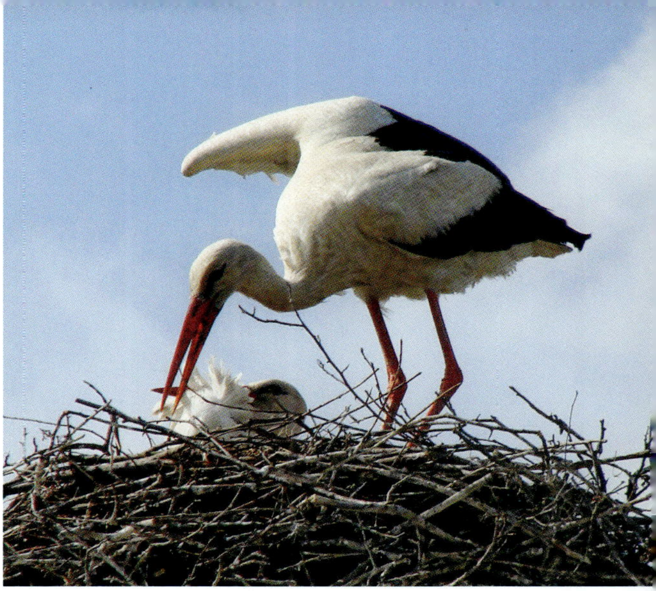

Vor 35 Millionen Jahren entstand der Oberrheingraben als Bruchzone der Erdkruste, die mit der Auffaltung der Alpen zusammenhing. Durch die Sedimente des Rheins wurde der Graben wieder aufgefüllt. An den Rändern hoben sich der Schwarzwald und die Vogesen heraus. Die Vogesen gliedern sich in die nördlich des Bruchetals liegenden Nordvogesen und die Südvogesen südlich der Bruche. Die Nordvogesen, auch Sandsteinvogesen genannt, erreichen mit dem Rocher de Mutzig und Donon knapp über 1000 Meter Höhe. Die Berge der Nordvogesen sind bis zur Zaberner Steige meist tafelartig geformt, der sich nördlich anschließende Wasgau (frz.: *Vasgovie*) (nördlicher Teil der Nordvogesen und südlicher Pfälzerwald) ist durch Bergformen wie Kegelberge und bizarre Sandsteinfelsen gekennzeichnet. Dagegen besitzen die Berge der Südvogesen häufig die Form einer Rundkuppe (Belchen, frz.: *Ballon*), die durch Erosion und Gletschertätigkeit zu erklären ist und deren markanteste Vertreter das sogenannte Belchen-System bilden. In den Südvogesen liegen die höchsten Erhebungen der Vogesen mit über 1400 Metern.

Störche sind im Elsass überall zu sehen.

Im Salon de The findet der Wanderer ein gutes Frühstück.

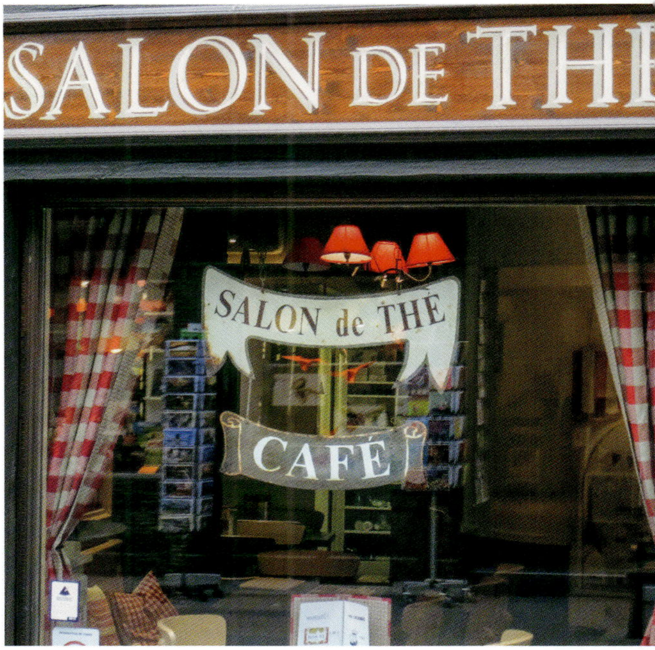

Oberrheinischer Museumspass

Der »Museums-PASS-Musées« ist die Eintrittskarte für über 320 Museen, Schlösser und Gärten in Deutschland, Frankreich und in der Schweiz. Ab dem ersten Museumsbesuch hat der Karteninhaber ein Jahr lang freien Eintritt in die Dauer- und Sonderausstellungen der Mitgliedsmuseen. Preis: Jahrespass 112,– €, www.museumspass.com.

Karten

Club Vosgien 1:50 000, IGN 1:25 000, Kompass 1:50 000. Die Karten des Club Vosgien sind in den Touren angegeben.

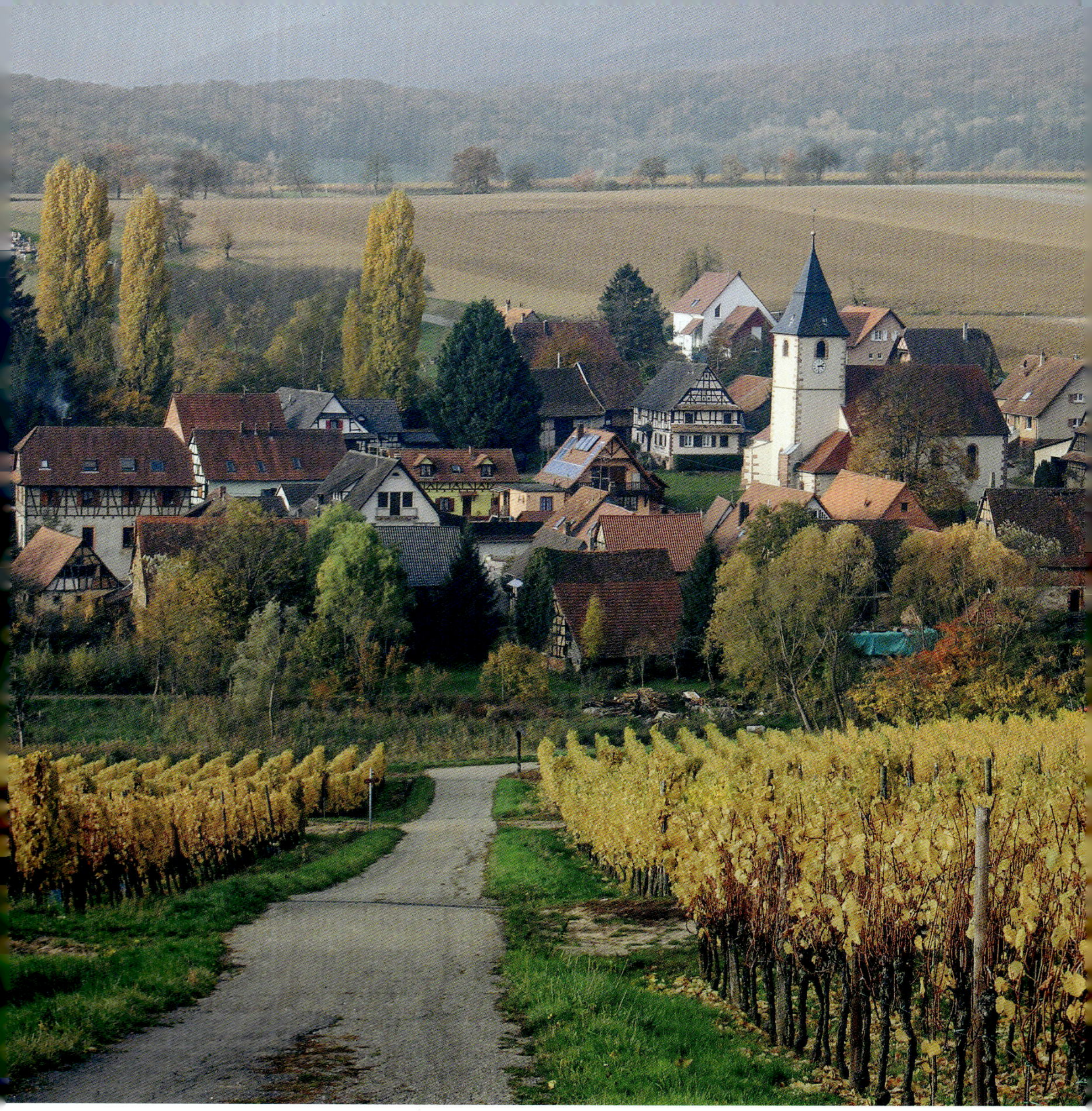

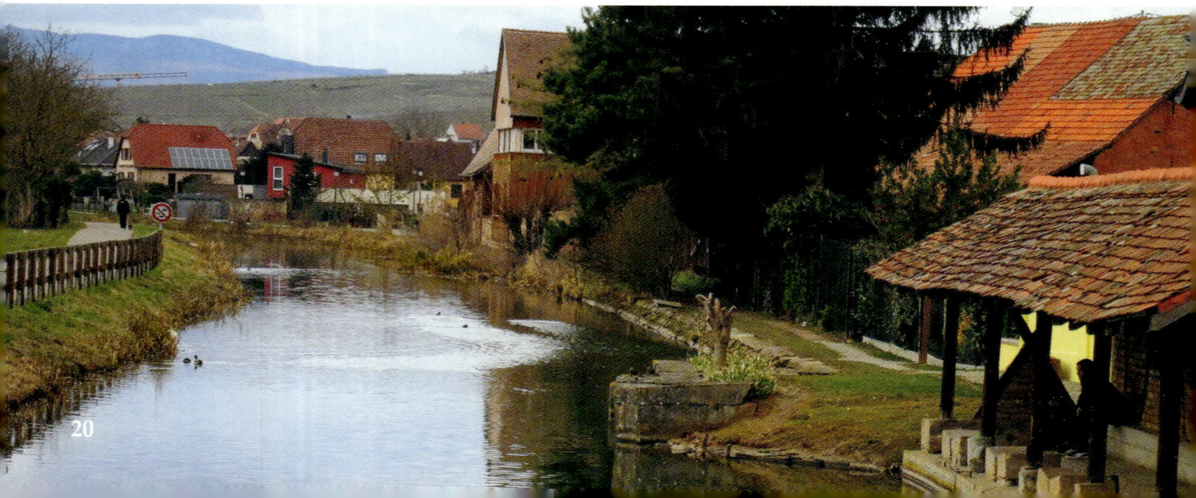

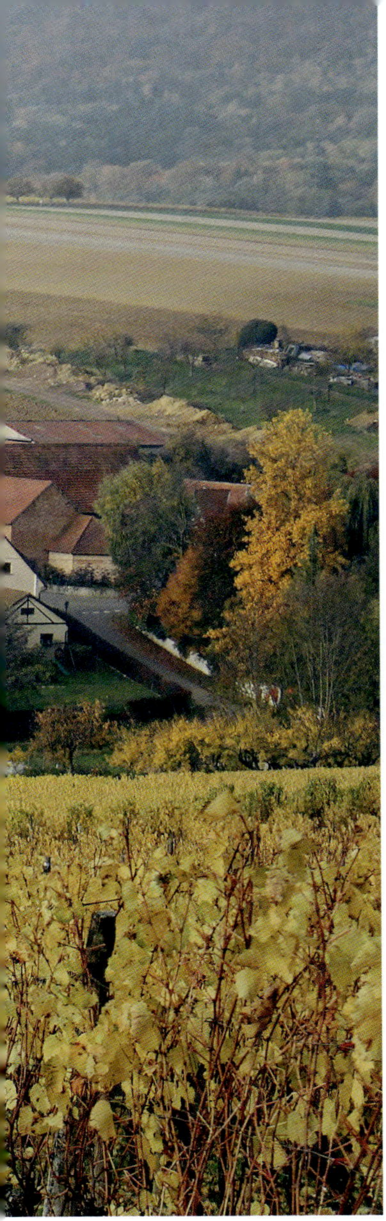

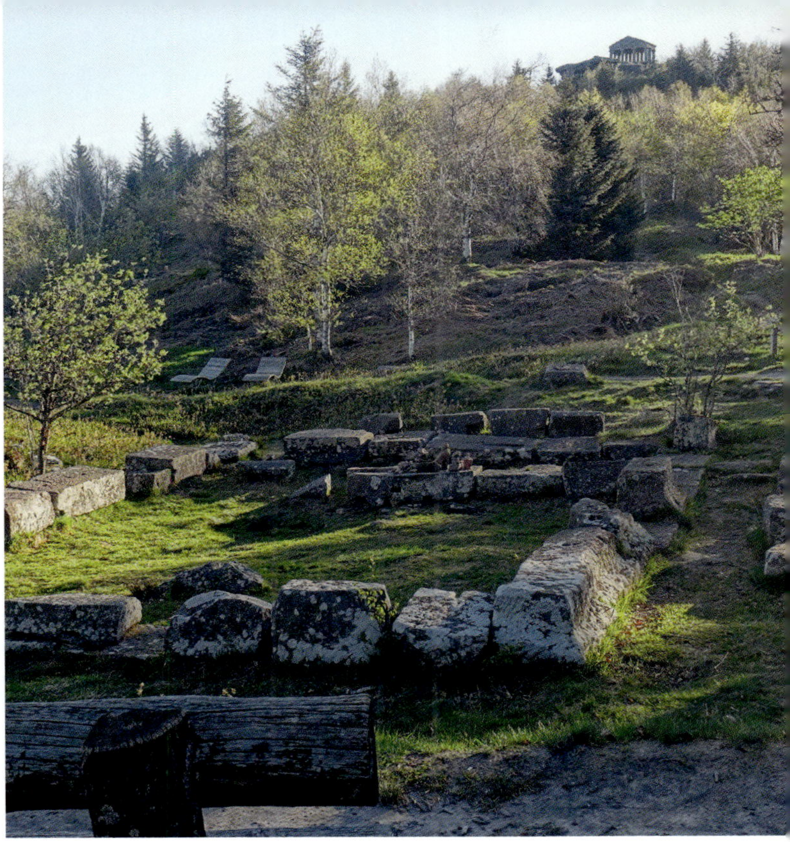

Touren im Nördlichen Elsass

Oben links: Blick über das bezaubernde Dorf Cleebourg (Tour 2). Oben rechts: Die Grundmauern eines alten Tempels auf dem Donon (Tour 13). Unten rechts: Die Teufelsbrücke auf den Felsen am Château du Haut-Barr (Tour 10). Unten links: Beim alten Waschhaus am Canal de la Bruche in Ergersheim (Tour 14).

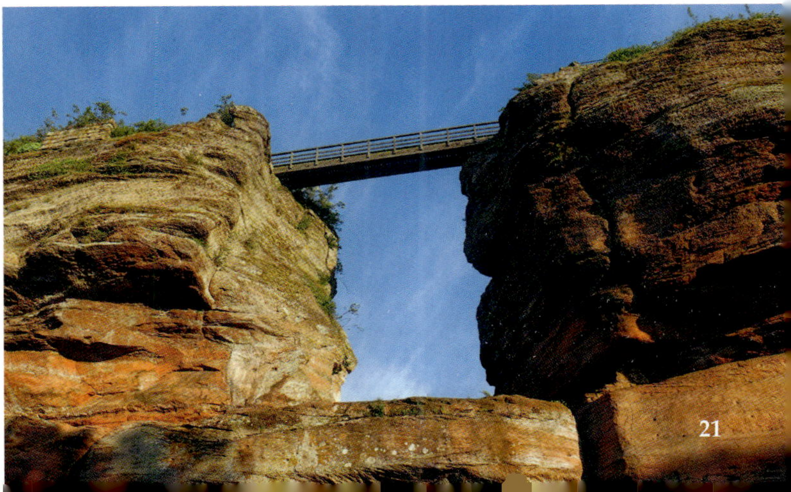

1

Ruinen über dem Steinbachtal

Der Klassiker der Sandsteinburgen

Leicht | 2:40 Std. | 270 Hm | 8,0 km

Besonderer Genuss: Ruhe und Natur

Tourencharakter
Leichte, vorwiegend schattige Tour, meist auf Pfaden und Naturwegen mit deutlichen Anstiegen durch Wälder. Im Ortsgebiet auf Straßen

Ausgangs-/Endpunkt
Parkplatz am westlichen Ortsausgang von Niedersteinbach GPS N49°01'57.5" E07°42'27.6"

Anfahrt
Auto Auf der D3 von Wissembourg über Lembach nach Obersteinbach
Bus Mit der Linie 317 von Wissembourg nach Niedersteinbach (www.fluo.eu)

Gehzeiten
Parkplatz Niedersteinbach – Hortus Hymenoptera 0:20 Std. – Château du Petit-Arnsberg 0:25 Std. – Langenbach 0:15 Std. – Châteaux du Wasigenstein 0:30 Std. – Klingelfels 0:20 Std. – Col du Goetzenberg 0:10 Std. – Parkplatz Niedersteinbach 0:40 Std.

Einkehr
Hôtel Restaurant Au Cheval Blanc, Rue Principale 11, F-67510 Niedersteinbach, Tel. 0033/(0)3/88 09 55 31, www.hotel-cheval-blanc.fr

Karten
Club Vosgien/IGN, Blatt 2/8, 1:50 000

Touristinformation
Place de l'Hôtel de Ville 6, F-67110 Niederbronn-les-Bains, Tel. 0033/(0)3/88 80 89 70, www.tourismus-niederbronn.de

Hinweis
Bergschuhe und Trittsicherheit erforderlich

Von Niedersteinbach wandern wir am Steinbach entlang zum malerischen Obersteinbach, über dem das Château du Petit-Arnsberg aus dem Wald ragt. Durch schönen Mischwald gelangen wir zu den Châteaux du Wasigenstein und zu bizarren Felsen.

Zum Hortus Hymenoptera Vom Parkplatz an der D3 am westlichen Ortsende von Ⓐ **Niedersteinbach** beginnt die Wanderung am südlichen, hinteren Ende des Parkplatzes mit der Markierung gelbes Rechteck. Auf einem Steg queren wir den Steinbach und wenden uns rechts nach Westen, entgegen der Fließrichtung. Zunächst auf dem Pfad und später auf dem Fahrweg kommen wir nach Niedersteinbach. Nach dem ersten Haus gegenüber einem Weiher beginnt der wunderbare ❶ **Hortus Hymenoptera**. Der Garten ist ein besonderer Naturgarten, der den Insekten und den Menschen Platz lässt (siehe Infokasten).

Zum Château du Petit-Arnsberg Der Weg wird zur asphaltierten Rue du Wittberg, die vor einem überdachten Waschhaus nach

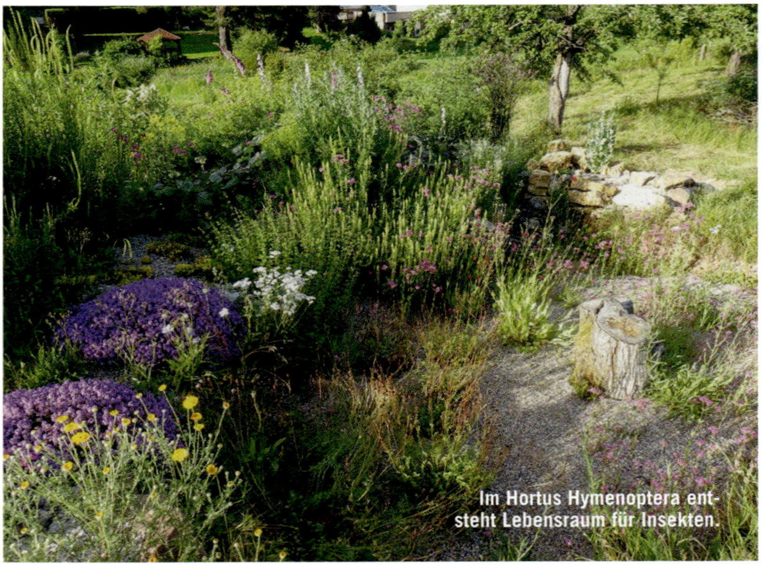

Im Hortus Hymenoptera entsteht Lebensraum für Insekten.

rechts abbiegt. An der Kreuzung wandern wir nach links auf der Rue Principale (D3) weiter und kommen bald an der Kirche vorbei. Das kleine Obersteinbach im Naturpark Nordvogesen zeigt seine hübschen Fachwerkhäuser in der Beschaulichkeit zwischen den bewaldeten Hügeln mit den prägnanten Sandsteinfelsen. Über den Dächern von Obersteinbach ragt das Château du Petit-Arnsberg aus dem Wald. Dann tangieren wir das blaue regionale Burgenmuseum Maison des Châteaux Forts. Das nächste große Gebäude ist das Rat- und Schulhaus, nach dem rechts die Rue du Schlossberg an einem kleinen Friedhof vorbei nach oben führt. Am Schluss stößt der steile Pfad an eine Forststraße, der wir nach rechts folgen. Nach 200 Metern steigen wir vor der Rechtskurve links die kleine Treppe mit Burgensymbol zum Schlossbergfelsen hinauf. Der Pfad leitet genau zum ❷ **Château du Petit-Arnsberg**. Sie ist die kleinste Elsässische Burg, deren Buckelquader des Mauerwerks für eine Entstehung in Staufischer Zeit, Mitte des 13. Jahrhunderts, sprechen. 1335 wurde die Burg, die dem Raubritter Friedrich von Wasigenstein als Versteck diente, belagert und erobert. Heute sind noch interessante Gänge und Treppen im Fels sowie der Torturm zu erkunden.

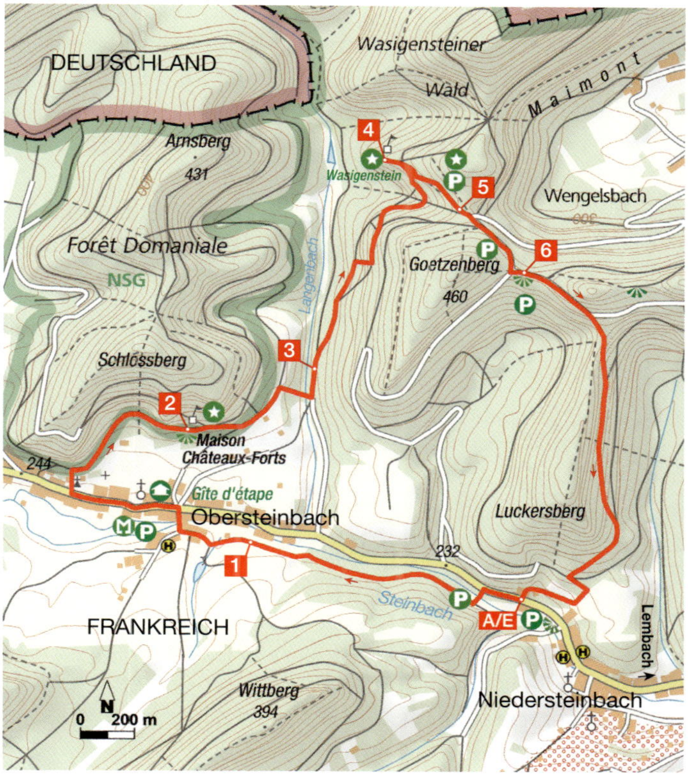

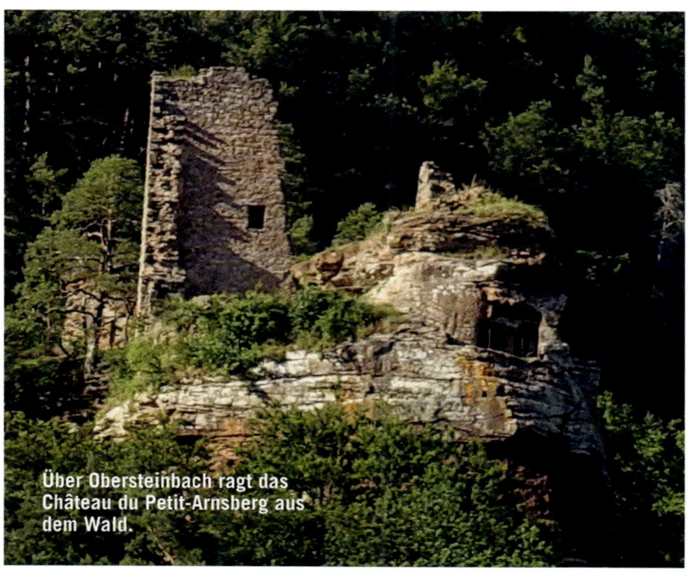
Über Obersteinbach ragt das Château du Petit-Arnsberg aus dem Wald.

Zum Langenbach 400 Meter nach der Burgruine steigen wir am Wolfsfelsen auf die Fahrstraße hinab und gehen nach Norden mit der Markierung rote Raute und Burgensymbol in Richtung Wasigenstein weiter. Schon nach 10 Metern geht es rechts hinunter und dann nach links. Nach einem eingezäunten Grundstück halten wir uns rechts hinab über eine Wiese. Ganz unten im Langenbachtal müssen wir links und dann rechts auf einem Steg über den 3 **Langenbach**.

Zu den Châteaux du Wasigenstein Nach dem Bach geht es links auf dem zweiten, flacheren Weg aufwärts in Richtung Wasigenstein. Bald ist links durch die Vegetation die große Doppelburganlage zu sehen. Am Vorplatz mit der Zisterne und dem raffinierten Wassersammelsystem erreichen wir die 4 **Châteaux du Wasigenstein** aus dem 12. Jahrhundert. Die Zeit verfliegt hier im Nu, denn die Anlage hat viele erhaltene Felsentreppen, Durchgänge, einen Wohnturm und eine teilweise erhaltene Schildmauer aus Buckelquadern. Die Burgen wurden auf zwei voneinander getrennten Felsriffen erbaut. Die obere Burg Großwasigenstein auf dem östlichen Teil des Felssporns und die untere Burg Kleinwasigenstein auf dem westlichen Felssporn aus rotem Buntsandstein. Im Dreißigjährigen Krieg wurden sie 1635 zerstört und sind seit dieser Zeit Ruinen. Die Schlucht zwischen den beiden Burgen soll der Schauplatz der im Walthari-Lied beschriebenen Kämpfe sein. Walther von Aquitanien ruhte sich hier mit seiner geliebten Hildegund aus. Als sich die Burgunder unter ihrem König Gunther näherten, stellte Walther sich taktisch geschickt in dem engen Felsenspalt auf und tötete elf Kampfgenossen Gunthers im Einzelkampf. Am folgenden Morgen kam es zum entscheidenden Kampf zwischen Gunther und Walther. Hildegund stiftete Frieden und wusch die Wunden der Verletzten aus. Walther und Hildegund zogen nach Aquitanien und lebten dort als königliches Paar. Das Walthari-Lied ist eine lateinische Heldendichtung aus dem 10. Jahrhundert. Es beschreibt die germanische

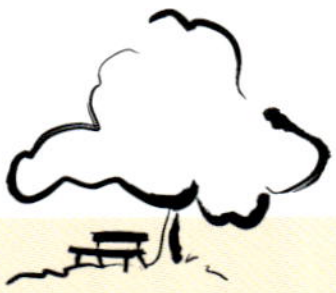

Genuss für das Auge im Hortus Hymenoptera

Hortus Hymenoptera ist lateinisch und bedeutet Hautflügler-Garten. Es ist ein Garten für Insekten und für Menschen. Das Besondere ist die Gliederung in drei Zonen: Pufferzone, Hotspot-Zone und Ertragszone. So entsteht Lebensraum für Insekten und andere Tiere. Zusätzlich ist genug Platz vorhanden, um gesunde Lebensmittel anzubauen.
Die Pufferzone grenzt den Garten nach außen durch eine Hecke ab. In der Hotspot-Zone herrscht Vielfalt. Die auf abgemagerten Böden wachsenden Blumenwiesen und die Reisighaufen, Totholzstämme, Steinhaufen und Sandhügel schaffen Lebensraum für Tiere. Die Ertragszone mit Gemüseanbau funktioniert als Permakultur in einem geschlossenen Nährstoffkreislauf ohne Einsatz von Pflanzenschutzmittel und Dünger. Es gibt ein Hortus-Netzwerk, in dem viele Menschen durch ihren Garten der Natur mehr Raum geben. Der private Hortus Hymenoptera in Obersteinbach kann bei Voranmeldung im Rahmen einer Führung besichtigt werden (Rue Principale 7, F-67510 Obersteinbach, Tel. 0033/(0)6/51 82 57 01, www.hymenoptera.fr).

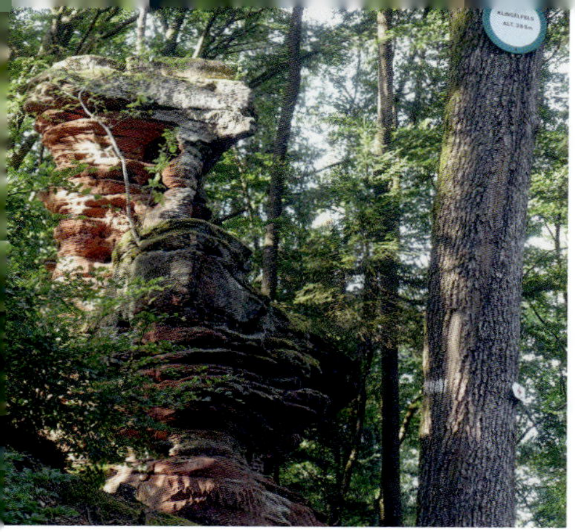

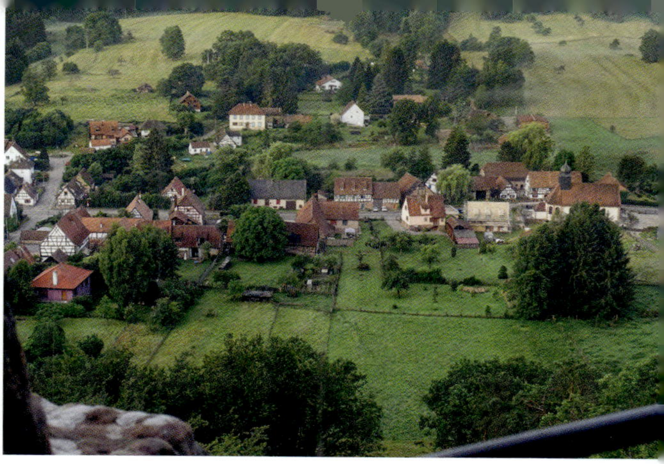

Links: Der Klingelfelsen ist eine bizarre Sandsteinskulptur.

Rechts: Aussicht vom Château du Petit-Arnsberg über Obersteinbach

Walther- und Hildegundsage. Ruhm, Hochmut, Ehre, Liebe und Freundschaft spielen in dem Epos zwischen Walther von Aquitanien und König Gunther eine Rolle. Manche der Motive des Dramas erinnern an den antiken Stoff von Troja.

Zum Klingelfels Wir gehen von den Châteaux du Wasigenstein auf gleichem Weg zurück, aber nach 20 Metern an der Gabelung links aufwärts in Richtung Klingelfels. Nach der Überquerung einer Forststraße sind wir bald an der Straße D 190, an der direkt der ❺ **Klingelfels** steht.

Zum Col du Goetzenberg An der Seite des Parkplatzes nehmen wir einen Pfad in Richtung Zigeunerfelsen, mit dem Burgensymbol und rotem Rechteck im Wald parallel zur Straße. Nach 300 Metern leitet die Markierung rotes Rechteck links auf dem ❻ **Col du Goetzenberg** über die Straße und über den Parkplatz.

Nach Niedersteinbach West Am hinteren Ende des Parkplatzes bleiben wir geradeaus auf der ebenen Fortstraße mit der Markierung rotes Kreuz in Richtung Niedersteinbach. Hier ist ein einfach 500 Meter langer Abstecher nach links zum sehenswerten Zigeunerfelsen möglich.

Nach 100 Metern auf der Forststraße in Richtung Niedersteinbach folgen wir nach rechts abwärts dem Pfad mit der Markierung rotes Kreuz. Weiter unten übernimmt eine Forststraße die Markierung. An einer Kreuzung wählen wir den zweiten Weg mit der Markierung rotes Kreuz links hinunter. Noch vor der Streuobstwiese müssen wir rechts auf einem undeutlichen Pfad über ein Wiesenstück und dann durch den Wald hinunter. Der Weg gewährt gute Aussicht über Niedersteinbach mit Kirche und dem bekannt guten Restaurant Au Cheval blanc, in dem auch Altbundeskanzler Helmut Kohl regelmäßig gesehen wurde. Unten überqueren wir die D3 und sind zurück am Parkplatz in Ⓔ **Niedersteinbach West**.

Der Aufstieg zum Château du Petit-Arnsberg führt durch einen Tunnel.

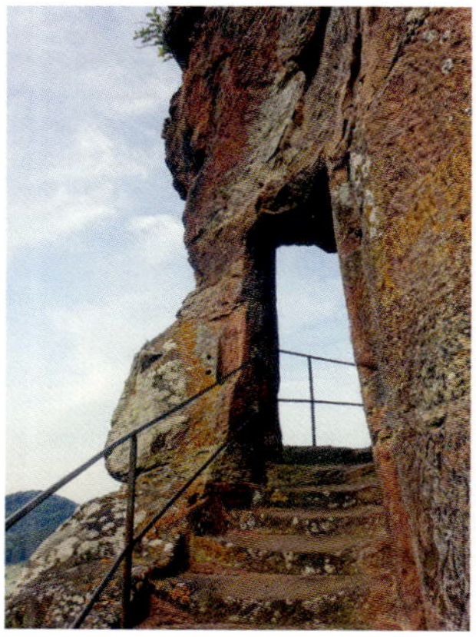

2

Durch Cleebourgs Weinlagen

An der elsässischen Weinstraße

Leicht | 2:40 Std. | 180 Hm | 8,7 km

Besonderer Genuss: Einkehr

Tourencharakter
Leichte, vorwiegend sonnige Tour, größtenteils auf befestigten Wegen durch Weinberge, Wälder, Felder und Ortsgebiet

Ausgangs-/Endpunkt
Parkplatz an der Cave Vinicole de Cleebourg
GPS N49°00'45.2" E07°53'38.6"

Anfahrt
Auto Auf der D77 von Wissembourg nach Cleebourg
Bus Mit der Linie 117 von Wissembourg (www.fluo.eu)

Gehzeiten
Parkplatz Cave Vinicole de Cleebourg – Place de la Mairie 0:45 Std. – Roetzmuehle 0:15 Std. – Reifenberg 0:55 Std. – Place du Tilleul 0:10 Std. – Rue Wolf 0:20 Std. – Parkplatz Cave Vinicole de Cleebourg 0:15 Std.

Einkehr
Hôtel Restaurant Le Cleebourg, Route du Vin, F-67160 Rott, Tel. 0033/(0)3/88 54 94 80, www.lecleebourg.com
Restaurant Keimberg, Rue du Tilleul 86, F-67160 Cleebourg, Tel. 0033/(0)3/88 90 18 29, www.keimberg.fr
Stuewele S'Pepe, Rue Principale 50, F-67160 Rott

Karten
Club Vosgien/IGN, Blatt 2/8, 1:50 000

Touristinformation
Place de la République 11, F-67163 Wissembourg Tel. 0033/(0)3/88 94 10 11, www.ot-wissembourg.fr

Cleebourg und Rott an der elsässischen Weinstraße sind wegen ihrer guten Weine bekannt. Mönche haben hier bereits im 9. Jahrhundert Reben angepflanzt. Ein besonderer Genuss ist das Ambiente Cleebourgs, das durch seine Fachwerkhäuser lebt.

Zum Place de la Mairie in Rott Vom Parkplatz an der Ⓐ Cave Vinicole de Cleebourg starten wir alternativlos nach Norden entlang der Route du Vin (D77) abwärts. 150 Meter nach der Rechtskurve gehen wir links in den Wald hinauf und an der T-Kreuzung nach dem Häuschen mit den Hundezwingern rechts. An einer spitzen Weggabel mit der Nr. 69 an einem Baum laufen wir rechts hinunter. An einer Kreuzung müssen wir rechts in einem alten Hohlweg abwärts an einer eingezäunten Quellfassung vorbei. Nach dem Wald sind wir auf der Rue de Stade und tangieren die Sportplätze. Unten in Rott wandern wir auf der Rue Principale (D77) links bis zum ❶ Place de la Mairie.

Zur Roetzmuehle Gegenüber dem Rathaus laufen wir auf der Rue Moulin-Roetz in die Wiesen hinaus. An der T-Kreuzung gehen wir rechts über den Haussauerbach an der ❷ Roetzmuehle vorbei.

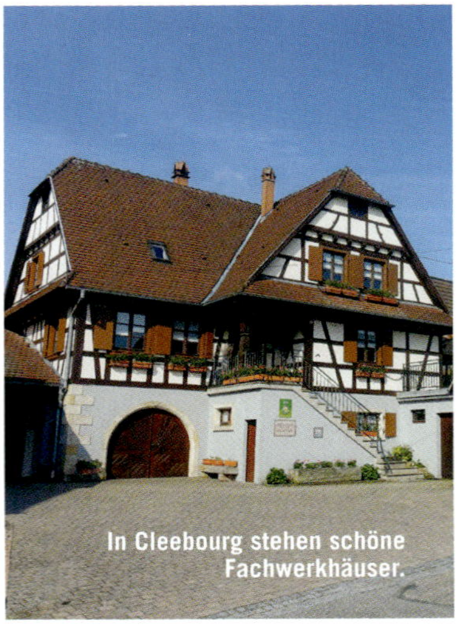
In Cleebourg stehen schöne Fachwerkhäuser.

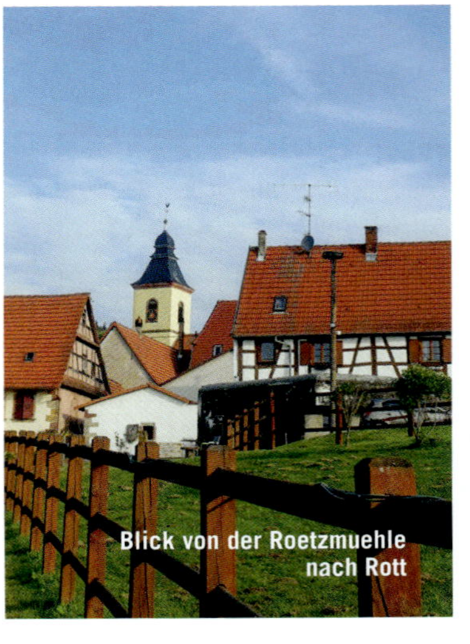
Blick von der Roetzmuehle nach Rott

Zur Wanderhütte Reifenberg An der D240 müssen wir rechts und können nach 200 Metern links durch die Felder laufen. Auf der rechten Seite ist bald die Cave Vinicole de Cleebourg zu sehen. Wir bleiben geradeaus und gehen erst an einer T-Kreuzung rechts und nach 30 Metern links hinab. Am zweiten Abzweig geht es links zur Wanderhütte in der Weinlage ❸ **Reifenberg** mit schöner Aussicht über Cleebourg.

Zum Place du Tilleul Nun laufen wir abwärts auf das Dorf zu, müssen dabei einmal rechts und dann links durch den Graben über den Schemperbach. Vor der Kirche gehen wir rechts zum ❹ **Place du Tilleul**.

Zur Rue Wolf An der Straßengabel nehmen wir links die Rue Principale und erfreuen uns an den vielen sehenswerten Fachwerkhäusern. An der ❺ **Rue Wolf** biegen wir rechts ab.

Zur Cave Vinicole de Cleebourg Wir bleiben in den Obstgärten geradeaus, überqueren das Kuchenbaechel und wandern an der T-Kreuzung mit dem Informationsschild über den Cremant nach rechts. In einem großen Bogen folgen wir den Schildern des Sentier Viticole durch die Weinberge hinauf und gehen oben nach rechts in den Wald. Am Ende des Waldwegs kommen wir am Hôtel Restaurant Le Cleebourg vorbei zum Parkplatz an die Ⓔ **Cave Vinicole de Cleebourg**.

Crémant-Genuss

Crémant d'Alsace wird nach der Champagnermethode aus Pinot Blanc, Pinot Noir, Riesling, Pinot Gris, Tokay oder Chardonay hergestellt. In einer zweiten Flaschengärung entsteht die Kohlensäure. Dann werden die Flaschen mit dem Kronkorken nach unten in schräg gestellte Rüttelpulte gesteckt, von Hand gerüttelt und gedreht, bis sie fast senkrecht stehen. Dadurch sammelt sich die Hefe im Flaschenhals, die beim Degorgieren entfernt wird. Eine geringe Zugabe einer mehr oder weniger süßen Dosage bestimmt den Charakter von Brut bis Sec. Danach wird die Flasche frisch verkorkt. Eine leckere Gaumenfreude (Cave Vinicole de Cleebourg, Route du Vin, F-67160 Cleebourg, Tel. 0033/(0)3/88 94 50 33, www.cave-cleebourg.com)!

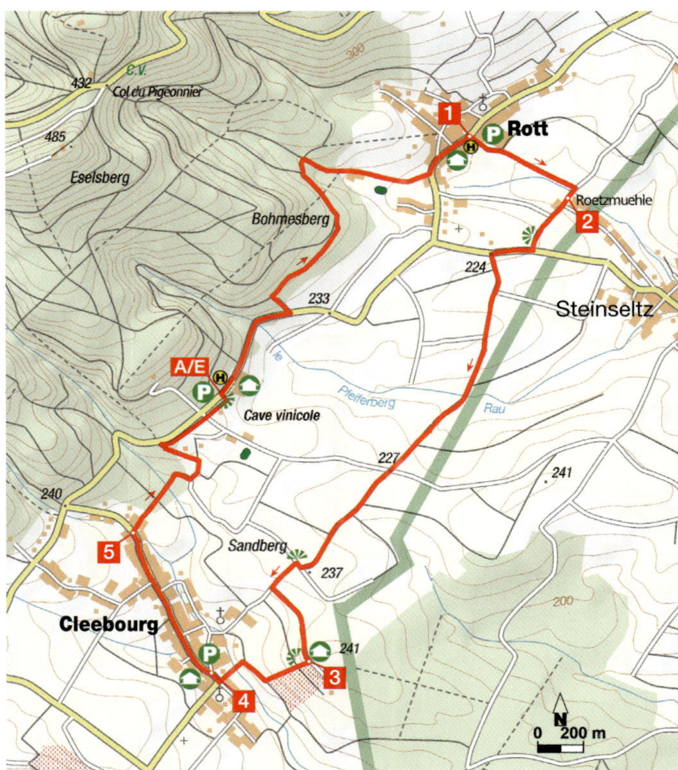

3 Entzückendes Wissembourg

Von der Genussstadt zum Deutschen Weintor

Leicht | 2:40 Std. | 140 Hm | 8,5 km

Besonderer Genuss: Kultur am Wegesrand

Tourencharakter
Leichte, vorwiegend sonnige Tour auf befestigten Wegen durch Weinberge und Ortsgebiet

Ausgangs-/Endpunkt
Parkplatz Place de la foire in Wissembourg
GPS N49°02‘15.9“ E07°56‘56.2“

Anfahrt
Auto Auf der D 263 von Hagenau oder auf der B 3 von Bad Bergzabern nach Wissembourg
Bahn Von Hagenau nach Wissembourg (www.fluo.eu)

Gehzeiten
Parkplatz Place de la foire – Église Saints-Pierre-et-Paul 0:25 Std. – Husgenossenturm 0:15 Std. – Les Trois Maronniers 0:20 Std. – Château Saint Paul 0:30 Std. – Deutsches Weintor 0:25 Std. – Grenzkapelle 0:15 Std. – Parkplatz Place de la foire 0:30 Std.

Einkehr in Wissembourg
Café Pâtisserie Rebert, Place du Marché aux Choux 7, Tel. 0033/(0)3/88 94 01 66, www.patisserie-rebert.fr
Restaurant Du Saumon, Place du Saumon 3, Tel. 0033/(0)3/88 94 13 95

Karten
Club Vosgien/IGN, Blatt 2/8, 1:50 000

Touristinformation
Place de la République 11, F-67163 Wissembourg Tel. 0033/(0)3/88 94 10 11, www.ot-wissembourg.fr

Hinweis
Wissembourg ist ein beliebter Ausflugsort. Das Wochenende meiden.

Wissembourg ist eine mittelalterliche und heute dem Genuss zugewandte Stadt mit Mauer und Fachwerkhäusern. Lohnenswert für eine ausgiebige Besichtigung. Die Tour führt durch das idyllische Lautertal zum Deutschen Weintor, wo deftige Pfälzer Weinstuben locken.

Zur Église Saints-Pierre-et-Paul Vom Parkplatz auf dem Ⓐ **Place de la foire** starten wir am Busparkplatz vorbei auf der Rue de la Chaîne nach Westen. An der Kreuzung biegen wir links in die Rue de la Laine und auf der Rue nationale nach rechts zum Place de la République ab, an dem samstags Markt ist. Hier steht das klassizistische Hôtel de Ville aus dem 18. Jahrhundert mit dem Office de Tourisme. Die Rue de la République leitet nach Süden. Vor der Pâtisserie Chez Colette mit der Hausnr. 9 schlendern wir nach rechts in die kleine Rue du Passerelle. Zuerst gehen wir aber zu einem Abstecher noch geradeaus zum Place du

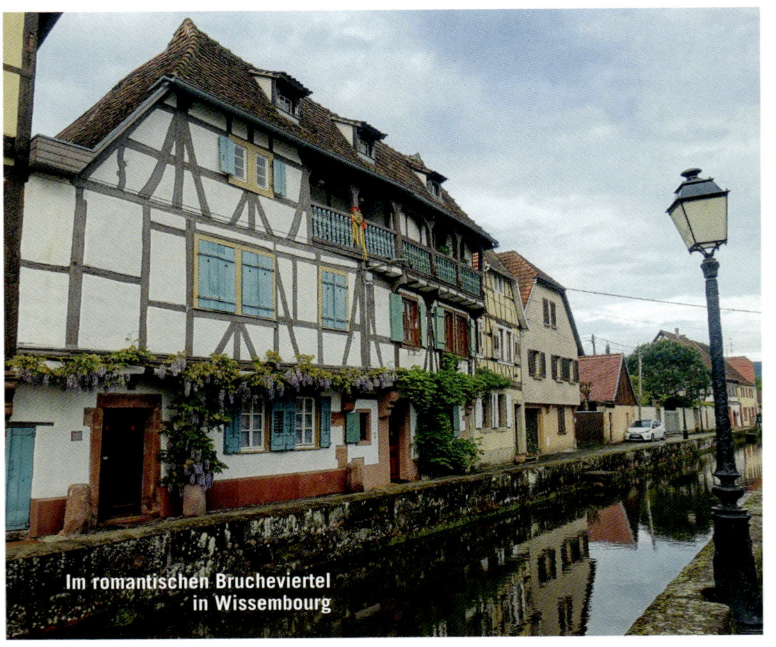
Im romantischen Bruchevietel in Wissembourg

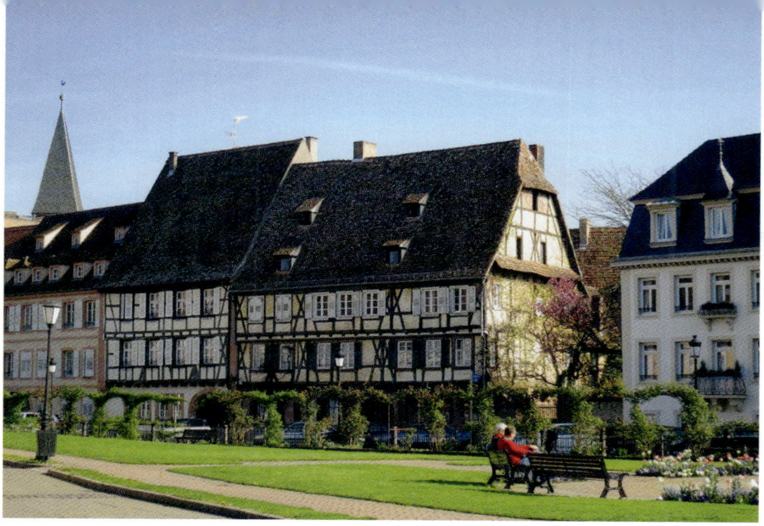

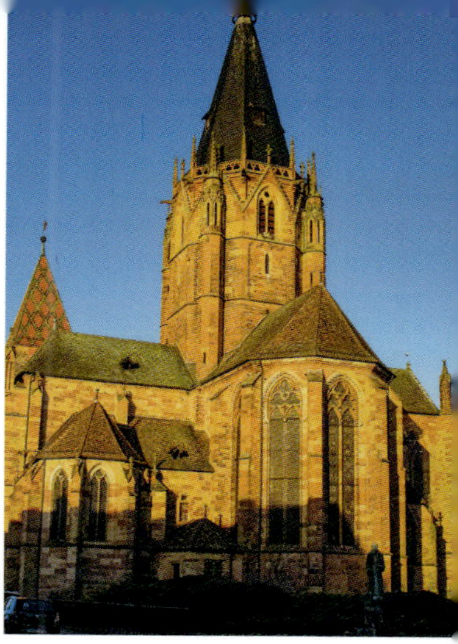

Marché aux Choux. Die weithin bekannte Pâtisserie Rebert ist von höchstem Interesse, aber auch der Blick in die Rue du Général Leclerc auf das Haus mit dem pittoresken Giebel lohnt.

Links: Genuss und Ruhe am Quai Anselmann in Wissembourg

Rechts: Die Église Saints-Pierre-et-Paul wurde im 14. Jahrhundert erbaut.

Nun also wieder zurück und jetzt links in die kleine Rue du Passerelle. Auf einem kleinen Steg über die Lauter öffnet sich die oft fotografierte romantische Ansicht mit dem Turm der Kirche Saints-Pierre-et-Paul im Hintergrund. Am Ende der Rue du Passerelle kommen wir rechts auf der Rue de l'Ordre Teutonique zum Place du Saumon mit dem berühmten Maison du sel aus dem 15. Jahrhundert. Die Dachöffnungen dienten der Luftzirkulation in dem Salzlagerhaus. An der Ecke zur Avenue de la sous Préfecture steht die Zehntscheuer aus dem 13. Jahrhundert. Dahinter befindet sich das Ritterhaus mit dem hübschen Renaissancegiebel. Jetzt machen wir in der Avenue de la sous Préfecture gleich den Abstecher bis zum Eingang der **1 Église Saints-Pierre-et-Paul**, nach dem Straßburger Münster die größte Kirche im Elsass. Der gotische Bau stammt aus dem 14. Jahrhundert. Der romanische Westturm datiert allerdings noch aus dem 11. Jahrhundert. Das kunsthistorisch

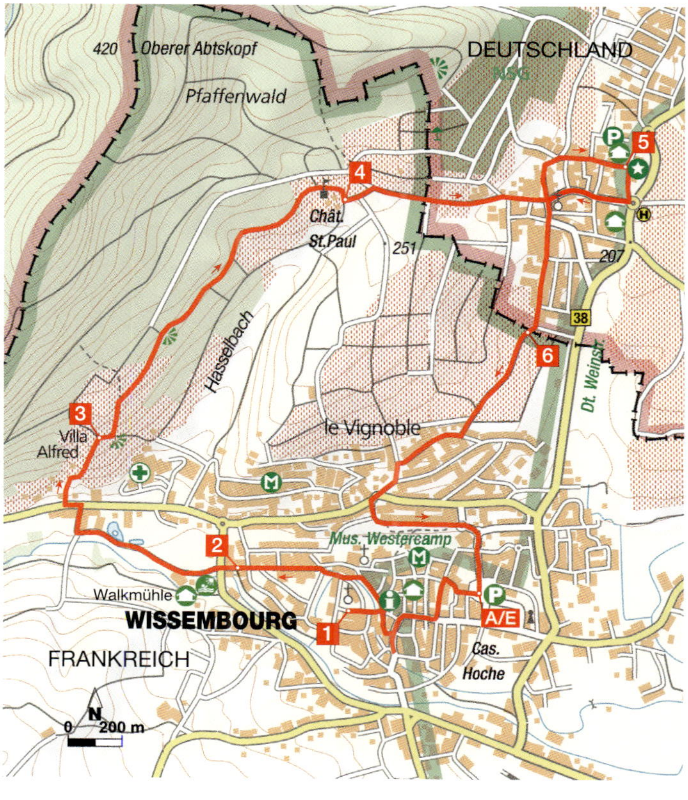

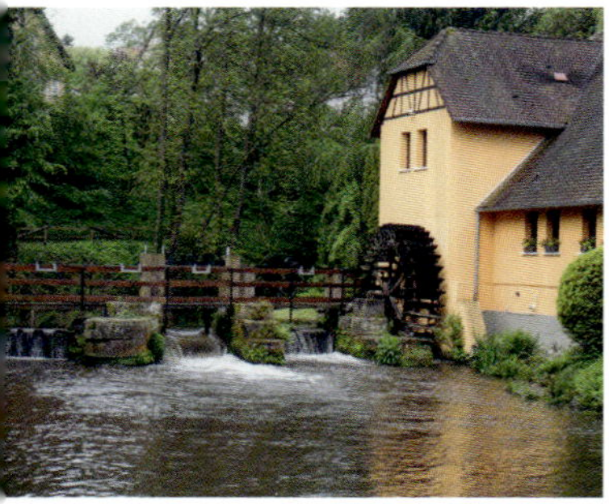

wichtigste Element ist der wunderschöne gotische Kreuzgang auf der Nordseite der Kirche.

Zum Husgenossenturm Wir gehen wieder zurück zum Maison du sel am Place du Saumon und biegen nach der Lauter links in den Quai Anselmann. Hier stehen herrliche mittelalterliche Häuser. Am Ende des Quai Anselmann gehen wir links über die Lauter und setzen unseren Weg auf dem Quai du 24 Novembre nach rechts fort. Auf der rechten Seite ist das idyllische alte Tor der Lauter an der ehemaligen Benediktinerabtei (Porte de Vabbaye). An der Brücke zeigt ein Blick zurück ein romantisches Bild auf den alten Waschplatz an der Lauter mit der Kirche Saint Jean im Hintergrund. Die Faubourg de Bitche leitet uns auf der rechten Seite der Lauter entlang durch das Bruchevirtel am berühmten Maison de l'Ami Fritz mit dem Erker vorbei. Weiter draußen steht vor dem 2 **Husgenossenturm**, der Teil der Stadtbefestigung war, ein Wehr.

Zu den Les Trois Maronniers Geradeaus queren wir am Schwimmbad die D 334 in die Rue de la Walk vorbei am Restaurant Moulin de la Walk und bleiben entlang der romantischen Lauter. Nach einem Fischweiher müssen wir rechts und überqueren, um 50 Meter nach links versetzt, wieder die D 334 in das Anliegersträßchen aufwärts, das nach 100 Metern nach rechts in einen kleinen Pfad übergeht. Der idyllische Fußweg leitet durch Laubwald höher zu den 3 **Les Trois Maronniers** (Drei Kastanien) mit Ruhebank und Aussicht auf Wissembourg.

Zum Château Saint Paul Wir steigen auf dem Pfad weiter hinab und erleben an der Kreuzung eine bessere Aussicht. Hier gehen wir nach links auf der Fahrspur wieder nach oben und nehmen an der Weggabel den rechten Weg. An folgenden Abzweigen bleiben wir immer geradeaus auf der

Stadt der Genüsse

Wissembourg entwickelte sich aus einer im 7. Jahrhundert gegründeten Benedikterabtei und war maßgebend für die deutsche Dichtung. Im Lauf der Geschichte war die Stadt allerdings fortgesetzt von allen Seiten begehrt und wegen der strategisch günstigen Lage immer wieder Schauplatz heftiger Kämpfe. Im Dreißigjährigen Krieg wurde sie mehrmals erobert und zurückerobert und im Französisch-Niederländischen Krieg ging Wissembourg im Feuer unter. 1870 war die Stadt Kampfzone der Schlacht von Wissembourg.
Dafür ist sie bemerkenswert unversehrt geblieben und zeigt sich präsent in neuem Glanz. Der Ort besticht durch seinen gut erhaltenen mittelalterlichen Stadtkern mit großem Reichtum an architektonisch bemerkenswerten Bauten. Wissembourg ist heute gerade bei deutschen Besuchern wegen der guten Restaurants und Cafés als Ausflugsort sehr beliebt, wie an Wochenenden zu sehen ist. Ein Spaziergang in der schönen Stadt erfreut die Gäste immer wieder. Wissembourg ist auch eine Stadt der kleinen und guten Geschäfte. Hier kann man genießen wie Gott in Frankreich.

Geländekante durch ausgedehnte Weinberge auf das Château Saint Paul zu. Wir kommen direkt am Eingangstor des heute privaten ❹ **Château Saint Paul** vorbei, an dessen Stelle im Mittelalter eine Kapelle gestanden haben soll.

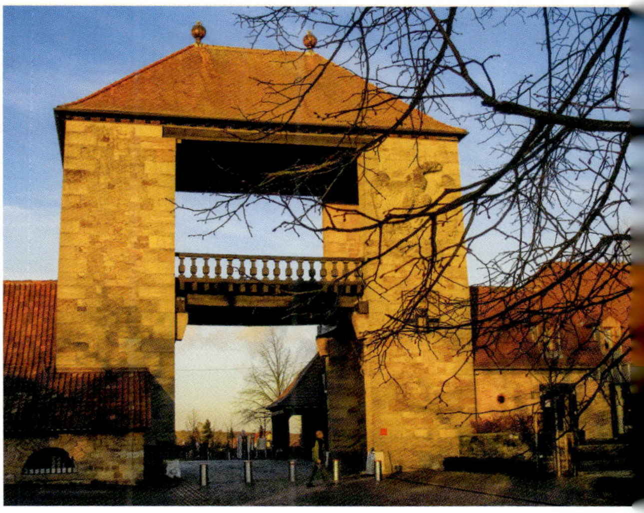

Zum Deutschen Weintor Vom Château Saint Paul gehen wir geradeaus auf der Paulinerstraße bis hinunter zum Marktplatz in Schweigen. Die evangelische Kirche besitzt einen Turm von 1456, und der davor stehende Napoleons-Brunnen ist aus dem Jahr 1811. Wir wandern links in die Längesstraße, die in einem Bogen vorbei an der guten Gaststube Stichelfritz direkt zum ❺ **Deutschen Weintor** führt. Hier ist der südliche Ausgangspunkt der 85 Kilometer langen Deutschen Weinstraße.

Am Deutschen Weintor in Schweigen beginnt die Deutsche Weinstraße.

Zur Grenzkapelle Vom Weintor laufen wir nach Süden zum Kreisverkehr und nach rechts weiter auf der Hauptstraße. Wieder am Marktplatz gehen wir nun links am Gasthaus zum Bären vorbei in Richtung Wissembourg. Die Hauptstraße leitet immer geradeaus leicht abwärts aus Schweigen heraus. Im Garten links vor der Grenze steht die private ❻ **Grenzkapelle**.

Linke Seite: Die Moulin de la Walk steht an der Lauter bei Wissembourg.

Zum Place de la foire In Wissembourg tangieren wir ein Denkmal für die bayerischen Kämpfer des 1870er-Kriegs. Danach stoßen wir an eine Straßengabel, an der wir uns nach links wenden, und an der nächsten Gabelung gehen wir nach rechts. An der Kreuzung mit der großen Verkehrsinsel wandern wir nach links in die Rue des Acacias leicht abwärts. Nach 100 Metern bleiben wir fast geradeaus auf dem Pfad und steigen dann auf der Treppe mit der Markierung roter Ring abwärts in den früheren Stadtgraben und wieder hinauf auf den Rempart. Hier schauen wir direkt auf die Kirche Saint Jean mit dem romanischen Turm. Auf dem Wall halten wir uns links bis zum Pulverturm und laufen dann rechts auf der Rue de la Poudrière zum Parkplatz am Ⓔ **Place de la foire** zurück.

Herbst an der romantischen Lauter

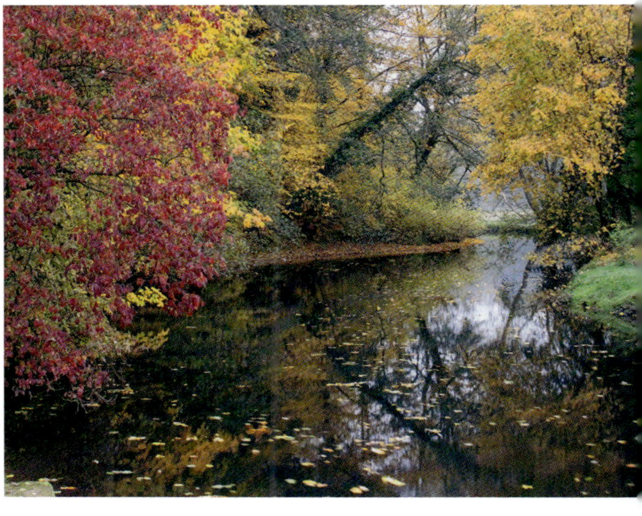

4

Von Jaegerthal nach Windstein

Burgen über stillen Tälern

Leicht | 2:30 Std. | 280 Hm | 7,6 km

Besonderer Genuss: Kultur am Wegrand

Tourencharakter
Leichte, vorwiegend schattige Tour, auf Naturpfaden durch Wälder und Wiesen. Im Ortsgebiet auf Straßen

Ausgangs-/Endpunkt
Parkplatz am Étang de Jaegerthal am nördlichen Ortsausgang von Jaegerthal
GPS N48°58'37.1" E07°40'59.2"

Anfahrt
Auto Auf der D3 und D53 von Wissembourg über Lembach und Obersteinbach nach Windstein
Bahn Von Strassbourg nur bis Niederbronn-les-Bains (www.fluo.eu)

Gehzeiten
Étang de Jaegerthal – Restaurant du Windstein 0:30 Std. – Château du Nouveau Windstein 0:25 Std. – Auberge des deux Châteaux 0:20 Std. – Vieux Château de Windstein 0:15 Std. – Auberge des deux Châteaux 0:10 Std. – Restaurant du Windstein 0:20 Std. – Étang de Jaegerthal 0:30 Std.

Einkehr
Hôtel Restaurant du Windstein, Route d'Obersteinbach 8, F-67110 Windstein, Tel. 0033/(0)3/88 09 24 18, www.hotelduwindstein.com

Karten
Club Vosgien/IGN, Blatt 2/8, 1:50 000

Touristinformation
Place de l'Hôtel de Ville 6, F-67110 Niederbronn-les-Bains, Tel. 0033/(0)3/88 80 89 70, www.tourismus-niederbronn.de

Hinweis
Bergschuhe und Trittsicherheit erforderlich

In Jaegerthal stehen noch die Ruinen des 1602 gegründeten Eisenwerks der Industriellenfamilie de Dietrich. Der Parc Naturel Régional des Vosges du Nord ist ein Hort der Stille, und die Burgruinen von Windstein sind ein gutes Ziel mit Aussicht.

Zum Hôtel Restaurant du Windstein Die gesamte Ansiedlung Jaegerthal ist eine Gründung vom Anfang des 17. Jahrhunderts. Weiter unten im beschaulichen Dorf steht das Schloss der Industriellenfamilie de Dietrich. Im schönen, heute romantischen Park am Schwarzbach ist noch das Maison de la Turbine aus dem Jahr 1871 zu sehen. Bis 1965 wurde das Turbinenhaus zur Stromerzeugung genutzt und versorgte das benachbarte Schloss und die Schule mit dem ersten Strom. Aktuell dient dieses industrielle, heute private Gebäude zur Präsentation von Kunst und Skulpturen. Bis 1905 standen in dem Park auch noch ein Hochofen und ein Kleinhammer der Firma de Dietrich. Der lange Stausee Étang de Jaegerthal am Ausgangspunkt der Wanderung lieferte die Wasserkraft für die Hammerwerke und Schmieden im Tal.

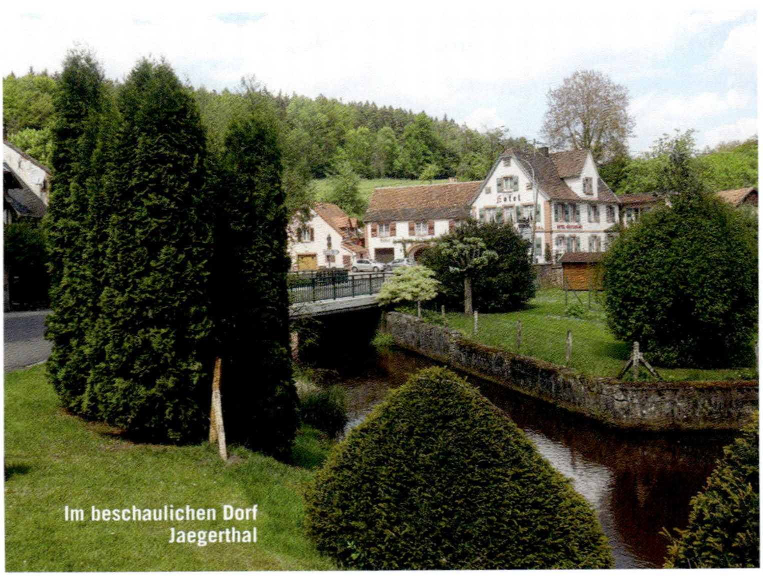

Im beschaulichen Dorf Jaegerthal

Beim Parkplatz am Ⓐ **Étang de Jaegerthal** stehen die Ruinen der ersten Eisenschmieden von de Dietrich vom Ende des 17. Jahrhunderts. Von hier aus können wir im Schwarzbachtal aufwärts schon das Château du Nouveau-Windstein sehen. Entlang des leeren Stausees starten wir am Schwarzbach flussaufwärts nach Norden mit der Markierung gelb-weiß-gelbes Rechteck und bleiben immer in der Ebene am Bach. An einer Weggabelung gehen wir rechts und kommen an dem alten Kleinhammerwerk Le Martinet an die Straßenbrücke der D53 über den Schwarzbach. Jetzt müssen wir weiter entlang der Straße bis zur Kreuzung der D53 mit der D553, an der das ❶ **Hôtel Restaurant du Windstein** steht.

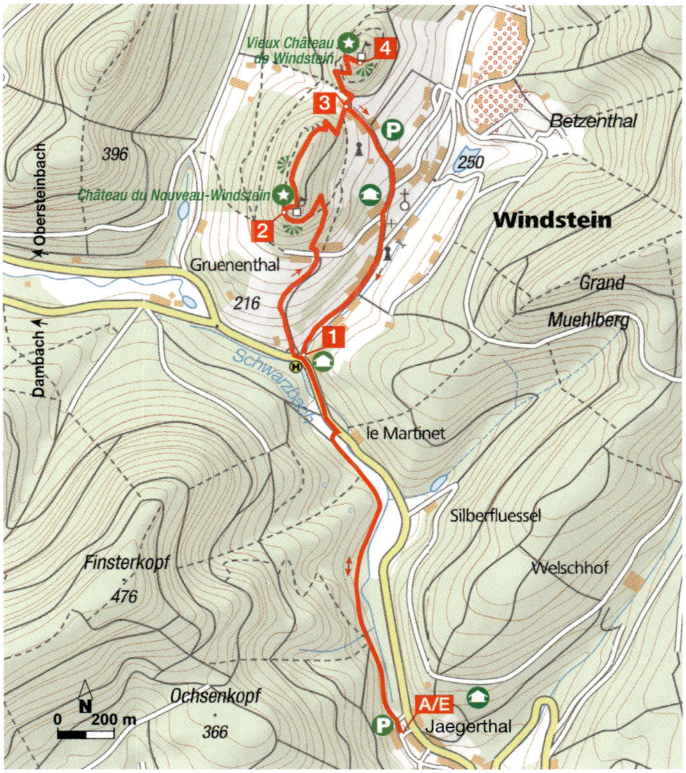

Zum Château du Nouveau-Windstein Rechts vom Bushäuschen steigen wir auf dem Pfad über die Wiese mit der Markierung gelbe Raute aufwärts. Weiter oben geht es geradeaus im Wald und dann über Weiden hinauf. An einem Asphaltsträßchen müssen wir links und nach nur 10 Metern zwischen zwei Häusern mit dem Burgensymbol und der gelben Raute nach rechts durch Wald hinauf. Die Spur erweist sich als mittelalterlicher Weg zur Burg, unten mit Trockenmauern und später als tief eingeschnittener Hohlweg. An einer Kreuzung mit Grenzstein geht es in spitzem Winkel links hinauf. Unterhalb der Burg können wir rechts über eine Treppe in der

Die erste Eisenschmiede entstand im 17. Jahrhundert.

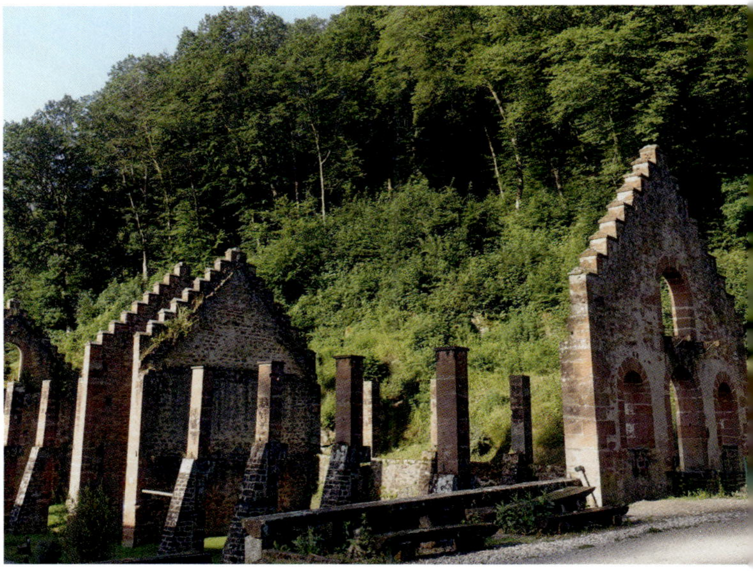

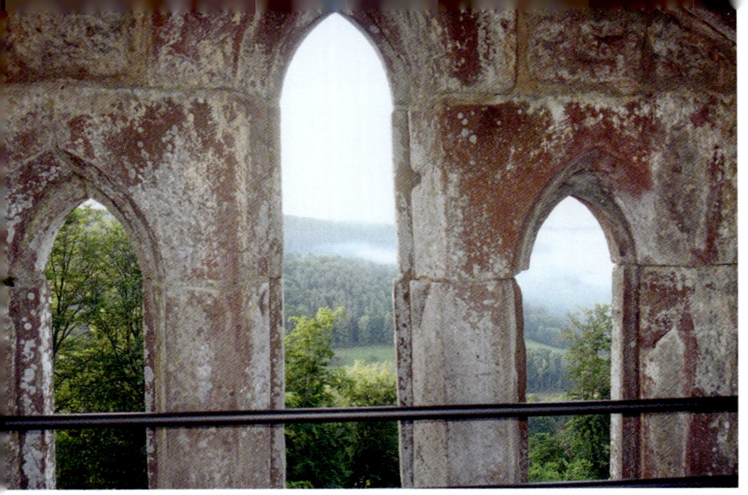

Böschung und durch einen Nebeneingang in das ❷ **Château du Nouveau-Windstein** eintreten. Die spätromanisch-frühgotischen Fenster von Neuwindstein beweisen, dass die Burg schon in der ersten Hälfte des 13. Jahrhunderts entstanden sein muss. 1676 wurde sie unter Ludwig XIV. zerstört und nicht wiederaufgebaut. Der Wohnturm kann bestiegen werden und durch die schönen Maßwerkfenster schauen wir in das Schwarzbachtal bis zu unserem Ausgangspunkt am Étang de Jaegerthal.

Aussicht durch die Fenster des Château du Nouveau-Windstein

Rechte Seite, links: Der Felsturm des Vieux Château de Windstein ist Ziel von Kletterern.

Rechte Seite, rechts: Verlassenes Gehöft unterhalb des Château du Nouveau-Windstein

Zur Auberge des deux Châteaux Über die runde Barbakane (Bastion) an der Ostecke verlassen wir durch das Haupttor über den Burggraben die Anlage und wählen an dem Platz den linken Weg auf dem Bergkamm leicht aufwärts in Richtung Vieux Château de Windstein. Wir tangieren die Ruine Mittel-Windstein, von der aber fast nichts mehr zu erkennen ist. Bald ist schon das Vieux Château de Windstein auf dem gegenüberliegenden Felssporn zu sehen. Dann geht es in Serpentinen hinunter auf eine Forststraße, der wir nach links abwärts zur ❸ **Auberge des deux Châteaux** folgen.

Der mächtige Wohnturm des Château du Nouveau-Windstein

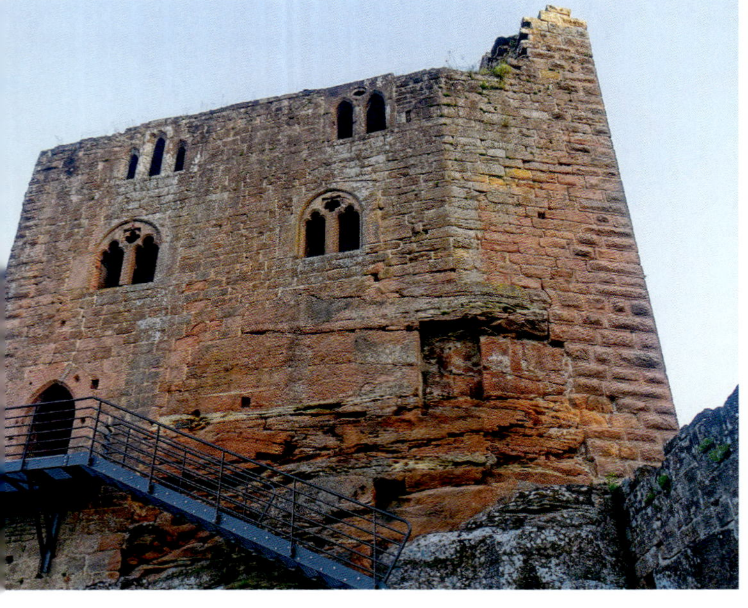

Zum Vieux Château de Windstein Geradeaus am ehemaligen Restaurant vorbei wandern wir die gesperrte Straße hinauf und steigen nach 80 Metern rechts die Treppe und weiter oben den schmalen Pfad hinauf zum pittoresken ❹ **Vieux Château de Windstein**. Außer der obersten, gemauerten Bebauung besteht die Burg aus vielen Höhlen in den Felstürmen, deren Erkundung einige Zeit in Anspruch nimmt. Die älteste Erwähnung der Burg stammt von 1205. Sie muss aber wesentlich älter sein. 1332 kam es wegen Wegelagerei zur Blockade der Burg Altwind-

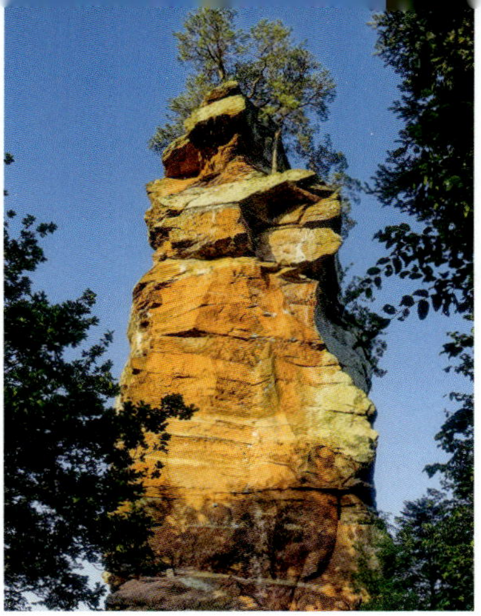

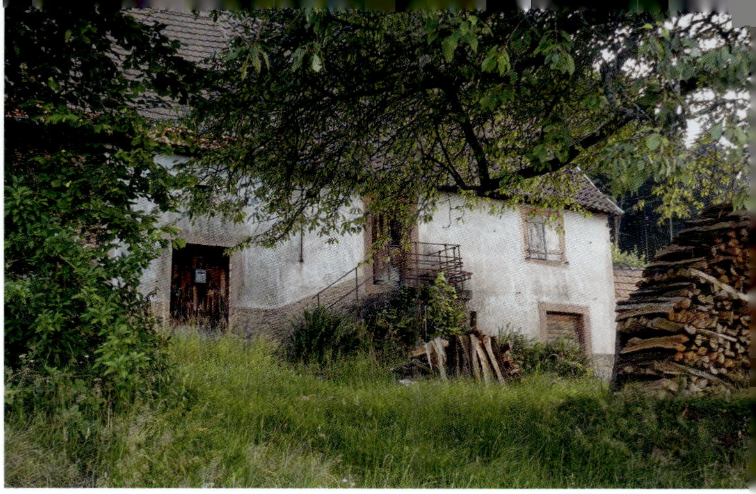

stein. Nach zehn Wochen Belagerung gelang die Eroberung. Trotz eines Verbots wurde die Burg danach wiederhergestellt, um dann im Dreißigjährigen Krieg und 1677 durch französische Truppen unter Ludwig XIV. endgültig zerstört zu werden. Heute sind die zerklüfteten Felstürme der zweiteiligen Burg beliebte Kletterfelsen.

Zur Auberge des deux Châteaux Auf gleichem Weg steigen wir vom Vieux Château de Windstein wieder hinunter und an der ❸ **Auberge des deux Châteaux** vorbei auf der Rue des Châteaux (D553) abwärts.

Zum Hôtel Restaurant du Windstein Durch das weitläufige Dorf Windstein kommen wir an der Mairie und am Friedhof vorbei und erreichen unten an der Kreuzung wieder das ❶ **Hôtel Restaurant du Windstein**.

Zum Parkplatz am Étang de Jaegerthal Entlang der D53 kommen wir wieder zur Brücke über den Schwarzbach, vor der wir rechts am Kleinhammerwerk Le Martinet vorbei und am Schwarzbach entlang zum Parkplatz am Ⓔ **Étang de Jaegerthal** zurückfinden.

Industrie des 17. Jahrhunderts

Die alte Eisenfabrik der Dynastie de Dietrich in Jaegerthal ist nur noch eine Ruine. Interessant sind die Industrieanlagen dennoch und auch beliebtes Objekt für Fotografen. Der Schwarzbach war schon zu Beginn des 17. Jahrhunderts als Energiequelle der Auslöser einer starken Industrialisierung. Die Ruinen der ersten Eisenschmieden von de Dietrich erinnern an die industrielle Entwicklung. Der Ort ist benannt nach dem gräflichen Richter Adam Jäger, der hier 1602 ein Eisenwerk gründete. Die Familie de Dietrich erwarb 1684 den Eisenhammer, und es entstand eine berühmte Dynastie. Das Château de Jaegerthal ist die Sommerresidenz der Familie de Dietrich.
Sechs Kilometer südlich von Jaegerthal befindet sich in Reichshoffen das Musée du Fer (Eisenmuseum), in dem das zentrale Thema Eisenindustrie in den Nordvogesen gezeigt wird. Das Museum ist von Mittwoch bis Sonntag 14–18 Uhr geöffnet (Musée du Fer, Rue Jeanne d'Arc 9, F-67110 Reichshoffen, Tel. 0033/(0)3/88 80 34 49, www.lacastine.com).

5

Zum Château de la Wasenbourg

Fachwerk, mystische Orte und Ruine

Leicht | 2:30 Std. | 260 Hm | 7,0 km

Besonderer Genuss: Kultur am Wegrand

Tourencharakter
Leichte, meist schattige Tour, größtenteils auf Naturwegen durch Wälder. Im Ortsgebiet auf Straßen

Ausgangs-/Endpunkt
Parkplatz Place du Couvent in Oberbronn
GPS N48°56'32.1" E07°36'42.1"

Anfahrt
Auto Auf der D 1062 von Hagenau nach Niederbronn-les-Bains und auf der D 28 nach Oberbronn
Bahn Nach Niederbronn-les-Bains und mit dem **Bus** Linie 319 nach Oberbronn (www.fluo.eu)

Gehzeiten
Place du Couvent – La Rondelle 0:20 Std. – Graebelsbrunnen 0:10 Std. – Château de la Wasenbourg 0:30 Std. – Kreuztannen 0:40 Std. – Buckelstein 0:25 Std. – Mairie Oberbronn 0:15 Std. – Place du Couvent 0:10 Std.

Einkehr
Restaurant Au Boeuf Noir, Rue Principale 28, F-67110 Oberbronn, Tel. 0033/(0)3/88 06 62 25, www.auboeufnoir.com
Restaurant Winstub Zuem Buerestuebel, Rue de la République 9, F-67110 Niederbronn-les-Bains, Tel. 0033/(0)388/80 84 26, www.winstub-zuem-buerestuebel.com

Karten
Club Vosgien/IGN, Blatt 2/8, 1:50 000

Touristinformation
Place de l'Hôtel de Ville 6, F-67110 Niederbronn-les-Bains, Tel. 0033/(0)3/88 80 89 70, www.tourismus-niederbronn.de

An der Stelle des Château de la Wasenbourg stand zur Zeit der Römer ein Tempel für den Gott Merkur. Steinmetze die am Straßburger Münster tätig waren, fertigten im 13. Jahrhundert ein fantastisches Maßwerkfenster, das schon Johann Wolfgang von Goethe bewunderte.

Zur Kreuzung La Rondelle Vom Parkplatz auf dem **A Place du Couvent** gehen wir zur Rue Principale hinauf und dort vor der Mauer des Klosters der Niederbronner Schwestern rechts. Nach 70 Metern steigen wir auf der Rue de la Wasenbourg links bergan. An der Kreuzung folgen wir dem Wegweiser links in den Wald hinauf in Richtung Niederbronn am Haus Nr. 13 vorbei. Die Wegmarkierung ist ein blaues Rechteck, die uns hinaufführt zur Kreuzung **1 La Rondelle** mit Picknickplatz.

Zum Graebelsbrunnen Nun müssen wir links mit der Markierung rotes Dreieck weiter aufwärts in Richtung Wasenbourg durch ei-

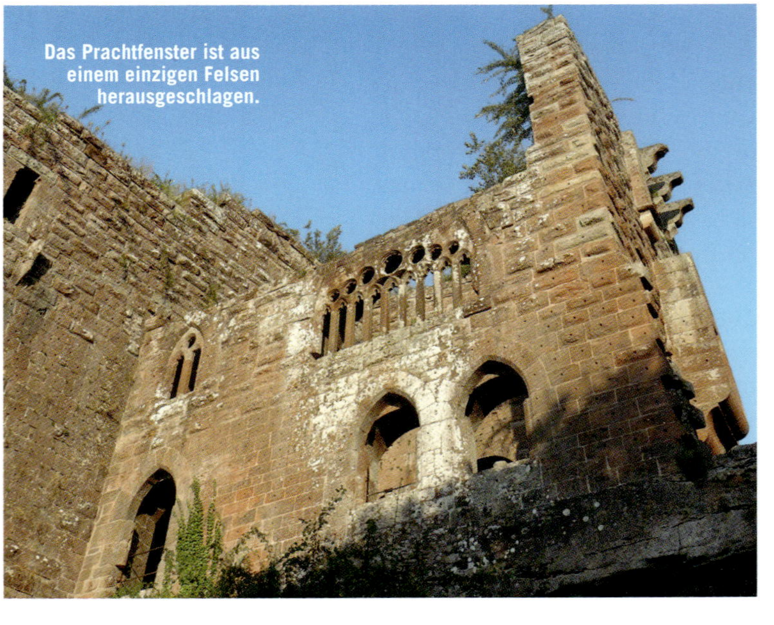
Das Prachtfenster ist aus einem einzigen Felsen herausgeschlagen.

nen Mischwald aus Eichen, Buchen, Kiefern und Esskastanien. Eine kulinarische Spezialität des Dorfs Oberbronn ist Blutwurst mit Kastanien. Die Esskastanienwälder an den Berghängen liefern eine der Zutaten. Am plätschernden ❷ **Graebelsbrunnen** treffen sich sechs Wege.

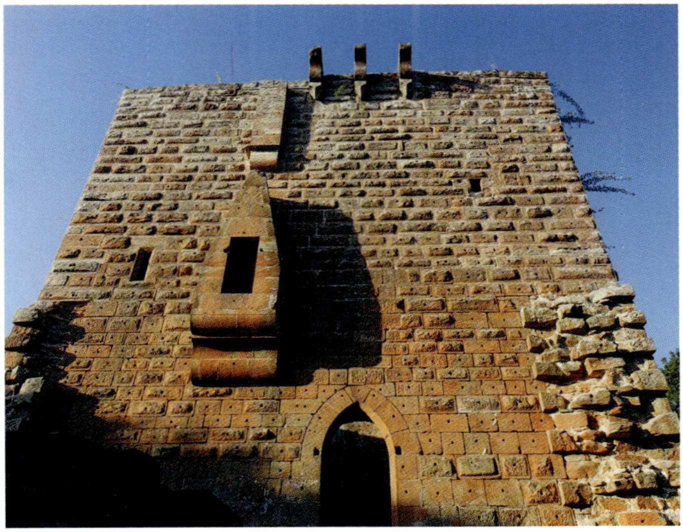

Das Château de la Wasenbourg ist ein architektonisches Meisterwerk.

Zum Château de la Wasenbourg

Wir begehen rechts den einzigen Weg, der aufwärtsführt. Die Markierung ist nun das rote Dreieck. Gleich sind wir oben am ❸ **Château de la Wasenbourg**. Die Wasenburg wurde 1280 auf einer Burganlage aus dem 8. Jahrhundert von Konrad von Lichtenberg erbaut. In Bauernkriegen nahm die Burg Schaden und wurde schließlich 1677 von französischen Truppen nahezu zerstört. Bemerkenswert ist das riesige neunteilige Prachtfenster mit sieben Rosetten – ein Kunstwerk, das die Steinmetze aus einem einzigen Stück Sandstein herausschlugen. Es ist wohl das schönste Burgfenster aller elsässischen Burgen. Gut erhalten sind ferner die mächtige Schildmauer, ein Erker und der Kamin im Palas. Eine Gedenktafel erinnert an den Besuch Goethes im Jahr 1770, der wegen des herrlichen Fensters und der hervorragenden Aussicht vom Badeort Niederbronn-les-Bains hier heraufkam. Die noch erhaltenen Teile des römischen Merkur-Tempels aus dem 2. bis 3. Jahrhundert n. Chr. am Wachtfelsen vor der Burg wurden im 19. Jahrhundert wiederaufgerichtet. Ein Picknicktisch lädt zur Rast.

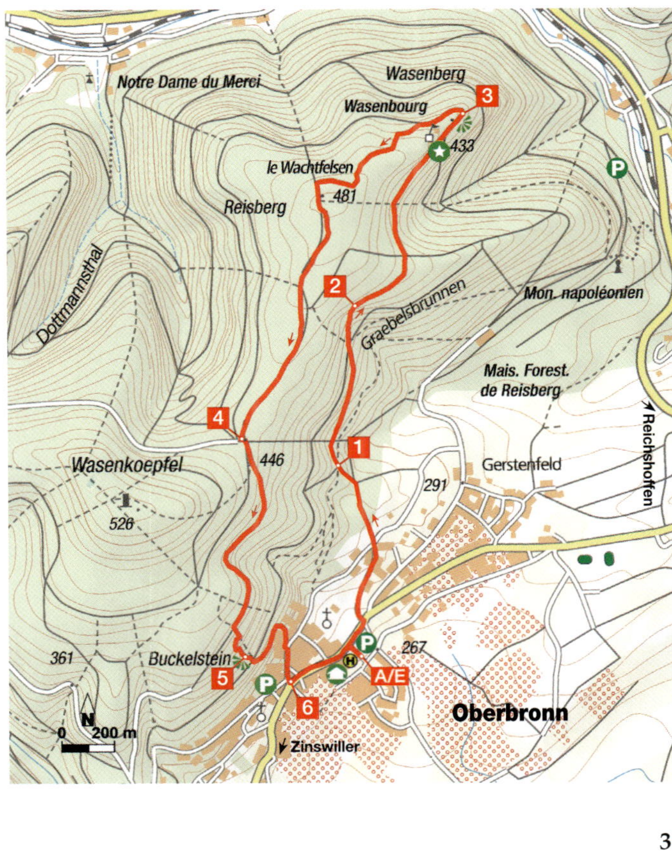

Zur Wegspinne Kreuztannen Um die Burg herum verläuft die

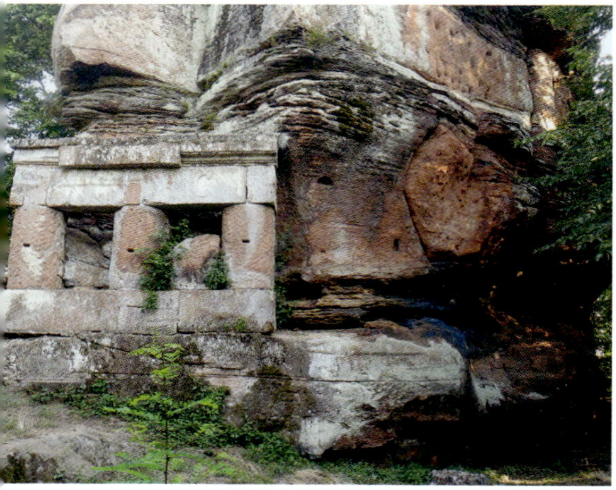

Rekonstruierte Teile des Merkur-Tempels am Wachtfelsen

Rechte Seite: Die Pierres Cupules haben einen natürlichen Ursprung.

Wanderroute auf dem Forstweg weiter in Richtung Pierres Cupules. Aber gleich steigt links ein Pfad mit der Markierung rotes Rechteck aufwärts in Richtung Pierres Cupules. An einer Weggabelung folgen wir den Wegweisern nach rechts. Dann durchschreiten wir den Jardin des Fées, der durch Steinwälle abgegrenzt ist. Ob dies ein Teil eines Schlossgartens oder ein Areal zur Tierhaltung war, ist nicht sicher. Ein Feengarten ist zumindest die zauberhafteste Erklärung. An einer Kreuzung gehen wir rechts. An der höchsten Stelle des Reisbergs befinden sich die sonderbaren *Pierres Cupules* (Felstassen). Einige Felsen haben becherähnliche Vertiefungen, die als mystische Kultplätze interpretiert wurden. Aber die Ausbildungen entstanden durch natürliche Verwitterung des Gesteins.
An einer T-Kreuzung müssen wir rechts und bei einer folgenden Kreuzung an einer Wildwiese bleiben wir geradeaus der Markierung rotes Rechteck treu. An einer weiteren T-Kreuzung gehen wir links und an einer Weggabel rechts und dann auf einem breiteren Forstweg rechts in Richtung Kreuztannen. Rechts des Wegs liegt leicht erhöht der Place des Sourciéres. Ein Erdwall und ein bearbeiteter Steinkreis an diesem Hexenplätzel lassen einen Sonnenkultplatz vermuten. Kurz nach diesem mystischen Platz erreichen wir die Wegspinne 4 **Kreuztannen**.

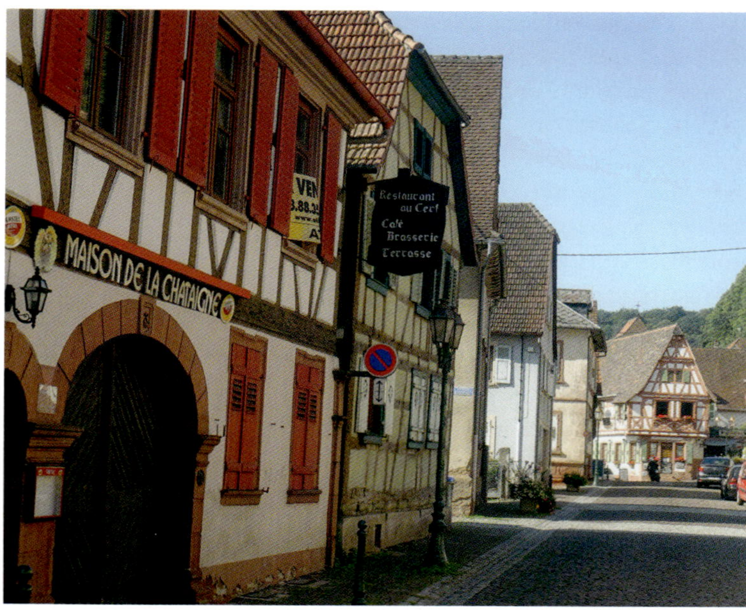

In Oberbronn stehen wunderschöne Fachwerkhäuser.

Zum Buckelstein Geradeaus und dann rechts hinauf könnten wir mit 80 Metern Höhenunterschied einen Abstecher zum Tour du Wasenkoepfl machen, der sich aber nur im Winter lohnt. Im Sommer verwehren die hohen Laubbäume die Aussicht.
Wir wenden uns an der Wegspinne Kreuztannen also lieber halb links auf den Chemin Forestier de Kreuztannen ohne Markierung und ohne Wegweiser sanft abwärts. Nach 700 Metern kreuzt ein Pfad den Forstweg, dem wir nach links hinunter mit der Markierung grünes Kreuz in Richtung Buckelstein folgen. Der Pfad leitet in Serpentinen zum Aussichtspunkt 5 **Buckelstein**, an dem wir uns auf die Bank setzen und den Blick über die Fachwerkhäuser von Oberbronn genießen.

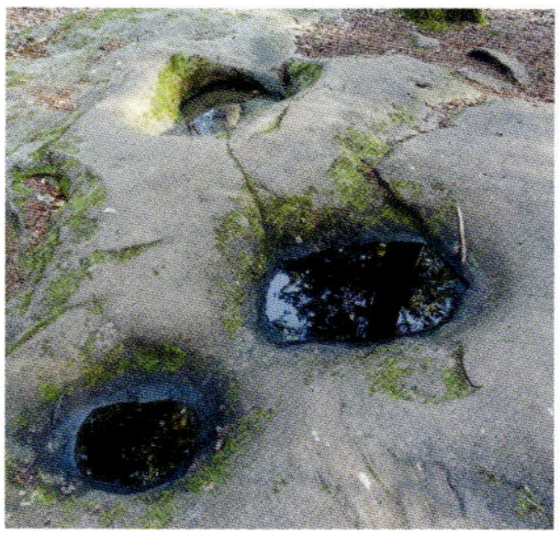

Zur Mairie d'Oberbronn Wir nehmen die Treppe abwärts und gehen an den ersten Grundstücken links und nach 70 Metern rechts hinunter und stoßen in Oberbronn auf die Rue Gelders, der wir nach rechts abwärtsfolgen. So kommen wir direkt zur 6 **Mairie d'Oberbronn** an der Rue Principale (D 28). Das Rathaus mit Kolonnadengang im neoklassizistischen Stil wurde 1846 erbaut. Das alte Dorf Oberbronn ist wunderschön. Die Fachwerkhäuser erzählen durch ihre Zunftzeichen und geschnitzten Figuren einiges über ihre ehemaligen Besitzer. An einigen Häusern sind Schilder zu deren Geschichte angebracht. Es gibt eine Broschüre für einen historischen Rundgang durch das Dorf.
Wer möchte, macht nun vom Rathaus einen einfachen 350 Meter weiten Abstecher nach rechts zum Parc á Cigogne vor dem Friedhof. Der Weg zum Storchenpark, rechts auf der Rue des Fontaines an der Kirche vorbei ist beschildert.

Zum Parkplatz am Place du Couvent Vom Rathaus bleiben wir auf der Rue Principale nach Nordosten und sind dann gleich zurück am Parkplatz auf dem E **Place du Couvent**.

Genusswandeln in Alemannischem Fachwerk

In dem charmanten kleinen Dorf Oberbronn sind einige typisch elsässische Fachwerkhäuser zu finden. Die frühere Bedeutung und der Reichtum Oberbronns ist an den prächtigen Fachwerkbauten zu erkennen, wie zum Beispiel an den Häusern rund um das Rathaus. Fachwerkbauten werden in drei Stilgruppen unterschieden. Das Alemannische Fachwerk ist vor allem im süddeutschen Raum und im Elsass zu finden. Das Niedersächsische Fachwerk kommt im norddeutschen Raum vor. Vom Fränkischen Fachwerk spricht man von den Stilrichtungen, die in Franken, Thüringen, Hessen, Nordrhein-Westfalen und Rheinland-Pfalz verbaut worden sind. Das alemannisch genannte Fachwerk zeigt klare Konstruktionslinien, gekennzeichnet durch eine Bauweise mit weitem Abstand der Ständer. Rähme stellen den Längsverband der Gestaltungen dar. Rähm ist der obere waagerechte Abschluss der Fachwerkwand. Charakteristisch im alemannischen Fachwerkbau sind Wohnstuben mit Bohlenwänden und Erkern. Zu Recht ist Oberbronn stolz auf seine erhaltenen Häuser im Stil des Alemannischen Fachwerks.

6

In den Wäldern um Lichtenberg

Kapellenruine und modernisierte Burg

Leicht | 2:20 Std. | 280 Hm | 7,4 km

Besonderer Genuss: Kultur am Wegrand

Tourencharakter
Leichte, vorwiegend schattige Tour, größtenteils auf Naturwegen durch Wälder. Im Ortsgebiet auf Straßen

Ausgangs-/Endpunkt
Parkplatz Place de l'Église in Lichtenberg
GPS N48°55'16.5" E07°28'54.8"

Anfahrt
Auto Auf der D919 von Hagenau nach Ingwiller und dort auf der D28 und D181 nach Lichtenberg
Bahn von Straßburg nach Ingwiller und mit dem **Bus** nach Lichtenberg (www.fluo.eu)

Gehzeiten
Parkplatz Place de l'Église – Einsames Gehöft 0:20 Std. – Winebaechel 0:15 Std. – Tierkirchlein 0:20 Std. – Steg 0:15 Std. – Château de Lichtenberg 0:55 Std. – Wasserbehälter 0:05 Std. – Parkplatz Place de l'Église 0:10 Std.

Einkehr
Hotel Restaurant Au Soleil, Place de l'Église 2, F-67340 Lichtenberg, Tel. 0033/(0)3/88 89 96 13, www.au-soleil-muhlheim.fr
Restaurant Bahnstub, Rue de la Gare 27, F-67290 Wimmenau, Tel. 0033/(0)3/88 91 06 20

Karten
Club Vosgien/IGN, Blatt 1/8, 1:50 000

Touristinformation
Rue du Général Goureau 89, F-67340 Ingwiller, Tel. 0033/(0)3/88 89 23 45, www.tourisme-hanau-moder.fr

Der Weg beginnt in Lichtenberg mit dem Château de Lichtenberg, das in neuer Zeit einen futuristischen Aufsatz erhielt – polarisierend, aber auf jeden Fall spannend. Im Bruderthal steht versteckt die Ruine des Tierkirchleins, im Mittelalter eine Station der Pilger.

Zum einsamen Gehöft Vom Ⓐ **Place de l'Église** in Lichtenberg starten wir an den zwei Restaurants vorbei nach Süden und auf der Rue du Château nach links in Richtung Château hinauf. Die Burg besichtigen wir am Schluss der Wanderung. Jetzt gehen wir auf der Rue du Fossé nach rechts in Richtung Tierkirchlein am Friedhof vorbei. Ein blaues Rechteck ist die Wegmarkierung. Vor dem Haus Nr. 22 steigen wir rechts auf dem kleinen Sträßchen in Richtung Tierkirchlein hinab. In einer Rechtskehre halten wir uns nach links auf dem ebenen Erdweg an einem ❶ **einsamen Gehöft** mit der Hausnr. 8 vorbei.

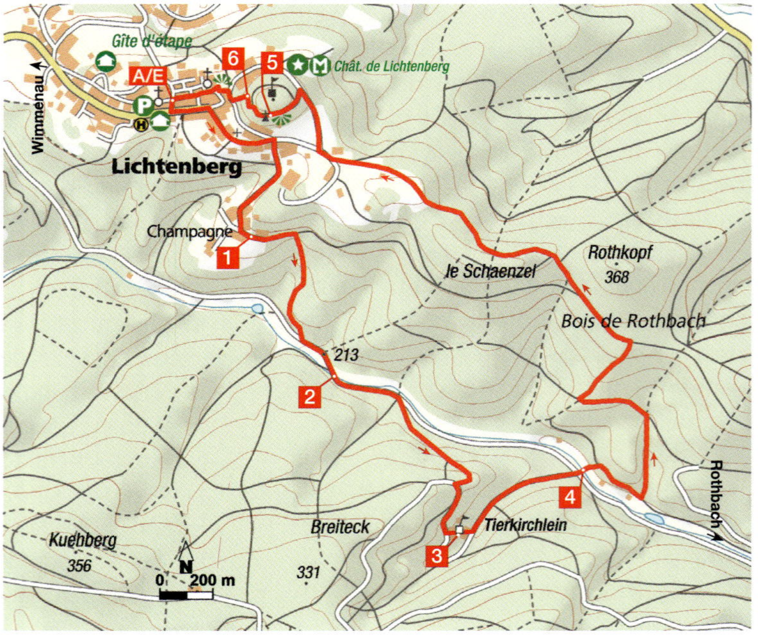

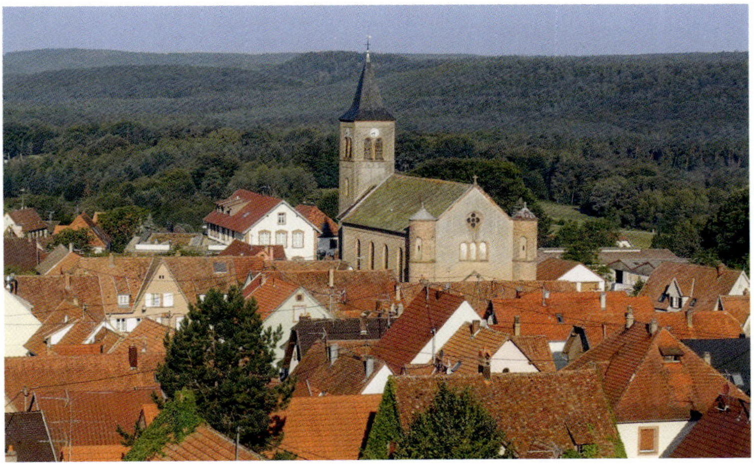

Aussicht von der Burg auf den Ort Lichtenberg

Zum Winebaechel Im Laubmischwald nehmen wir dann den kleineren Weg, der nach rechts mit der Markierung blaues Rechteck in Richtung Ingwiller hinabführt. An einigen Abzweigen in dem Kiefern-Esskastanien-Wald bleiben wir jeweils geradeaus der Markierung blaues Rechteck treu. Am Boden des Bruderthals wandern wir auf dem Forstweg nach links und überqueren nach 50 Metern das ❷ Winebaechel.

Zum Tierkirchlein Nach einer Rechtskurve steigen wir auf der rechten Seite den Pfad in Richtung Tierkirchlein durch jungen Fichten-Douglasien-Wald hoch. Die Nadeln der Fichten stechen, die der Douglasie nicht. Außerdem riechen die Nadeln der Douglastannen, in der Hand zerrieben, stark nach Zitrusfrüchten.

Der Pfad stößt auf einen breiteren Weg, dem wir nach rechts folgen. Gleich endet dieser Weg an einer Forststraße, und wir gehen nach links bergab. In einer Rechtskurve zweigt auf der linken Seite mit der Markierung blau-weiß-blaues Rechteck ein kleiner Steig zum ❸ Tierkirchlein ab. Die Ruinen stammen von einer Pilgerkapelle aus dem 13. Jahrhundert. Der Name verweist auf die Tiere

Museumsgenuss

Die Ausstellung »Expo fossile« im Château de Lichtenberg zeigt die Entstehung, das Leben und den Tod eines Meers. Es handelt sich bei der Betrachtung um das Meer, das vor 250 bis 200 Millionen Jahren das Elsass bedeckte. Gesteine, Bodenschätze und Fossilien legen Zeugnis davon ab. Eine weite Ebene wurde allmählich von einem von Osteuropa eindringenden Meer überflutet, und die Sande der jetzigen Vogesensandsteine lagerten sich ab. Das Meer enthielt eine vielgestaltige marine Fauna. Nach langer Überflutung und mit dem Einsetzen arider Klimabedingungen kam es zum Rückzug und zur Austrocknung des Meers. Unter dem Buntsandstein liegen die fossilführenden Muschelkalke. Diese Geschichte in drei Phasen wird als das Erdzeitalter des Trias bezeichnet. Bemerkenswerte Fossilien und Gesteine zum Teil aus den geologischen und paläontologischen Sammlungen der Universität Straßburg veranschaulichen diese Erdgeschichte (das Museum im Château de Lichtenberg ist täglich ab 10 Uhr geöffnet, zwischen September und Mai aber Montag geschlossen, www.chateaudelichtenberg.com).

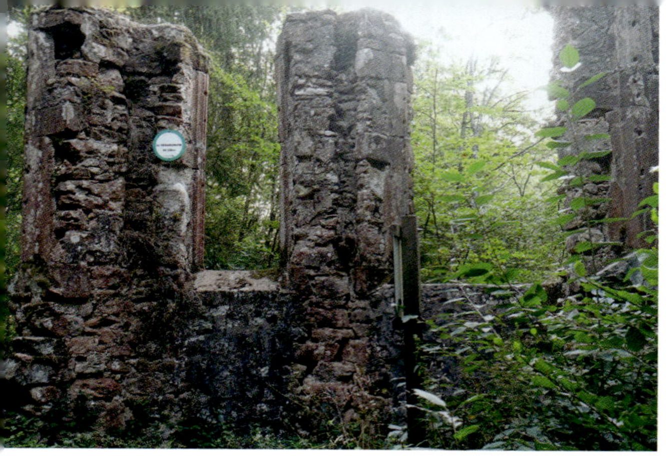

der Pilger, für die an dieser Stelle Fürbitte gehalten wurde.

Zum Steg Geradeaus am Tierkirchlein vorbei folgen wir nun der Markierung blauer Ring auf den Talboden hinunter. Auf der Forststraße laufen wir links und erreichen wieder das Bruderthal. Dort queren wir die Forststraße, und auf einem ❹ **Steg** überqueren wir wieder das Winebaechel in Richtung Rothbach.

Vom versteckt gelegenen Tierkirchlein sind nur Reste geblieben.

Zum Château de Lichtenberg Direkt nach dem Steg wenden wir uns nach rechts und nach einem letzten Ferienhaus in einem gepflegten Grundstück mit grünem Drahtzaun nach links ein Trockental hinauf. Drei Markierungsringe in den Farben Grün, Gelb und Blau sind jetzt unsere Begleiter. Weiter oben schwenkt der Weg nach links zu einer Wegkreuzung vor einem Jagdansitz hinauf. Wir bleiben geradeaus aufwärts in Richtung Buchwalderkopf, jetzt sogar geleitet durch vier Markierungsringe. Der Weg endet weiter oben an einem Forstweg, den wir nach links in Richtung Lichtenberg beschreiten. Hier bleibt der rote Ring als Markierung. Nach 60 Metern gabelt sich der Weg und wir wählen die rechte Möglichkeit. An einer folgenden Kreuzung bleiben wir geradeaus, haben aber jetzt das blaue Rechteck als Markierung. Die Markierung wechselt an der nächsten Kreu-

Das Château Lichtenberg ist auf dem Wanderweg schon lange zu sehen.

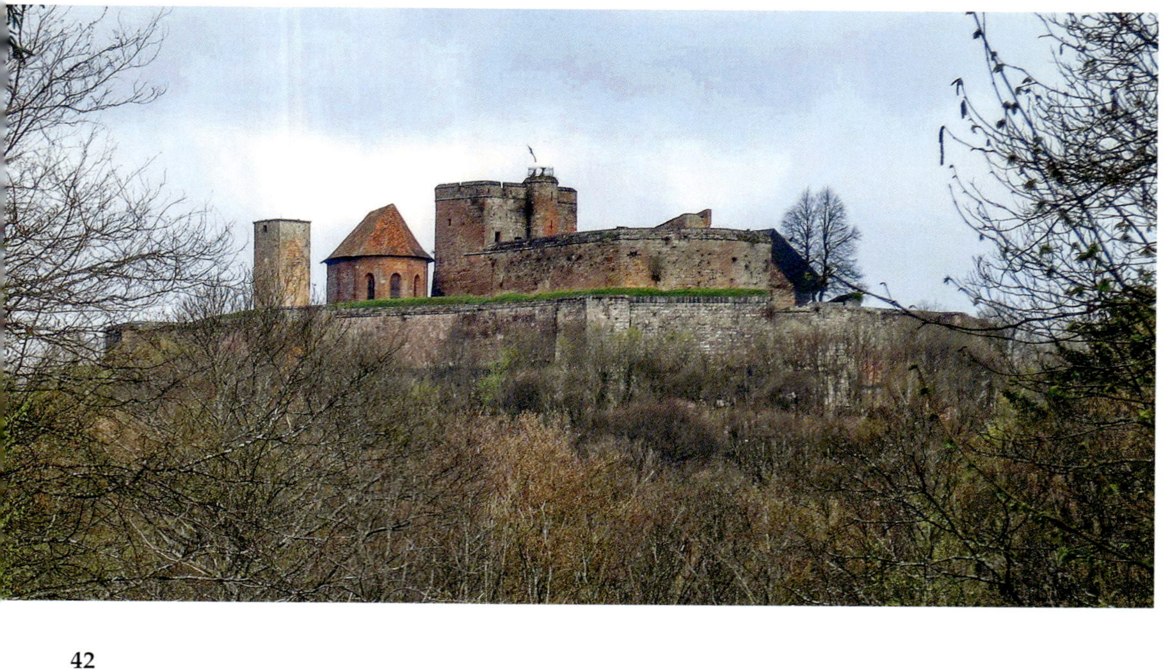

zung geradeaus zum grünen Ring. Eine Auswahl an einer weiteren Gabelung ist egal, weil sich die Wege wieder treffen. Dann verlässt der Weg den Wald und durchquert Viehweiden, auf denen lustige Ponys stehen. Das Château de Lichtenberg ist in der Ferne auch schon zu sehen. An der Kreuzung nach dem Haus mit der Nr. 23 gehen wir mit der Markierung roter Punkt und grüner Ring nach rechts. Nach einem Zaun müssen wir an einer Bank nach links auf einem Pfad nach oben. Wir bleiben immer geradeaus aufwärts, nehmen dann noch eine kleine Treppe nach rechts und erobern den Burgberg. Das 5 **Château de Lichtenberg** ist eine der schönsten Burganlagen des nördlichen Elsass und eine Besichtigung wert. Die Burg wurde zum ersten Mal 1206 als Besitz der Lichtenberger Grafen erwähnt. Seit 1305 ist Lichtenberg eine freie Stadt mit Marktrecht. In späteren Jahren wurde das Château zu einem Teil des Verteidigungssystems der Nordvogesen ausgebaut. 1870 wurde die Bastion durch die Württemberger zerstört. In der Neuzeit wurden die Ruinen restauriert und teilweise mit einem gewagt modernen Ausstellungsraum überbaut. Der Spannungsbogen zwischen altem Gemäuer und moderner Architektur polarisiert. Die rundum beeindruckende Aussicht bis nach Straßburg hat dies nicht verändert. In den modernen Räumen finden kulturelle Veranstaltungen und Ausstellungen statt.

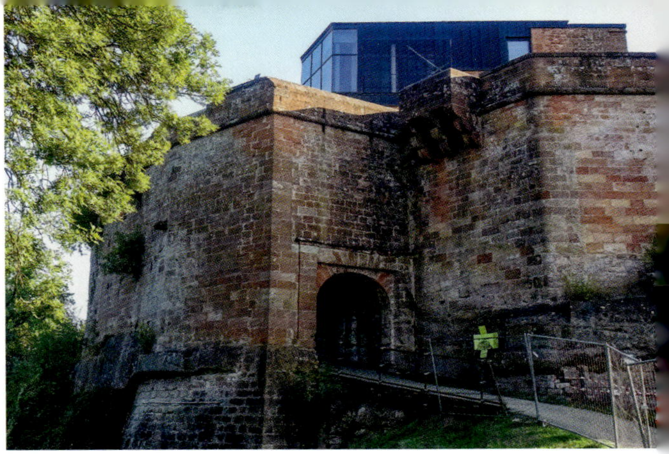

Der Burg sind moderne Ausstellungs- und Kulturräume aufgesetzt.

Zum Wasserbehälter Nun steigen wir wieder das kleine Treppchen hinunter und schlendern nicht auf dem Weg mit Geländer, sondern auf dem Pfad nach rechts weiter. Der 6 **Wasserbehälter** bietet eine schöne Aussicht über die Stadt Lichtenberg.

Zum Place de l'Église Vom Wasserbehälter steigen wir erst links und auf dem Weg mit Geländer rechts hinab. An der Rue du Jardin gehen wir rechts, dann rechts in die Rue du Château und am Place de Lichtenau vor der kleinen Kirche nach links die Rue du Milieu zum Parkplatz auf dem E **Place de l'Église**.

Die Kirche mit der großen Schaufassade ist 150 Jahre alt.

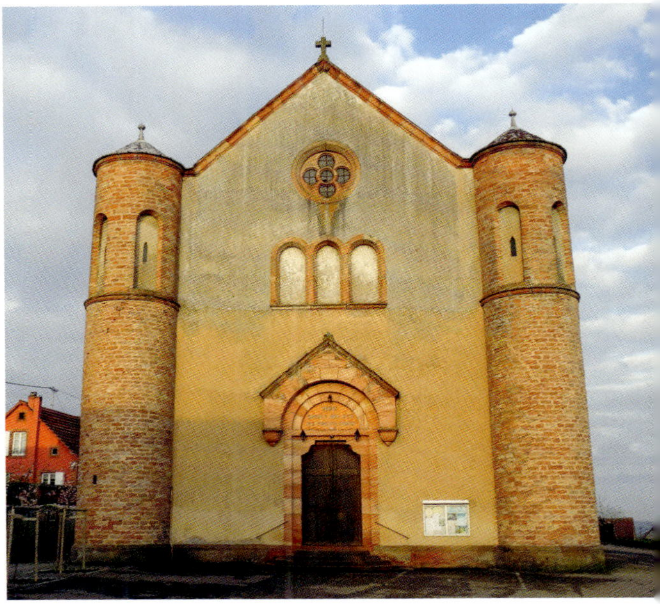

7 Bezauberndes La Petite-Pierre

Staedtel und bizarre Felsen

Leicht | 2:50 Std. | 230 Hm | 8,7 km

Besonderer Genuss: Kultur am Wegrand

Tourencharakter
Leichte, vorwiegend schattige Tour, größtenteils auf Naturwegen durch Wälder. Im Ortsgebiet auf Straßen

Ausgangs-/Endpunkt
Parkplatz Touristinformation in La Petite-Pierre
GPS N48°51'23.5" E07°19'08.3"

Anfahrt
Auto Auf der D919, D24, D17 und D7 von Hagenau
Bus Mit der Linie 401 (www.fluo.eu)

Gehzeiten
Parkplatz Touristinformation – Rue du Lavoir 0:10 Std. – Rocher du Blanc 0:55 Std. – Le Grand Chêne 0:30 Std. – Rocher des Païens 0:25 Std. – Chemin Endenberg 0:25 Std. – Parkplatz Touristinformation 0:35 Std.

Einkehr in La Petite-Pierre
Restaurant Au Coq blanc, Rue Principale 41, Tel. 0033/(0)3/88704633, www.aucoqblanc.fr
Restaurant Au Grès Du Marché, Rue du Château 19, Tel. 0033/(0)3/88707895, www.augresdumarche.fr

Karten
Club Vosgien/IGN, Blatt 1/8, 1:50000

Touristinformation
Rue du Château 2a, F-67290 La Petite-Pierre, Tel. 0033/(0)3/88704230, www.ot-paysdelapetitepierre.com

Hinweis
La Petite-Pierre ist ein beliebter Ausflugsort. Besser das Wochenende meiden.

La Petite-Pierre glänzt mit dem alten Staedtel und dem Château Luetzelstein. Der Dichtergarten gegenüber der Altstadt ist ein Ort der Meditation. Bizarre Felsen setzen in den Wäldern rund um den Ort attraktive Akzente mit schönen Panoramen.

Zur Rue du Lavoir Vom Parkplatz an der Ⓐ **Touristinformation** in La Petite-Pierre starten wir auf der Zufahrtsstraße Rue du Château abwärts in den neueren Teil von La Petite-Pierre und laufen auf der Rue Principale geradeaus weiter. Das reizvolle Städtchen lebt durch die blumengeschmückten Fachwerkhäuser. Nach der Mairie machen wir einen kurzen Abstecher nach rechts in Richtung Ingwiller, dann ist rechts unten das Maison des Païens (Heidenhaus) im Renaissancestil zu sehen. Alte Bauspuren im Keller zeugen von einem gallo-römischen Vorgängerbau. Aber es geht unten an der Kreuzung nach rechts auf der Rue Principale weiter. Nach dem Haus Nr. 29 wandern wir links auf der ❶ **Rue du**

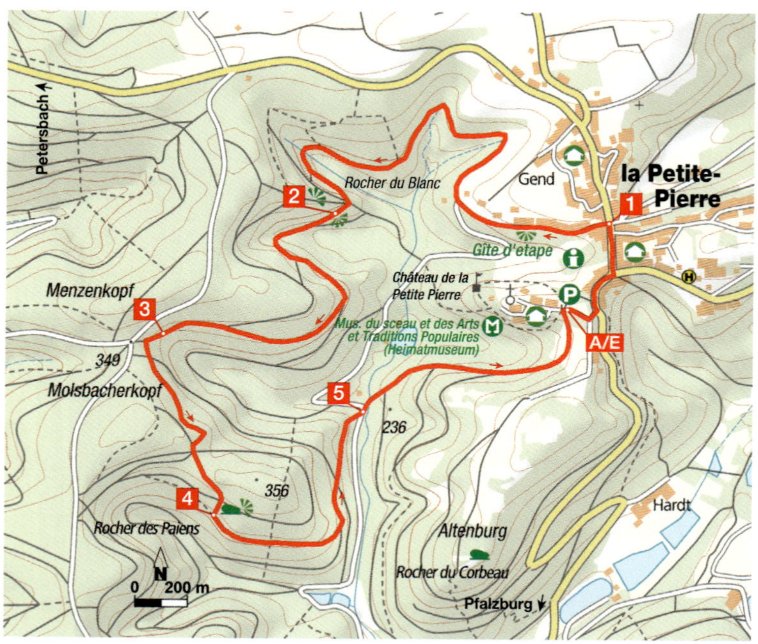

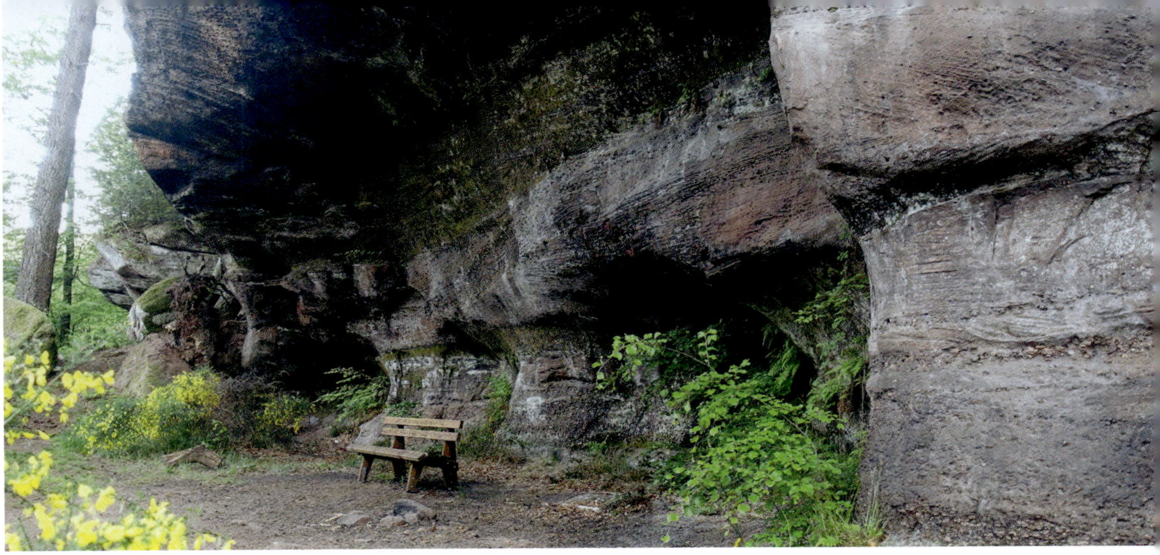

Am romantischen Rocher des Païens

Lavoir mit der Markierung gelbes Rechteck hinunter. Weiter vorne ist in dem roten Haus das Restaurant Au Coq Blanc, wo es leckere Tarte flambée und gutes Schwarzbier gibt.

Zum Rocher du Blanc Mit Blick auf das Staedtel, Château Luetzelstein und die Kirche laufen wir abwärts, bis in einer Linkskehre geradeaus ein Naturweg mit der Markierung gelb-weiß-gelbes Rechteck geradeaus weiterführt. Auf diesem Weg gehen wir nun eben dahin, bis 50 Meter nach einer Linkskurve mit kleinem, querenden Rinnsal rechts ein Pfad ansteigt. An einem ersten Abzweig bleiben wir geradeaus unter den riesigen Felsen. Am nächsten Abzweig steigen wir rechts auf den Aussichtsfelsen 2 **Rocher du Blanc** mit Blick auf La Petite-Pierre. Das Tal, das zwischen uns und dem Städtchen liegt, erinnert uns daran, dass wir im Elsace bossue (buckliges Elsass) sind. Das Château Luetzelstein steht auf dem Ende eines Bergsporns, der weit ins Tal hinausragt. Es überwachte einst einen der wichtigsten Pässe der Vogesen, der Elsass mit Lothringen verband.

Auf dem Rocher du Blanc ist ein Aussichtspunkt.

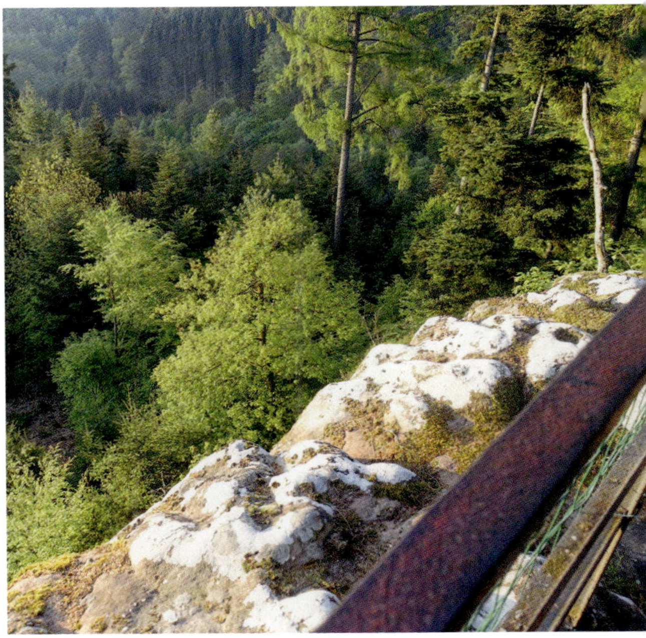

Zur Grand Chêne Vom Rocher du Blanc führt uns die Markierung gelbes Rechteck leicht aufwärts. 100 Meter nach dem Rocher du Blanc halten wir uns mit der Markierung gelb-weiß-gelbes Rechteck links auf den Sentier du Trois Rochers

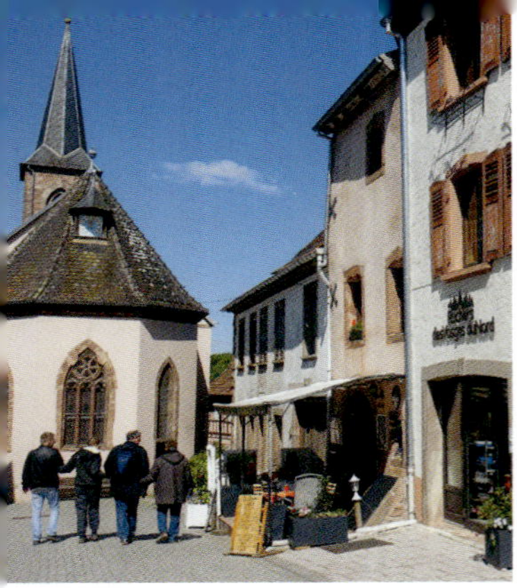

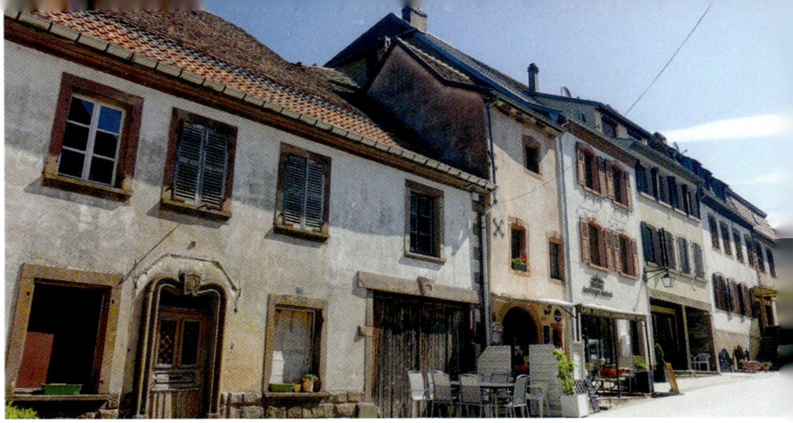

Links: Notre-Dame-de-l'Assomption wurde im 14. Jahrhundert erbaut.

Rechts: Im romantischen Staedtel von La Petit-Pierre

leicht abwärts. Dann übernimmt ein Fahrweg das gelb-weiß-gelbe Rechteck. 150 Meter nachdem sich die Fahrspur in eine Forststraße einfügt, verlassen wir die Forststraße nach links abwärts auf einen Pfad, an dem ein wenig links abseits die mächtige 3 Grand Chêne (große Eiche) steht.

Zum Rocher des Païens 100 Meter nach der großen Eiche wählen wir den Weg links in Richtung Rocher des Païens, nun mit der Markierung gelbes Kreuz. Ab hier wandern wir fast eben dahin durch hohen Stieleichen-Rotbuchen-Wald. An einer T-Kreuzung übernimmt dann die Forststraße nach links die Markierung gelbes Kreuz. Nach 250 Metern verlassen wir in einer Linkskurve den Fahrweg nach rechts und steigen nun steiler auf einem Pfad mit gelbem Kreuz abwärts auf den 4 Rocher des Païens (Heidenfelsen). In einem Bogen gelangen wir auf einem Pfad mit der Markierung rote Raute an den Fuß des mächtigen Felsens.

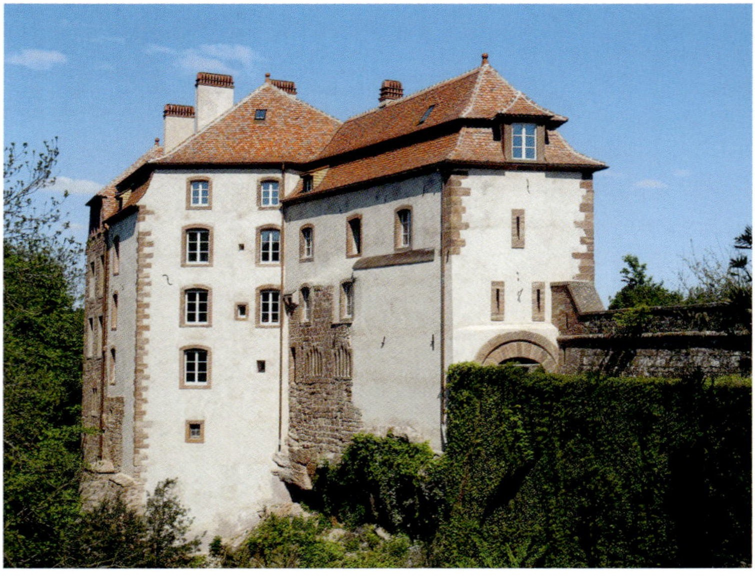

Das Château Luetzelstein steht auf einem Felssporn.

Zum Chemin Endenberg Vom Heidenfelsen geht es auf dem Pfad und schließlich auf einem Forstweg weiter hinab. Unsere Spur überquert eine Forststraße und setzt sich als Pfad fort. Rechts oben sehen wir das Château Luetzelstein und die Kirche von La Petit-Pierre. Der Pfad endet an einer Kreuzung von Forststraßen. Mit der Markierung rote Raute gehen wir geradeaus weiter und steigen an einem allein stehenden Haus links in den 5 **Chemin Endenberg** hinauf.

Zur Touristinformation Jetzt geht es nur noch aufwärts. Der Chemin Endenberg endet direkt am Parkplatz an der E **Touristinformation**. Auf der rechten Seite sehen wir hinter dem Spielplatz die Mauer der alten Schanze Altenburg. Der Dichtergarten, auf den Höhen von Altenburg gelegen, ist ein Ort der Meditation und Inspiration. Auf der linken Seite müssen wir unbedingt noch einen Spaziergang durch die alte Stadt (die Einwohner nennen sie Staedtel) bis zum Château Luetzelstein unternehmen. Im Staedtel ist auch das Museum des elsässischen Siegels. In der ehemaligen Kapelle Saint Louis wird anhand von zweitausend Siegeln die Geschichte des Elsass, vom Heiligen Römischen Reich bis zur Moderne, aufgerollt. Das Springerle-Museum im alten Pulvermagazin aus dem 16. Jahrhundert besitzt unzählige Weihnachtskuchenformen (Springerle). Die Simultankirche Notre-Dame-de-l'Assomption wurde 1417 von Graf Burckhardt von Lutzelstein erbaut. Sie zeigt im Chor wunderschöne Fresken aus dem 15. Jahrhundert. Am Ende des Staedtels steht auf einem Felssporn das Château Luetzelstein. An dem Schloss wurde vom 12. bis 17. Jahrhundert gebaut. In ihm ist heute der Verwaltungssitz des Parc naturel régional des Vosges du Nord (Regionaler Naturpark der Nordvogesen) mit modern gestalteten Ausstellungsräumen (www.parc-vosges-nord.fr) untergebracht.

Höhlen ohne Genuss

Eine Sehenswürdigkeit der besonderen Art stellen die Maisons Troglodytes (Felsenwohnungen) im nahen Graufthal, nur wenige Kilometer südlich von La Petite-Pierre, dar. Mit dem Wort Troglodytes bezeichnete der Geschichtsschreiber Herodot Höhlenbewohner. Benediktinerinnen sollen bereits im Mittelalter die Felshöhlen als Lagerräume benutzt haben. Tagelöhner haben den enormen Felsüberhang im 18. Jahrhundert zum Wohnungsbau benutzt. Heute leuchten unter den roten Sandsteinwänden die mit blauer Farbe gestrichenen Außenwände der Häuser in markanter komplementärer Wirkung. Die Felsenhäuser sind nur ein optischer Genuss. Zu Beginn des 19. Jahrhunderts haben siebenunddreißig Menschen in den Felsenhäusern gelebt. Historische Bilder zeigen, dass sie früher nicht so freundlich gestrichen waren. Die Wohnungen waren dunkel und feucht. Die Koch- und Heizstellen erzeugten eine Menge Rauch.
Katharina Ottermann, die sogenannte »Felsenkäth«, wohnte bis 1958 in einer der Höhlen. Heute werden die Höhlen durch einen Verein vor dem Verfall bewahrt. Besichtigung nur an Sonn- und Feiertagen 14–18 Uhr.

8 Von Bouxwiller auf den Bastberg

Steine und Liebe

Leicht	2:30 Std.	220 Hm	7,9 km

Besonderer Genuss: Kultur am Wegrand

Tourencharakter
Leichte, vorwiegend sonnige Tour, größtenteils auf Naturwegen durch Wiesen, Felder und Ortsgebiet

Ausgangs-/Endpunkt
Parkplatz Place du Château in Bouxwiller
GPS N48°49'31.2" E07°28'58.6"

Anfahrt
Auto Auf der D919 und D24 von Hagenau
Bahn Von Straßburg nach Obermodern und mit dem **Bus** Linie 30098 nach Bouxwiller (www.fluo.eu)

Gehzeiten
Parkplatz Place du Château – Kirche Saint-Léger 0:15 Std. – Sentier géologique 0:10 Std. – Pavillon 0:50 Std. – Galgenberg 0:20 Std. – Sentier géologique 0:35 Std. – Musée Judéo-Alsacien 0:15 Std. – Parkplatz Place du Château 0:05 Std.

Einkehr in Bouxwiller
Restaurant Au Vieux Soufflet, Rue du Canal 1, Tel. 0033/(0)3/88713779
Restaurant La Petite Alsace, Grand Rue 44, Tel. 0033/(0)3/88713040
Pâtisserie Salon de Thé Voegtling, Rue des Seigneurs 10, Tel. 0033/(0)3/88713183

Karten
Club Vosgien/IGN, Blatt 1/8, 1:50000

Touristinformation
Place du Château 3, F-67330 Bouxwiller, Tel. 0033/(0)3/88003830, www.bouxwiller.eu

Bouxwiller ist mit seinen Fachwerkhäusern einer der schönsten Orte im Elsass. 1771 besuchte Goethe seine Friederike Brion und machte auf dem Bastberg seine ersten geologischen Beobachtungen. Ein Lehrpfad beschreibt heute eine Reise durch die Erdgeschichte.

Das bereits im Jahr 725 in einer Schenkungsurkunde des Klosters Wissembourg genannte Bouxwiller war das Zentrum der Herrschaft Hanau-Lichtenberg. In den verschachtelten Gassen stehen viele Fachwerkhäuser aus dem 17. Jahrhundert. Zwar wurden das Schloss und die Stadtmauer abgerissen, dennoch ist das Städtchen originär, sehr gemütlich und gar nicht vom Tourismus überlaufen. Im 19. und 20. Jahrhundert nahm Bouxwiller durch den Braunkohleabbau teil am wirtschaftlichen Aufschwung im Elsass.

Zur katholischen Kirche Saint-Léger Vom Parkplatz am mit Platanen gesäumten **A Place du Château**, an dem einst das Schloss

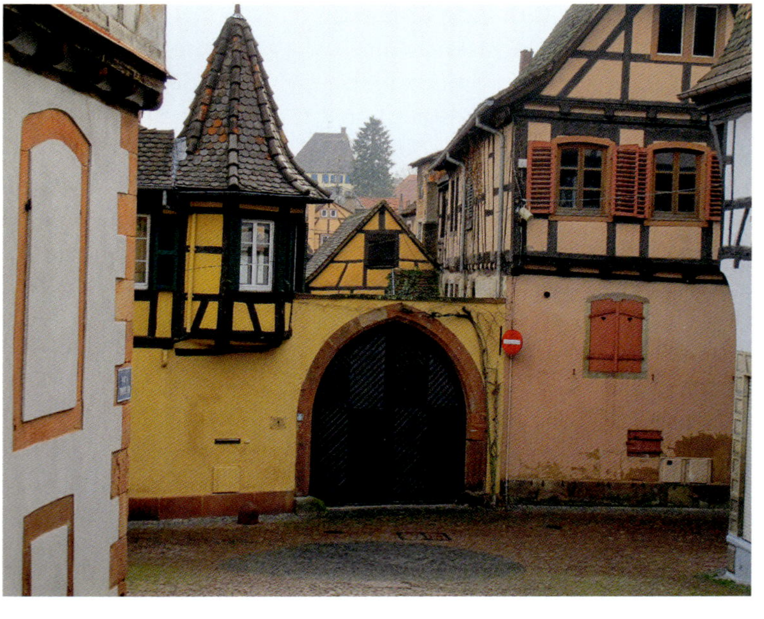

stand, beginnt die Wanderung nach Westen in die gleich abknickende Rue des Seigneurs (Herregass) zwischen Mairie und Post. Am Ende der Rue des Seigneurs biegen wir links in die Grand Rue und sehen nach 40 Metern rechts durch die Rue de l'Église die evangelische, gotische Kirche Saint-Jacques-le-Majeur, die 1614 erbaut wurde. Im Innern befindet sich eine Orgel von Jean-André Silbermann aus dem Jahre 1778.

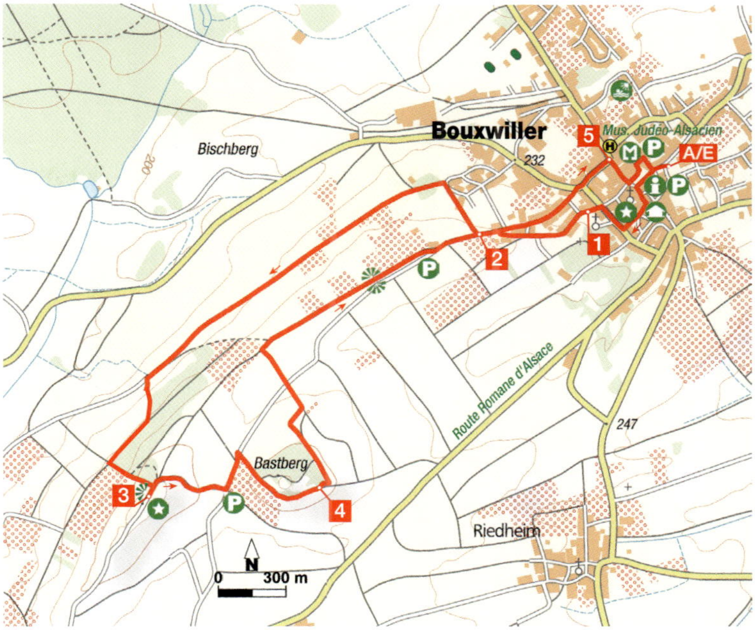

Auf der Rue du Canal gehen wir rechts hinauf, vorbei an herrlichen alten Fachwerkhäusern durch ein ehemaliges Stadttor mit Wehrgang. An der Rue des Mines (D6) drehen wir uns nach rechts und wandern 150 Meter später nach links die Rue du Schattenmann hoch, an der ❶ **katholischen Kirche Saint-Léger** vorbei. Von der Kirche aus ist im Rückblick wieder der Turm der evangelischen Kirche Saint-Jacques-le-Majeur zu sehen.

Linke Seite: In der Rue du Canal in Bouxwiller stehen einige Fachwerkhäuser.

In der Rue des Seigneurs herrscht mittelalterliches Flair.

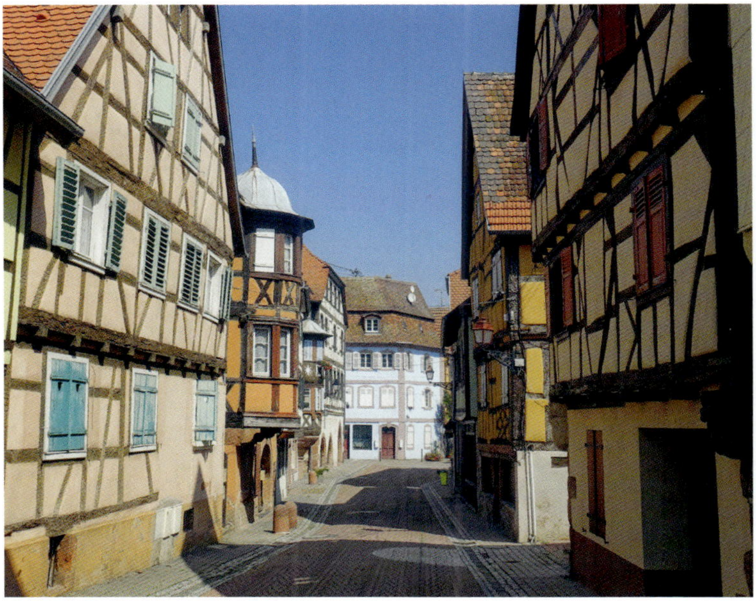

Zum Sentier géologique Die Rue du Schattenmann mündet bergan in die Rue du Bastberg, der wir weiter folgen. Nach den letzten Häusern und nach einem Sperrschild steht rechts eine erste Tafel des ❷ **Sentier géologique**, dessen Markierung gelber Ring wir nach rechts folgen.

Zum Pavillon An der Rue Galgenberg führt der Weg nach links, nach 50 Metern durch einen

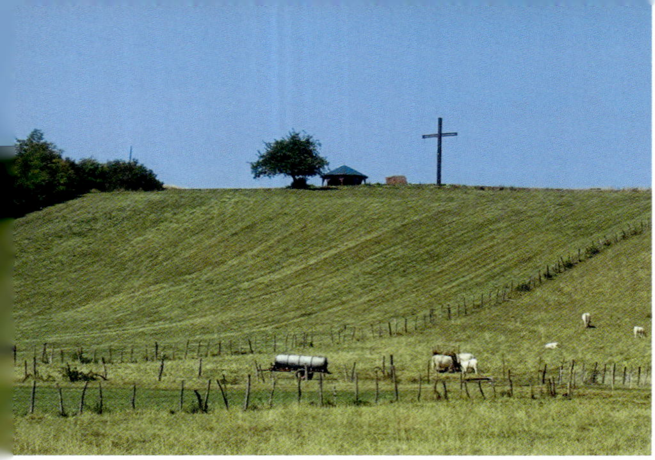

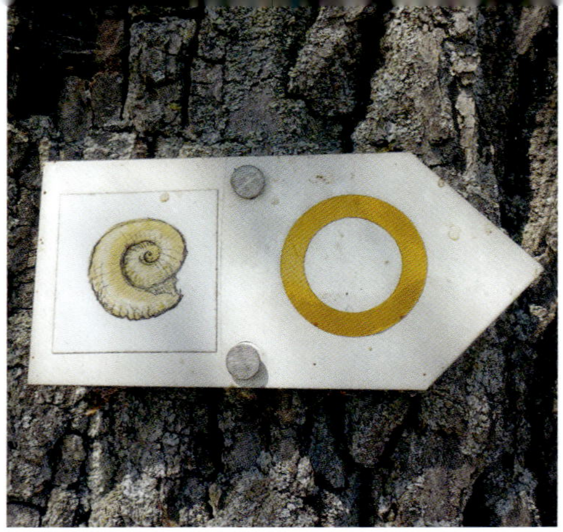

Links: Blick auf den geologisch interessanten Bastberg.

Rechts: Auf dem Sentier géologique

Rechte Seite: Zurück in der Rue des Seigneurs in Bouxwiller

alten Steinbruch und an weiteren geologischen Ausstellungsstücken vorbei. An einem Abzweig biegen wir links in das Wäldchen hinauf und kürzen so den Sentier géologique etwas ab. Weiter oben steigen wir auf einem kleinen Pfad geradeaus durch üppige Hartriegel-Weißdorn-Hecken bis zu einem Fahrweg, auf dem es rechts weitergeht. Rings um den ❸ **Pavillon** breiten sich Kalkmagerrasen mit einer typischen Pflanzengesellschaft aus. Der Untergrund lässt das Wasser schnell abfließen, und der Kalkboden ist nährstoffarm. Im Frühsommer flattern Schmetterlinge um seltene Orchideen, und die Gottesanbeterin wartet gut getarnt auf Beute. Hier oben wurden schon viele versteinerte Kopffüßler wie die schneckenförmigen Ammoniten und kegelförmigen Belemniten aus dem Jurameer gefunden. In früheren Zeiten sollen hier Hexen Tanz und Magie ausgeübt haben. Die Aussicht reicht über das ganze Hanauer Land und bis zu den Vogesen. Ein guter Platz für eine Rast.

Blick vom Bastberg nach Imbsheim

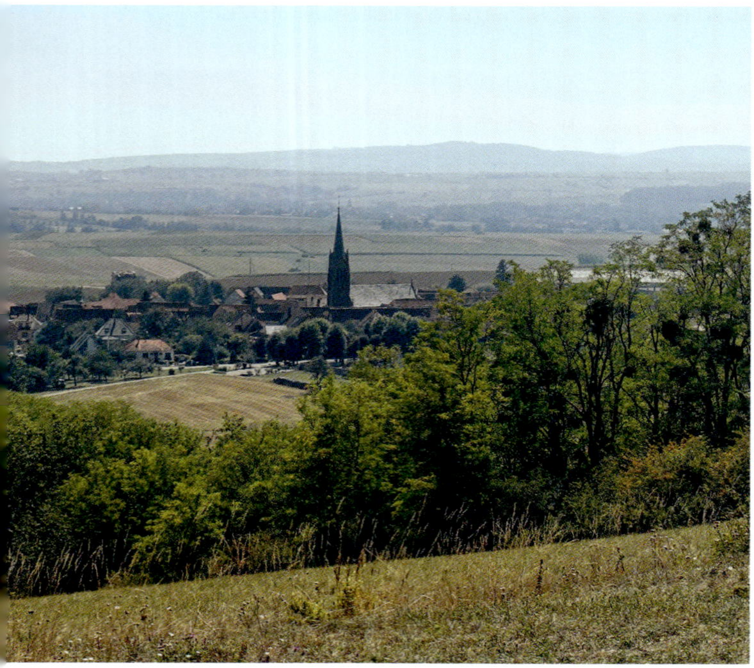

Zum Galgenberg Vom Pavillon laufen wir wieder 100 Meter zurück und halten uns an der Weggabel rechts abwärts in westliche Richtung auf den bewaldeten Galgenberg zu. Unten folgen wir an einem Parkplatz dem Asphaltsträßchen nach links in Richtung Bouxwiller und 150 Meter weiter nach rechts zuerst auf Schotter, dann auf einem Wiesenweg aufwärts. Weiter oben weist die Markierung gelber Ring nach links und bald wird der Weg zu einem kleinen Pfad durch den hier seltenen Schwarzkiefernwald auf dem ❹ Galgenberg. Die Bezeichnung Galgenberg weist auf eine frühere Richtstätte hin.

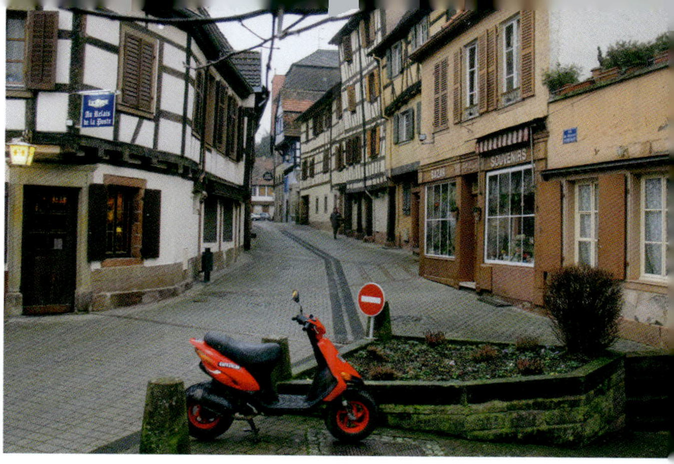

Zum Sentier géologique Den Pfad gehen wir nun weiter abwärts, dann auf einem Feldweg das kleine Asphaltsträßchen überquerend wieder leicht hoch auf eine mit einer Baumreihe bestandenen Anhöhe. Dort oben wenden wir uns nach rechts und kommen an der mächtigen Goethe-Linde (Winterlinde *Tilia Cordata*) und an einer Reihe von Bänken mit schöner Aussicht vorbei. Dann ist nach dem Parkplatz und dem Wasserbehälter wieder die erste Tafel des ❷ Sentier géologique erreicht.

Zum Musée Judéo-Alsacien An der folgenden Straßengabelung laufen wir links in die Rue de Bastberg nach Bouxwiller hinunter. Am Ende der Straße, die nach der Kreuzung Boulevard General Edouard Bolgert (D6) heißt, spazieren wir nach rechts in die Grand Rue am ❺ Musée Judéo-Alsacien mit der Hausnr. 62 vorbei. Das jüdisch-elsässische Museum ist in der Synagoge untergebracht, die vor dem Abriss gerettet wurde. Es zeigt die jüdische Kultur und Geschichte der elsässischen Juden (www.judaisme.sdv.fr).

Zum Place du Château Von der Grand Rue biegen wir links in die Rue des Roses und kommen nach rechts über den wunderbaren mittelalterlichen Place du Marche aux Grains wieder auf die Rue des Seigneurs hinunter. Noch 100 Meter nach links und wir stehen wieder auf dem Parkplatz auf dem Ⓔ Place du Château.

Goethe auf dem Bastberg

1771 besuchte Goethe Friederike Brion in Sessenheim. Er bestieg bei dieser Gelegenheit auch den Bastberg. Er schrieb: »Diese Betrachtungen übertraf der Anblick, wenn man vom Bastberg die völlig paradiesische Gegend überschaut. Diese Höhe, ganz aus verschiedenen Muscheln zusammengehäuft, machte mich zum ersten Mal auf solche Dokumente der Vorwelt aufmerksam; ich hatte sie noch niemals in so großer Masse beisammen gesehen.« (*Dichtung und Wahrheit, Band 10*). Die Beschreibung des Süßwasserkalks mit darin eingeschlossenen Schnecken und Austern war Goethes erste geologische Beobachtung. Heute sind alle an der Oberfläche liegenden Versteinerungen längst entdeckt und weggetragen. Das Musée du Pays de Hanau im Kornhaus von Bouxwiller zeigt die vielfältigen Schätze des Bastbergs, der sich durch die Versteinerungen und seine Tier- und Pflanzenwelt auszeichnet (Musée du Pays de Hanau, Place du Château 3, F-67330 Bouxwiller, Tel. 0033/(0)3/88003839, www.museedupaysdehanau.eu).

9

Auf den Col du Saverne

Die Römerstraße über die Vogesen

Leicht | 2:50 Std. | 260 Hm | 9,2 km

Besonderer Genuss: Ruhe und Natur

Tourencharakter
Leichte, vorwiegend schattige Tour, größtenteils auf Naturwegen durch Wälder. Im Ortsgebiet auf Straßen

Ausgangs-/Endpunkt
Parkplatz Quai du Château in Saverne
GPS N48°44'32.4" E07°21'55.0"

Anfahrt
Auto Auf der D263 und D421 von Straßburg oder Hagenau nach Saverne. Im Ort auf die D6 und dann rechts zum Quai du Château
Bahn Von Straßburg (www.fluo.eu)

Gehzeiten
Parkplatz Quai du Château – Denkmal Edmond About 0:45 Std. – Rocher du Saut du Prince Charles 0:15 Std. – Obelisk 0:20 Std. – Chapelle Saint-Barbe 0:20 Std. – Rue Stive 0:35 Std. – Parkplatz Quai du Château 0:35 Std.

Einkehr in Saverne
Restaurant La Marne, Rue du Griffon 5, Tel. 0033/(0)3/88 91 19 18, www.restaurant-lamarne.fr
Restaurant La Table des Barons, Rue du Moulin à Saverne 3, Tel. 0033/(0)3/69 62 80 08

Karten
Club Vosgien/IGN, Blatt 1/8, 1:50 000

Touristinformation
Grand Rue 37, F-67700 Saverne, Tel. 0033/(0)3/88 91 80 47, www.tourisme-saverne.fr

Hinweis
Ohne Chapelle Saint-Barbe ist die Wanderung um 2 km kürzer.

Die Römer fanden auf dem Weg von Straßburg nach Metz eine gut passierbare Route über die Vogesen und unten im Tal der Zorn drei Tavernen (Tres Tabernae), wovon Saverne seinen Namen ableitet. Noch heute nutzt der Verkehr die günstige Passstraße über das Gebirge.

Zum Denkmal Edmond About Vom Parkplatz am Ⓐ **Quai du Château** gibt es Durchgänge in den Schlosspark des riesigen Château des Rohan. Links am Gebäude vorbei gelangen wir über den Place du Général de Gaulle zur Grand Rue, der wir nach rechts folgen. Eine Brücke führt über den Canal de la Marne au Rhin an der Schleuse vorbei, an der das Restaurant La Marne mit seiner Terrasse direkt am Kanal liegt. Nach der Brücke über das Flüsschen Zorn am Hotel National biegen wir rechts in die Rue du Vieil Hôpital ein. Nach nur 30 Metern können wir links in der Unterführung für Fußgänger die Schienen unterqueren und bleiben auf der anderen Seite geradeaus in der Rue de la Côté. An der Route de Paris (D1004) gehen wir rechts und nach 70 Me-

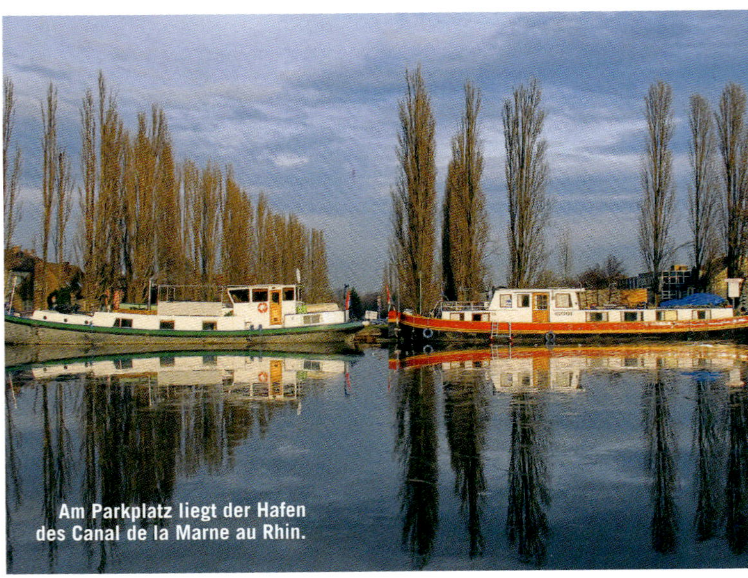

Am Parkplatz liegt der Hafen des Canal de la Marne au Rhin.

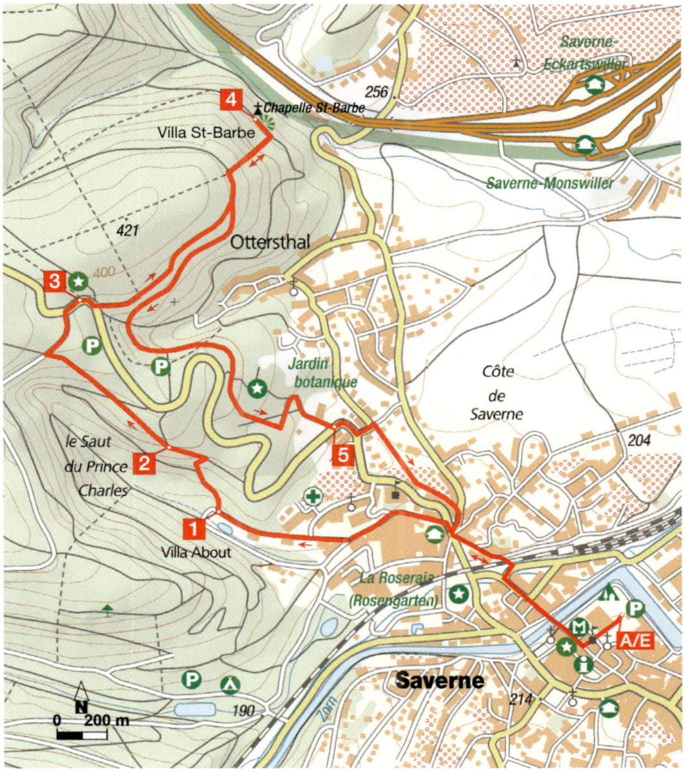

tern links in die Rue Edmond About mit der Markierung rotes Rechteck in Richtung Rocher du Saut du Prince Charles. Die Rue Edmond About knickt an einer Straßengabelung nach rechts ab, und wir gehen auf ihr nun leicht aufwärts. Am Ende der Straße führt ein Naturweg weiter zum ❶ **Denkmal Edmond About** mit Picknicktisch am Waldrand.

Aufstieg zum Rocher du Saut du Prince Charles Nun achten wir auf die Markierung rotes Rechteck und auf den Wegweiser Rocher du Saut du Prince Charles. Der Weg leitet nach rechts im Wald bergauf. Weiter oben erreichen wir die deutliche Trasse der alten Römerstraße, die weiter hinauf zum ❷ **Rocher du Saut du Prince Charles** führt. In seltener Deutlichkeit haben sich an diesem romantischen Ort mit den gewaltigen Felsen die Wagenspuren der römischen Fuhrwerke wie Schienen in den Sandstein gegraben. Mit ein wenig Vorstellungskraft kann man die Zugtiere brüllen, die Fuhrleute schreien und die Peitschen knallen hören. Entfernt sind die Fahrzeuge auf der Landstraße D1004 zu hören, auf der heute vergleichsweise mühelos tonnenschwere Lasten über den Vogesenpass gefahren werden.

Deutlich haben sich die Wagenspuren der Römer in den Fels eingegraben.

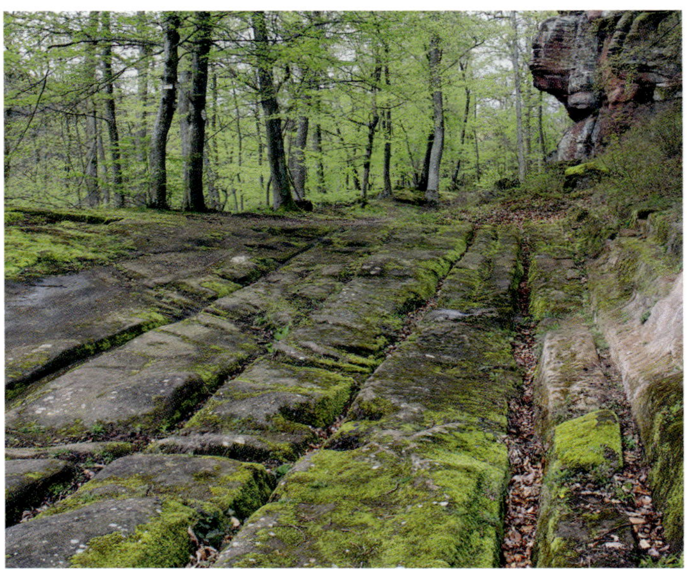

Aufstieg zum Obelisken Wir bleiben neben der weiterhin sichtbaren Streckenführung der Römerstraße mit der Markierung rotes Rechteck weiter aufwärts. Oben an der Kreuzung mit einer Forststraße wandern wir mit der Markierung gelber Ring nach rechts und queren die verkehrsreiche D 1004 hinüber zum **3 Obelisken** aus Sandstein mit der Aufschrift Alsace. Der Col du Saverne bildet ja die Grenze zwischen Elsass und Lothringen.

Zur Chapelle Saint-Barbe Rechts neben dem Obelisken begehen wir nun den Pfad in den Wald hinein mit der Markierung gelber Punkt und bleiben vorerst in einigem Abstand parallel zur Straße in Richtung Ottersthal. Wieder direkt an der D 1004 wenden wir uns vor einem grünen Zaun nach links auf den Forstweg in Richtung Chapelle Saint-Barbe mit dem gelben Punkt. Am Ende des grünen Zauns steigen wir nach rechts auf einem kleineren Weg durch Jungwald hinunter. Bald schreiten wir durch sehr schön gestuften Altbestand mit großen Weißtannen und immergrünen Stechpalmen im Unterstand. An einem Abzweig bleiben wir geradeaus oben und plötzlich umfasst uns dunkler Wald aus Douglastannen. Genauso unvermittelt öffnet sich der Wald und wir stehen vor der einsamen **4 Chapelle Saint-Barbe** aus dem 16. Jahrhundert. Die Aussicht an den Picknicktischen reicht bis hinüber in den Schwarzwald.

Abstieg zur Rue Stive Wir gehen die 300 Meter durch den finsteren Douglasienwald auf gleichem Weg zurück, und dann auf dem Abzweig nach links abwärts mit der Markierung rote Raute in Richtung Saverne. Nach einer Linkskurve steigen wir auf der rechten Seite den kleinen Pfad mit der roten Raute hinauf. An einigen Abzweigen bleiben wir immer der roten Raute treu und kommen zu einem Kreuzungspunkt 100 Meter vor der D 1004. Hier wandern wir nach links auf dem Forstweg in Richtung Saverne weiter leicht abwärts. Aber geradeaus kann

Doppelter Gartengenuss

Der **botanische Garten** wurde 1931 an der D 1004 auf halber Höhe des Saverner Passes auf 2,5 Hektar Land gegründet. Der Garten beherbergt ein Arboretum, ein Alpinum und ein Torfmoor und profitiert von den sehr guten klimatischen Verhältnissen vor den Vogesen. Daher wachsen nicht nur einheimische Pflanzen, sondern auch viele mediterrane und fremdländische Pflanzenarten. Der botanische Garten Saverne wurde mit der hohen Auszeichnung eines »Jardin remarquable« (bemerkenswerter Garten) geehrt (April und September: Sa, So und Fei 14–18 Uhr. Mai, Juni, Juli und August: tägl. 10–18 Uhr, Eintritt 2,50 €).
Die **Roseraie de Saverne** (Saverner Rosengarten) zeigt mehr als 8000 Rosenstöcke in über 500 verschiedenen Arten (an der D 1004 in der Nähe des Bahnhofs. Juni–August: 10–19 Uhr. September: 14–18 Uhr, Eintritt frei).

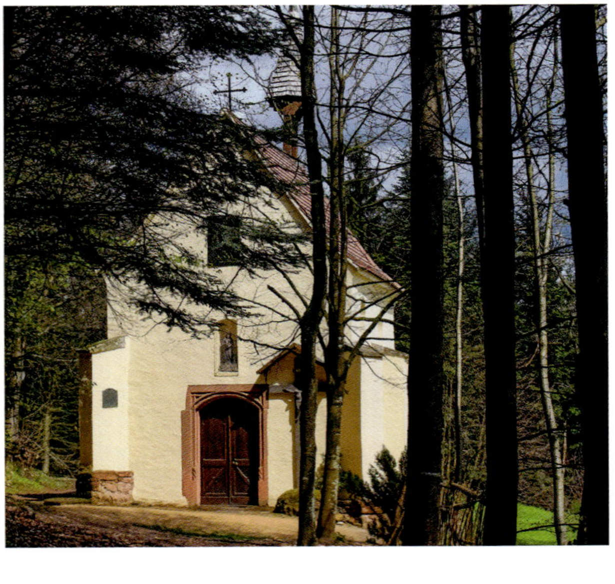

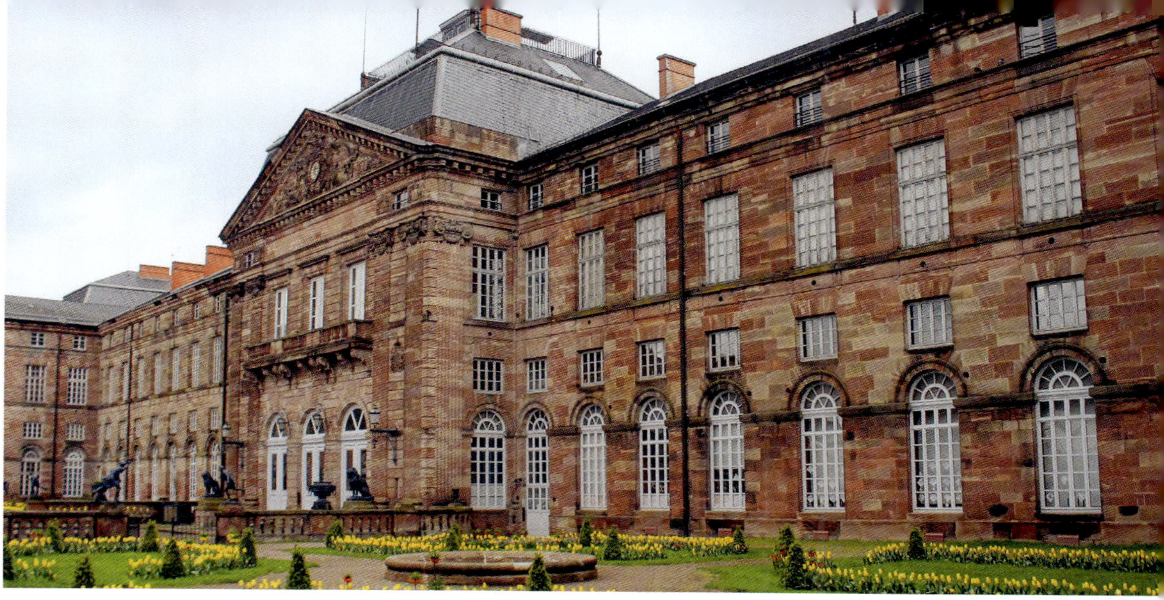

an der Straße in einem Abstecher der botanische Garten von Saverne besichtigt werden.
An einem Abzweig laufen wir links und nach nur 10 Metern nach rechts auf einem kleinen Pfad durch jungen Buchenwald weiter. Ein erdiger Forstweg wird geradeaus überquert und an einer T-Kreuzung oberhalb der ersten Häuser wenden wir uns nach links auf den Forstweg, von dem nach 50 Metern rechts ein Pfad abgeht. Der Pfad endet an einem kleinen Waldparkplatz am Ende der 5 **Rue Stive**.

Das riesige Château du Rohan dominiert ganz Saverne.

Links: Die Chapelle Saint-Barbe steht an aussichtsreicher Stelle.

Zum Parkplatz am Quai du Château Auf der Rue Stive gehen wir abwärts zur D1004 und folgen dieser 100 Meter nach links hinunter. Nach der Rechtskurve laufen wir nach links auf der Rue du Bastberg weiter und an der nächsten Kreuzung nach rechts in die Sackgasse Rue Alte Steige. Die Straße setzt sich als kleiner Fußweg zwischen hübschen Gärten fort und erreicht die Rue du Maréchal Foch. Hier müssen wir nach rechts, auf der D1004 nach links und sofort noch mal links in die Rue de la Côté, die am Ende wieder durch die Unterführung unter den Schienen durchführt. Geradeaus laufen wir auf der Grand Rue wieder über den Canal de la Marne au Rhin und nach dem Château des Rohan links zum Parkplatz am E **Quai du Château** zurück.

Das Château des Rohan

Saverne war über 300 Jahre lang Residenz der Bischöfe von Straßburg. Die Rohan-Kardinäle erbauten im 18. Jahrhundert das prächtige Château des Rohan im Versailler Stil. Es besitzt die längste Schlossfassade Frankreichs. Die Residenz brachte der Stadt und dem Bürgertum Reichtum und Wohlstand, was sich noch heute in den erhaltenen reichen Häusern in verschiedenen Baustilen zeigt. Besonders eindrucksvoll ist dies in dem üppig verzierten Haus Taverne Katz aus dem Jahr 1605 in der Grand Rue zu sehen.

10

Zu den Burgen über Saverne

Das »Auge des Elsass«

Leicht | 3:10 Std. | 300 Hm | 9,3 km

Besonderer Genuss: Aussicht

Tourencharakter
Leichte, vorwiegend schattige Tour, meist auf Naturwegen durch Wälder

Ausgangs-/Endpunkt
Parkplatz am Bildstoeckel an der D 171 in Saverne
GPS N48°44'00.7" E07°20'52.6"

Anfahrt
Auto Auf der A 4 von Straßburg. In Saverne auf der D 171 nach Süden in Richtung Château du Haut-Barr zum Parkplatz Bildstoeckel
Bahn Von Straßburg nach Saverne (www.fluo.eu)

Gehzeiten
Parkplatz am Bildstoeckel – Château du Haut-Barr 0:40 Std. – Château du Grand-Geroldseck 0:20 Std. – Château du Petit-Geroldseck 0:15 Std. – Wegspinne Hexentisch 0:10 Std. – Petit Krappenfels 0:25 Std. – Parkplatz am Bildstoeckel 1:20 Std.

Einkehr in Saverne
La Garenne, Rue du Haut Barr 88, Tel. 0033/(0)3/88 70 84 38, www.lagarenne.fr
Restaurant Là-Haut, Château du Haut-Barr, Tel. 0033/(0)3/88 91 17 61, www.restaurant-lahaut.fr

Karten
Club Vosgien/IGN, Blatt 1/8, 1:50 000

Touristinformation
Grand Rue 37, F-67700 Saverne, Tel. 0033/(0)3/88 91 80 47, www.tourisme-saverne.fr

Hinweis
Das Château du Haut-Barr ist beliebt. Besser das Wochenende meiden.

Die Stadt Saverne nennt sich wegen des Passes über die Vogesen gerne »Porte de l'Alsace«. Daher entstanden hier auch einige Burgen zur Sicherung der strategisch wichtigen Lage. Am Weg liegen das Château du Haut-Barr, Grand- und Petit-Geroldseck.

Zum Château du Haut-Barr Vom Parkplatz am Ⓐ **Bildstoeckel** folgen wir dem Weg mit der Markierung rotes X in Richtung Haut-Barr aufwärts. Nach einem interessanten Kilometer durch einen artenreichen Wald steigen wir links einige Stufen zu einem Pfad bis zum ❶ **Château du Haut-Barr** hinauf, das im 12. Jahrhundert erbaut wurde. Die Burgkapelle hat romanische Wurzeln. Vom südlichsten Felsen nach der Teufelsbrücke sehen wir schon das nächste Ziel, den Turm des Château du Grand-Geroldseck.

Zum Château du Grand-Geroldseck Nach dem Parkplatz geht es links im Wald an der ehemaligen Telegrafenstation Tour Du Telegraphe Chappe aus dem 18. Jahrhundert vorbei, die ehemals auf der Strecke Paris–Straßburg mit optischen Zeichen Nachrichten übermittelte. Das kleine Museum des ersten Fernmeldenetzes der Welt kann besichtigt werden (www.tourchappe.fr). Der

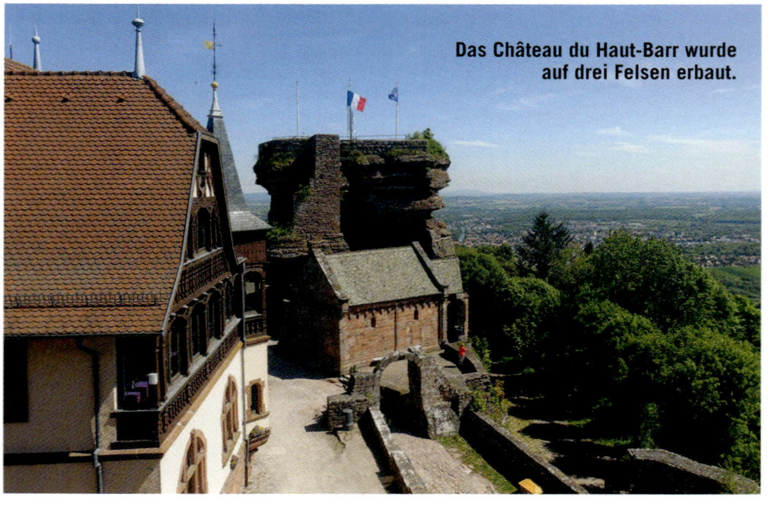
Das Château du Haut-Barr wurde auf drei Felsen erbaut.

Weg mit der Markierung rotes X bringt uns direkt zur Ruine des ❷ **Château du Grand-Geroldseck**, von dem außer einer Umfassungsmauer nur noch der halbe Bergfried erhalten ist.

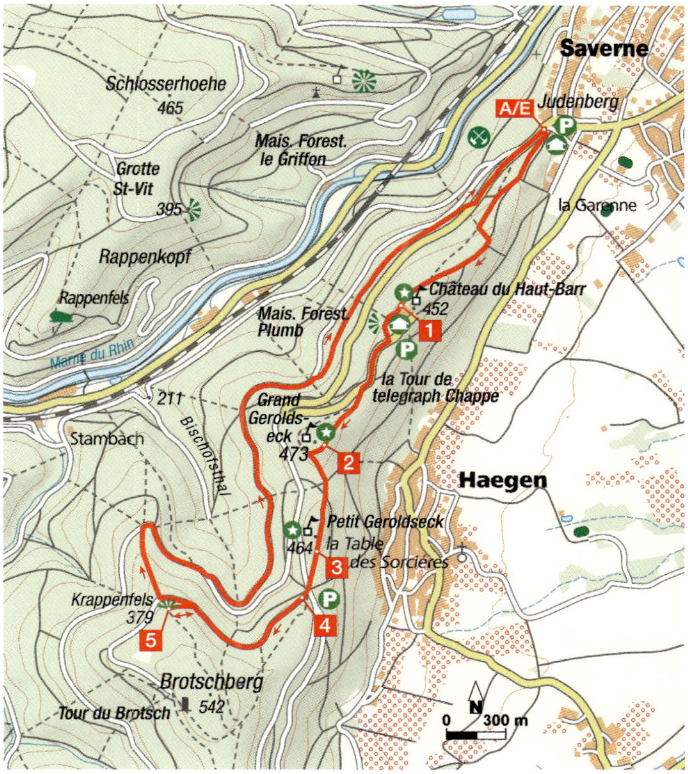

Zum Château du Petit-Geroldseck Auf dem weiteren Weg mit dem roten X müssen wir an einer T-Kreuzung nach rechts und am Col de Geroldseck geradeaus hinauf zur Ruine des ❸ **Château du Petit-Geroldseck** aus dem 14. Jahrhundert.

Zur Wegspinne Hexentisch Der Weg führt uns abwärts zur nahen ❹ **Wegspinne Hexentisch** mit Picknickplatz.

Zum Krappenfels Wer gut bei Kräften ist, wandert von hier über den Brotschberg mit dem Aussichtsturm Tour du Brotsch zum Krappenfels. Das sind dann 100 Höhenmeter mehr. Leichter ist der Weg auf dem Chemin Forestier du Brotsch mit der Markierung gelber Ring leicht aufwärts zum ❺ **Krappenfels** mit Aussicht über das Tal der Zorn.

Zum Parkplatz am Bildstoeckel Wir müssen nun wieder 100 Meter zurück und steigen links in spitzem Winkel auf einem Pfad mit der Markierung rot-weiß-rotes Rechteck in Richtung Zimmereck abwärts. Am Zimmereck folgen wir dem ebenen Forstweg nach rechts mit der Markierung blaues Kreuz in Richtung Saverne. An einer Weggabelung bleiben wir links. Unser Weg endet an der D171, an der am Ⓔ **Bildstoeckel** unser Parkplatz liegt.

Panorama vom »Auge des Elsass«

Das Château du Haut-Barr wurde auf drei Felsen erbaut, von denen zwei durch die Teufelsbrücke miteinander verbunden sind. Von den höchsten Stellen sind das Château, die Burgkapelle, der Parc naturel regional des Vosges du Nord und das Hanauer Land in der elsässischen Ebene zu erblicken. Im Nordosten vor dem Vogesenübergang liegt Saverne. Dort unten ist auch der Marne-Rhein-Kanal zu sehen. Etwas links davon liegt an den Hang des Mont Saint-Michel geschmiegt Saint Jean-Saverne. Dort wurden Spuren steinzeitlichen Lebens gefunden. Bei guter Sicht ist am Horizont im Südosten die Turmspitze des Straßburger Münsters auszumachen. Deshalb trägt das Château du Haut-Barr den Namen »Auge des Elsass«.

11

Am Schiffshebewerk bei Arzviller

Alte Schleusen und moderne Technik

Leicht | 3:40 Std. | 200 Hm | 11,0 km

Besonderer Genuss: Kultur am Wegrand

Tourencharakter
Leichte, vorwiegend sonnige Tour, größtenteils auf Naturwegen durch Wälder und am Kanal

Ausgangs-/Endpunkt
Parkplatz Nr. 3 an der D 98 am Schiffshebewerk
GPS N48°42'44.0" E07°12'57.0"

Anfahrt
Auto Auf der D 228 von Straßburg, D 41 über Saverne, D 132 und D 98 zum Schiffshebewerk
Bahn Von Straßburg nur bis Lutzelbourg (www.fluo.eu)

Gehzeiten
Parkplatz Nr. 3 am Schiffshebewerk – Rocher du Calice 0:15 Std. – Parkplatz Nr. 3 am Schiffshebewerk 0:15 Std. – Schiffshebewerk 0:10 Std. – Schleuse Nr. 15 0:30 Std. – Schleuse Nr. 1 1:20 Std. – Parkplatz Nr. 3 am Schiffshebewerk 1:10 Std.

Einkehr
Brasserie des Eclusiers, Rue de la Vieille Cité, F-57820 Henridorff, Tel. 0033/(0)3/87 25 48 66, www.brasserie-eclusiers.com
Bierstub d'Eselbahn, Rue de Phalsbourg 2, F-57820 Lutzelbourg, Tel. 0033/(0)3/87 25/30/25, www.resto.fr

Karten
Club Vosgien/IGN, Blatt 1/8, 1:50 000

Touristinformation
Grand Rue 37, F-67700 Saverne, Tel. 0033/(0)3/88 91 80 47, www.tourisme-saverne.fr

Hinweis
Besser das Wochenende meiden

Der Weg führt entlang des alten Kanals an den kleinen Schleusenwärterhäuschen vorbei. Die Wanderung tangiert auch das romantische Naturdenkmal Rocher du Calice und eine beeindruckende Mechanik – das Schiffshebewerk Arzwiller. Eine Besichtigung ist interessant.

Zum Rocher du Calice Zuerst bewegen wir uns vom Schiffshebewerk weg, um ein sehenswertes Naturdenkmal anzuschauen. Am unteren Ende des **A Parkplatzes Nr. 3** am Schiffshebewerk queren wir die Straße und gehen in den Kiesweg mit dem Wegweiser Petit Circulaire du Plan Incliné und Markierung gelber Ring. Nach 300 Metern steigen wir rechts in spitzem Winkel einen Pfad hoch in Richtung Rocher du Calice. Durch den Buchen-Tannen-Hochwald sind links oben eindrucksvolle Felswände zu sehen. Nach wenigen Metern zweigt nach links ein Pfad in Serpentinen ab, der zum Rocher du Calice (Kelchfelsen)

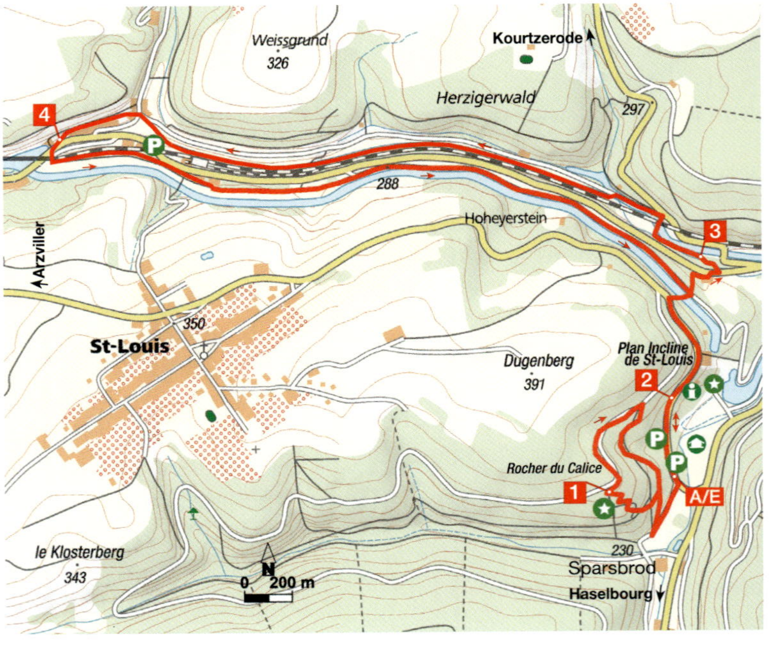

hochführt und nun mit gelbem Rechteck gekennzeichnet ist. Am wildromantischen 1 **Rocher du Calice** steht auch eine Ruhebank für eine kühle Pause im Schatten bereit.

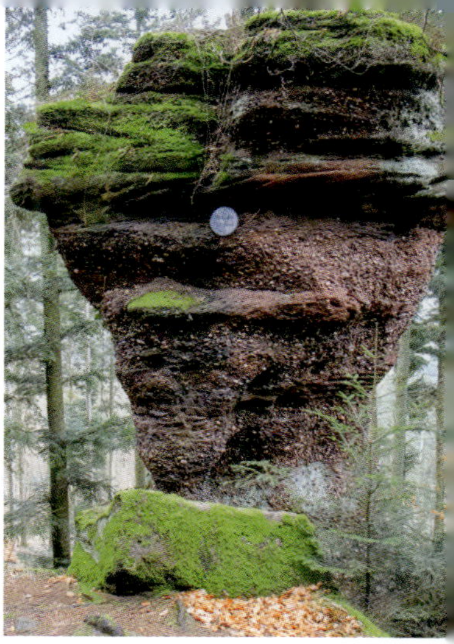

Der markante Rocher du Calice (Kelchfelsen)

Zum Parkplatz Nr. 3 Der Weg mit dem gelben Balken lotst aber noch weiter nach oben auf eine ebene Fläche. Nach 100 Metern auf der Ebene stoßen wir auf eine Waldstraße, der wir nach rechts folgen. Nach 500 Metern weist ein gelber Ring rechts auf einen bewachsenen Erdweg abwärts. Nach 300 Metern nehmen wir den Pfad links hinunter. Bald sind wir an der Stelle, wo wir in Serpentinen zum Kelchfelsen hochgestiegen sind. Der kurze schon bekannte Weg bringt uns zum A E **Parkplatz Nr. 3** zurück, an dessen oberen Ende wir die Wanderung fortsetzen.

Zum Schiffshebewerk Ein buntes Schild macht Reklame für die Luge Alpine du Plan Incliné. Über die Sommerrodelbahn freuen sich besonders die Kinder. Vor dem Eingang der Rodelbahn steigt links eine Treppe mit der Markierung blauer Ring hoch, die direkt am Parkplatz und Eingang für das 2 **Schiffshebewerk** herauskommt. Für die Besichtigung der Anlage und eine Bootsrundfahrt muss Eintritt bezahlt werden. Es gibt auch einen Touristenzug, der die alten Schleusen miteinbezieht (www.plan-incline.com).

Das Bauwerk ersetzt eine sich über vier Kilometer hinziehende Kette von 17 Schleusen, zu deren Durchfahrt einst ein ganzer Tag

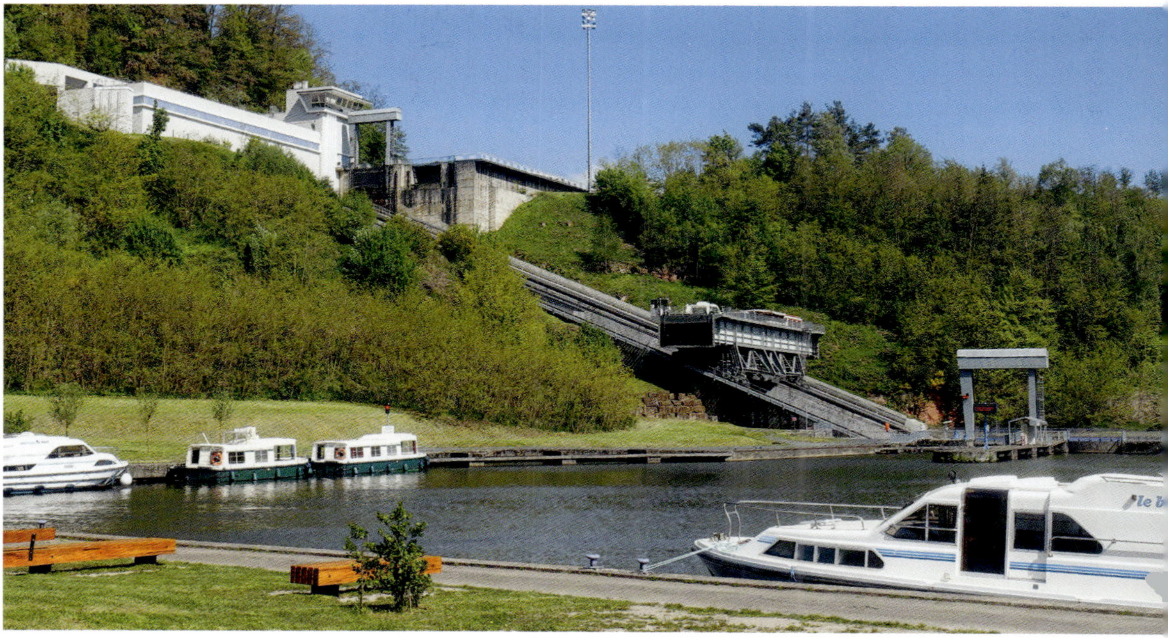

Das Schiffshebewerk ersetzt 17 alte Schleusen.

erforderlich war. Die Schleusentreppe von Arzviller war auf der Strecke des Marne-Rhein-Kanals bei den Schiffern ein gefürchteter Engpass. In einem Trog, von der Größe einer Schleuse, werden heute Schiffe auf einer schiefen Ebene über den Höhenunterschied von 45 Metern bewegt. Seile halten den riesigen Trog im Gleichgewicht mit mächtigen Gegenlasten von 900 Tonnen. Elektrische Winden bewegen die Anlage auf der schiefen Ebene mit 41 Prozent. Bei der Talfahrt wird der Trog mit Wasser gefüllt, sodass sein Gewicht etwas größer ist als das Gegengewicht. Für die Bergfahrt lässt man umgekehrt etwas Wasser in den unteren Kanal abfließen, sodass der Trog mit dem Schiff etwas leichter ist als die Gegengewichte. Für die Bewegung des Trogs reichen daher zwei Motoren mit je 120 PS aus. Ein Dichtungsrahmen mit Flutung stellt die Verbindung zwischen Trog und Kanal her. Der Vorgang dauert 25 Minuten und ermöglicht die Schleusung von 40 Schiffen in der Größe der früheren Frachtschiffe pro Tag und Richtung. In seiner Art ist dieses Schiffshebewerk weltweit einzigartig. Heute wird das Schiffshebewerk hauptsächlich von Freizeitkapitänen genutzt.

Der Marne-Rhein-Kanal

Der Kanal wurde 1853 fertiggestellt und war mit 315 Kilometern der längste Kanal Frankreichs, der 267 Höhenmeter bewältigte. 1979 wurde ein Kanalabschnitt geschlossen und durch die kanalisierte Mosel ersetzt. Seitdem ist er nur mehr 293 Kilometer lang. Er hat über 150 Schleusen und einige Tunnels, der längste fast fünf Kilometer lang. Das Schiffshebewerk von Arzviller hebt Schiffe seit 1969 in einem Wasserbassin über eine schiefe Ebene 45 Meter hinauf oder hinunter. Schon bald danach wurde aber der Gütertransport auf Straße und Schiene preisgünstiger. Der Güterverkehr auf dem Marne-Rhein-Kanal wurde unrentabel und existiert praktisch nicht mehr. Umso mehr wird der Wasserweg für den Wassertourismus genutzt. Der Treidelpfad wurde zu einem beliebten Rad- und Wanderweg.

Zur Schleuse Nr. 15 Der blaue Ring zeigt nun entlang der Straße D97b aufwärts. Nach 600 Metern gehen wir rechts auf einem Weg in spitzem Winkel abwärts und können dann den neuen Kanal durch einen kleinen Tunnel unterqueren. Auf einem Steig, begleitet von einer Wasserrinne, gelangen wir zur D98 hinunter. Auf der Straße wandern wir 200 Meter nach rechts abwärts, bis an der Kreuzung in Hofmuehl in spitzem Winkel links die D104f abzweigt, auf der wir nur 100 Meter aufwärtsgehen. Vor der Brücke halten wir uns links zum ehemaligen Schleusenwärterhaus der 3 **Schleuse Nr. 15** am alten Kanal.

Zur Schleuse Nr. 1 Ab der Schleuse Nr. 15 wandern wir auf dem Weg mit der Markierung blauer Ring am alten Kanal entlang im Vallée des Éclusiers aufwärts. Über vier Kilometer verteilen sich entlang des Treidelwegs die

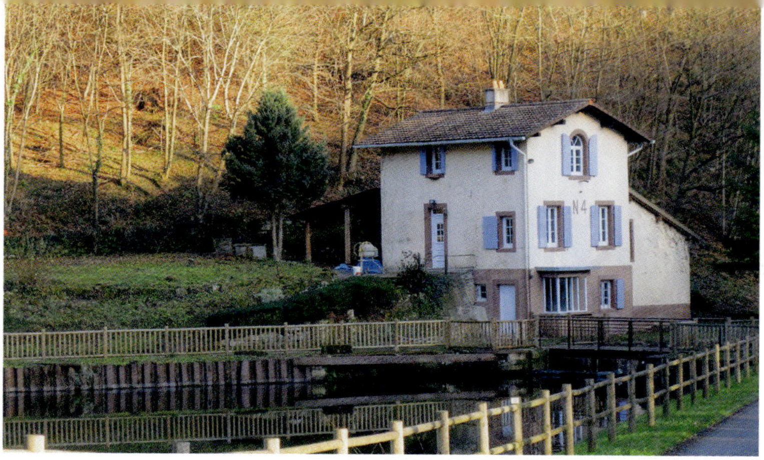

Die alten Schleusenwärterhäuschen am Kanal haben es nun einsam.

17 alten Schleusen mit den putzigen Schleusenwärterhäuschen. Schließlich kommen wir an die ❹ **Schleuse Nr. 1**.

Zum Parkplatz Nr. 3 An der Schleuse Nr. 1 zweigt der neue Kanal zum Schiffshebewerk ab. Im Abzweig des Wegs unter der Straßenbrücke dreht sich der Weg zurück, aber nun am neuen Kanal entlang. Wer möchte, geht zuvor aber noch auf die Straßenbrücke hoch und 400 Meter weiter bis zum Tunnel von Arzviller, wo der Schiffsverkehr bei der Ein- und Ausfahrt des Tunnels beobachtet werden kann. Von weiter oben zeigt sich auch die Besonderheit dieses Verkehrsknotenpunkts. Straße, Bahnlinie und zwei Kanäle kreuzen oder treffen sich an einer Stelle.
Also nun zurück entlang dem neuen Kanal mit seinem zuweilen regen Verkehr mit Freizeitbooten. Dann geht es wieder durch den kleinen Tunnel und auf der Straße D97B hinunter bis zum Ausgangspunkt Ⓔ **Parkplatz Nr. 3** am Schiffshebewerk.

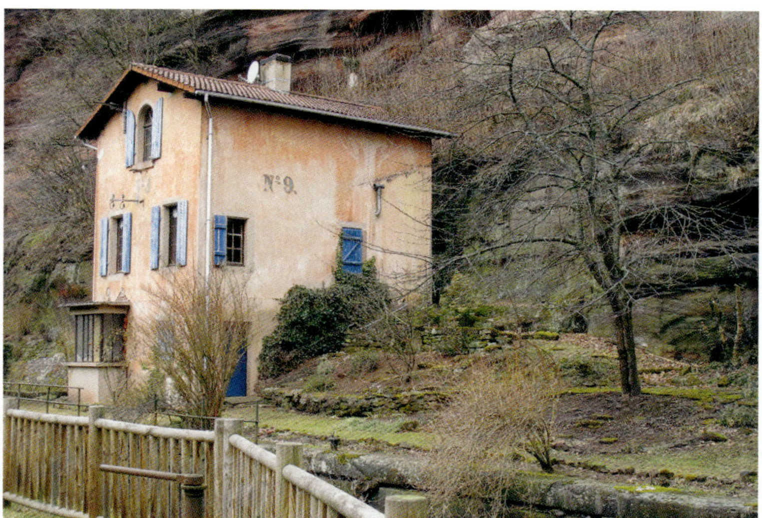

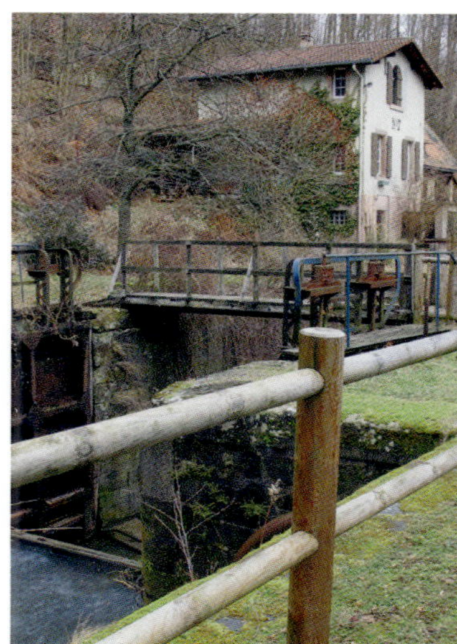

Links und Rechts: An jeder Schleuse sorgte ein Schleusenwärter für den reibungslosen Schiffsverkehr.

12

Rocher du Sickert und Dabo

Aussicht von romantischen Felsen

Leicht | 3:10 Std. | 330 Hm | 9,7 km

Besonderer Genuss: Aussicht

Tourencharakter
Leichte, vorwiegend schattige Tour mit einigen Höhenunterschieden, größtenteils auf Naturwegen durch Wälder. Im Ortsgebiet auf Straßen

Ausgangs-/Endpunkt
Parkplatz Rue Saint-Léon 9 (D45) in Dabo
GPS N48°39'13.1" E07°14'14.4"

Anfahrt
Auto Auf der D 1004 von Straßburg über Wasselonne und auf der D 224, D 143 und D 45 nach Dabo
Bus Mit der Linie 160 von Sarrebourg (www.fluo.eu)

Gehzeiten
Parkplatz Feuerwehr – Hohweckthal 0:15 Std. – Brunnen 0:30 Std. – Rocher du Sickert 0:25 Std. – Brunnen 0:25 Std. – Campingplatz 0:35 Std. – Kapelle Saint-Léon 0:30 Std. – Parkplatz Feuerwehr 0:30 Std.

Einkehr in Dabo
Restaurant La Chouette d'Or, Au pied du Rocher, Tel. 0033/(0)3/87 23 98 78, www.le-rocher-de-dabo.fr
Auberge Katz, Place de l'Église 2, Tel. 0033/(0)3/87 07 40 04, www.aubergekatz.fr
Brasserie Café, Place de l'Église 15

Karten
Club Vosgien/IGN, Blatt 1/8, 1:50 000

Touristinformation
Place de l'Église 10, F-57850 Dabo, Tel. 0033/(0)3/87 07 47 51, www.ot-dabo.fr

Hinweis
Der Rocher de Dabo ist beliebt. Besser das Wochenende meiden.

Vom malerisch gelegenen Dorf Dabo steuert die Wanderung durch wild anmutendes Waldgebiet über den romantischen Rocher du Sickert auf den mächtigen Rocher de Dabo. Auf dem Felsblock thront eine Kapelle mit weitem Rundblick.

In das Hohweckthal Vom Parkplatz gegenüber der Ⓐ **Feuerwehr** in der Rue Saint-Léon (D45) in Dabo starten wir in östliche Richtung aufwärts und gehen nach dem hellblauen Haus mit der Nr. 13 links die Rue des Vosges hinunter. 250 Meter nach den letzten Häusern und nach einer Stromleitung in einer Rechtskurve steigen wir links auf dem Wiesenweg auf den Grund des ❶ **Hohweckthals** hinunter.

Zum Brunnen Auf der anderen Seite geht es wieder hinauf und weiter oben auf einer Forststraße nach rechts. Einem Abzweig folgen wir links bergauf nach Rothenbuhl. In der kleinen Ansiedlung mit Blick auf das Dorf Dabo und auf die Kapelle Saint-Léon, bleiben wir an der Kreuzung am Haus Nr. 2A geradeaus

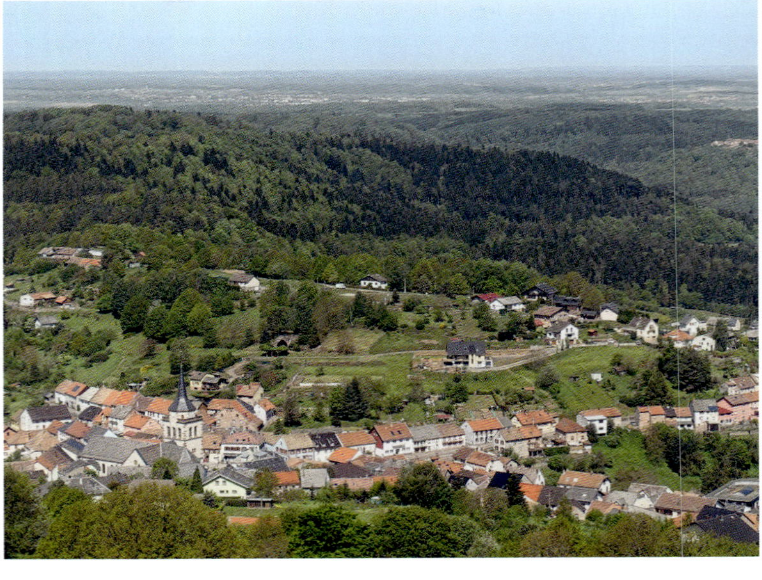

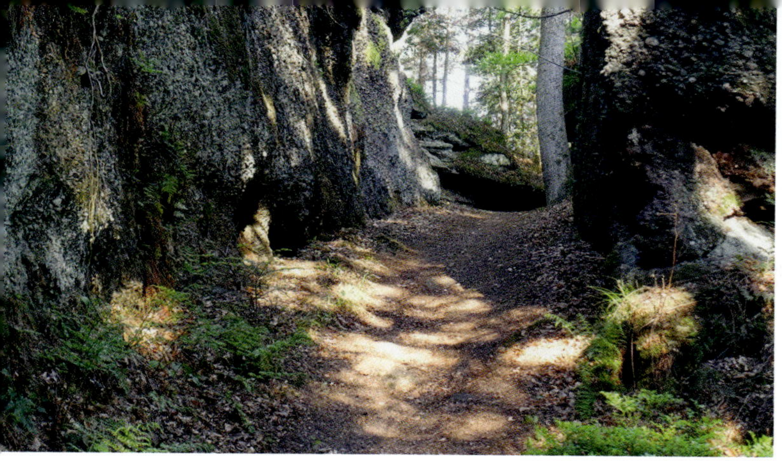

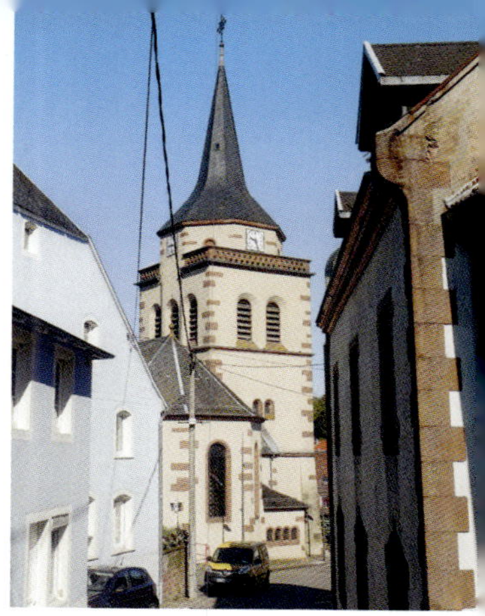

Links: Anstieg zwischen Felsen auf den Rocher du Sickert

Rechts: Die Kirche in Dabo besitzt einen mächtigen Turm.

aufwärts und nach den letzten Häusern auf der Forststraße ebenfalls geradeaus. Nach wenigen Metern steht auf der rechten Seite ein gemauerter ❷ **Brunnen**.

Auf den Rocher du Sickert Direkt am Brunnen beginnt rechts der Abstecher auf dem wunderbaren Wanderweg in Richtung Rocher du Sickert mit der Markierung gelbes Kreuz. Die Ruhe des Mischwalds umfasst uns, und die Blaubeeren am Wegrand sind zu verlockend.

Linke Seite: Große Aussicht vom Felsplateau auf den Ort Dabo

Später übernimmt eine Fahrspur unsere Richtung. An einer Kreuzung bleiben wir geradeaus und bald tauchen vor uns durch den Hochwald die mächtigen Felstürme des Sickertkopfes auf. Diese Felsenköpfe sind die erodierten Reste der einstigen Sandsteinüberdeckung der Vogesen. Der Sandstein ist das Produkt eines Urmeers.

Wir laufen am mächtigen, langen Felskoloss entlang und können am Ende durch eine wie von Menschen geformte aufsteigende Rinne zu einer Burg hinaufsteigen. Auf einer Treppe erklimmen wir schließlich das Plateau. An der Bank auf dem ❸ **Rocher du Sickert** genießen wir im Blick nach Süden die Aussicht auf die Gipfelkapelle Saint-Léon auf dem Schlossberg und auf das Dorf Dabo.

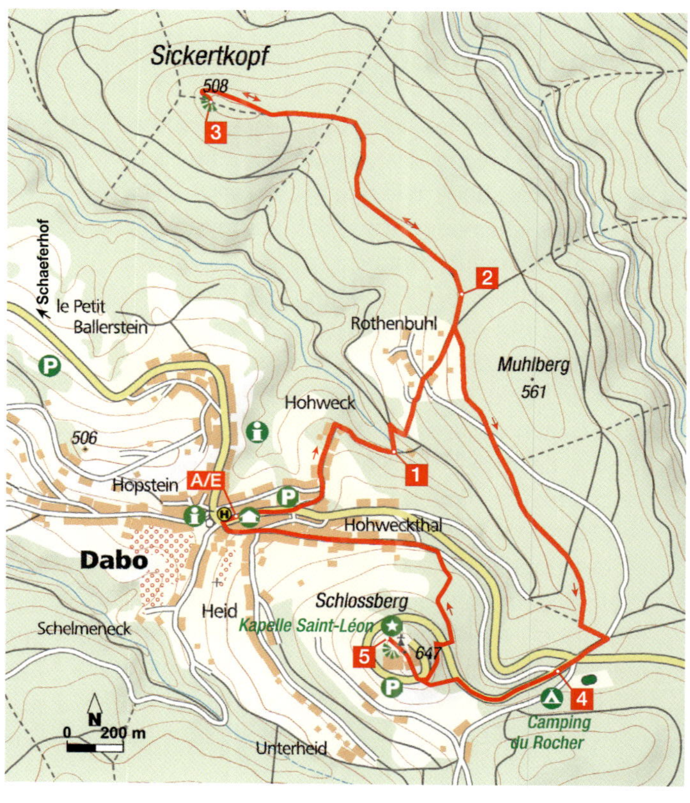

Zum Brunnen Auf gleichem Weg geht es vom Felsplateau hinunter und dann geradeaus die 1,3 Kilometer zurück bis zu dem gemauerten ❷ **Brunnen**, an dem wir geradeaus auf die Forststraße einfädeln, auf der wir gekommen sind. Der Felsenturm mit der Kapelle Saint-Léon ist nun direkt vor uns zu sehen.

Zum Campingplatz Nun gehen wir aber nicht hinunter nach Rothenbuhl, sondern bleiben auf ebener Strecke auf der Forststraße oberhalb der obersten Häuser von Rothenbuhl und finden auch wieder die Markierung gelbes Kreuz. Nach der Querung eines Asphaltsträßchens wird unser Weg zu einem Pfad. An einer Wegkreuzung im Wald bleiben wir geradeaus in Richtung Dabo Stade et Camping. Am Ende des Wegs folgen wir der Asphaltstraße nach rechts, überqueren die Kreuzung geradeaus in Richtung Campingplatz und Donon mit der Markierung rotes Rechteck. Die Straße führt direkt am ❹ **Campingplatz** vorbei.

Zur Kapelle Saint-Léon Am Ende des Campingplatzes benutzen wir rechts den Pfad, der vorerst parallel zur Straße in Richtung Rocher de Dabo verläuft. An einer Wegkreuzung vor einer Treppe steigen wir rechts hinunter, nun wieder mit der Markierung gelbes Kreuz und nach 30 Metern links zur Wiese hinauf. Von hier besteht ein prächtiger Blick auf das Felsplateau mit der Kapelle Saint-Léon. Die Wiese wird in einem Bogen rechts umgangen und weiter oben leitet ein Treppenweg über einen Hang mit blühenden Ginsterbüschen hinauf. Vor der Straße auf den Schlossberg sehen wir nach rechts den Abstieg in Richtung Dabo Village, den wir später benutzen werden. Jetzt queren wir aber zuerst die Straße und erledigen den Rest des Aufstiegs auf einer Treppe. Nach dem stillgelegten Hotel erobern wir am Kassenhäuschen vorbei das Felsenplateau auf dem Schlossberg und erreichen die ❺ **Kapelle Saint-Léon**. Zwei Panoramatische erläutern die tolle Aussicht in jede Richtung. Im Süden können wir den trapezförmigen Donon entdecken (Tour 13).

360°-Panorama auf dem Rocher de Dabo

Auf dem kolossalen Felsenturm des Schlossbergs stand wegen der vortrefflichen Aussicht einst die Dagsburg. Wie alte Stiche zeigen, war durch die ehemalige Burg das gesamte Felsplateau überbaut. Damals wie heute nimmt das großartige 360°-Panorama die Blicke gefangen. Links des Dorfs Dabo liegt im Westen das Tal der Zorn, das sich auch noch hinter Dabo erstreckt. Rechts vom Dorf Dabo steht im Nordwesten der bewaldete Rocher du Sickert. Rechts davon ist die Ansiedlung Rothenbuhl zu sehen. Im Nordosten liegt Saverne hinter den Hügeln. Der trapezförmige Berg im Süden ist der Donon. In der Ebene hinter den südlichen Hügeln liegt Colmar. Auch der Turm der Kapelle ist zu besteigen. Die Kapelle ist von Mai bis September offen, der Aufstieg kostet 2,– € Eintritt, Kinder 0,50 €. Von Oktober bis April ist das Felsplateau frei zugänglich.

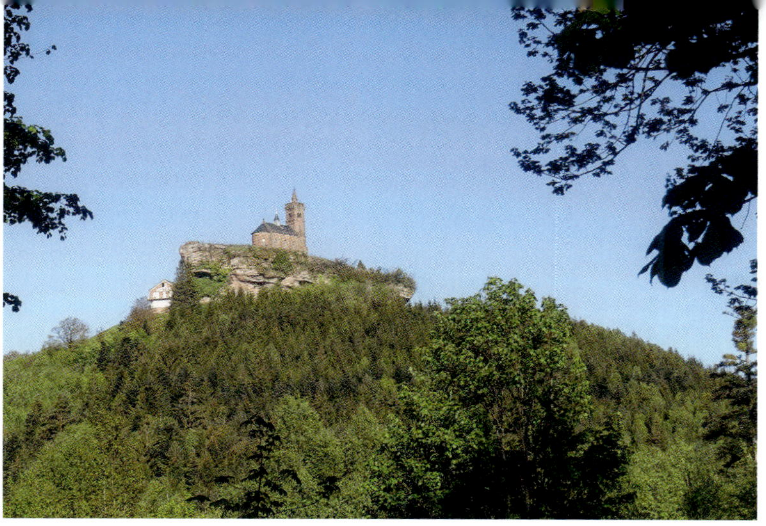

Die Kapelle Saint-Léon auf dem Schlossberg ist von Weitem zu sehen.

Auf dem kolossalen Felsenturm des Schlossbergs stand bis zu ihrer Zerstörung im Jahr 1679 die Dagsburg, von der Heilwig, die Mutter von Papst Leo IX., abstammte. Ihm zu Ehren wurde 1890 anstelle der ehemaligen Burg die neoromanische Gipfelkapelle Saint-Léon aus rotem Sandstein errichtet.

Zum Parkplatz an der Feuerwehr Nach Aussichtgenuss, Kapelle und Pause steigen wir auf der Treppe wieder über den Hang hinunter, queren die Straße und wandern nun auf dem Pfad links hinab in Richtung Dabo Village. Am Tennisplatz bleiben wir auf der im oberen Bereich ebenen Rue du Château bis zur Kirche mit dem massiven Turm mitten in Dabo am Place de l'Église. Die Straße nach rechts ist die Rue Saint-Léon (D45), an der wir den Parkplatz gegenüber der E **Feuerwehr** wiederfinden.

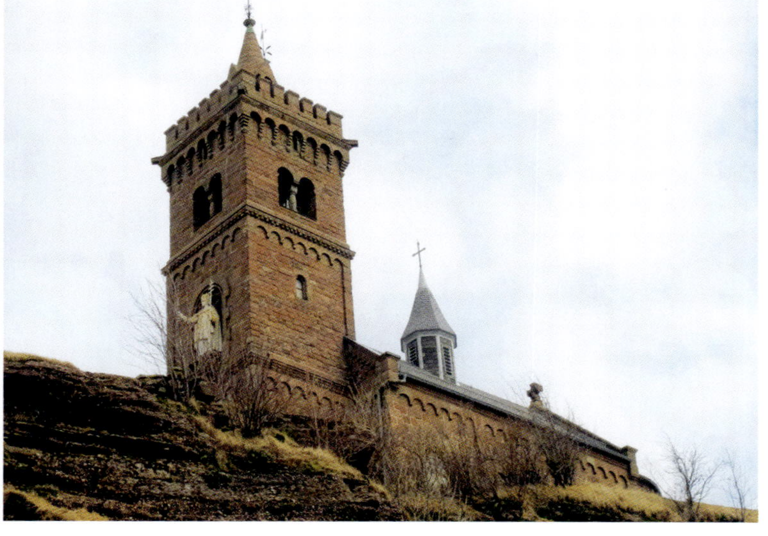

Die Kapelle Saint-Léon wurde im neoromanischen Stil gebaut.

13

Auf den mystischen Donon

Tempelberg der Kelten und Römer

Mittel 2:10 Std. 280 Hm 6,6 km

Besonderer Genuss: Kultur am Wegrand

Tourencharakter
Mittelschwere vorwiegend schattige Tour, größtenteils auf steinigen Naturwegen durch Wälder. Die felsigen Pfade erfordern Bergschuhe und Trittsicherheit.

Ausgangs-/Endpunkt
Sentier Mémorial des Stèles an der D993
GPS: N48°30'29.8" E07°08'59.2"

Anfahrt
Auto Auf der D1420 von Straßburg und auf der D392 über Schirmeck zum Donon
Bahn Nur bis Schirmeck (www.fluo.eu)

Gehzeiten
Sentier Mémorial des Stèles – Alter Tempelplatz 0:50 Std. – Tempel 0:10 Std. – Col Entre les Deux Donons 0:30 Std. – Sentier Mémorial des Stèles 0:40 Std.

Einkehr
Restaurant Velleda, Col du Donon 4, F-67130 Grandfontaine, Tel. 0033/(0)3/88 97 20 32, www.restaurant-velleda.com
Hôtel Restaurant du Donon, Donon 15, F-67130 Grandfontaine, Tel. 0033/(0)3/88 97 20 69, www.ledonon.com
Restaurant La Schlitte, Route de Fréconrupt 26, F-67130 La Broque, Tel. 0033/(0)3/88 97 06 07, www.restaurant-schlitte.com

Karten
Club Vosgien/IGN, Blatt 4/8, 1:50 000

Touristinformation
Grand Rue 114, F-67130 Schirmeck, Tel. 0033/(0)3/88 47 18 51, www.valleedelabruche.fr

Die Kelten bauten auf dem mächtigen Sandsteinblock Donon als Erstes einen Tempel. Die Römer beteten hier ihren Gott Merkur an. Heute steht ein von Napoleon III. gebauter neoklassizistischer Museumstempel auf dem Berg.

Zum alten Tempelplatz Vom Parkplatz Ⓐ **Sentier Mémorial des Stèles** überqueren wir die Straße D993. Ein Wegweiser zeigt mit der Markierung rotes Rechteck zum Donon aufwärts. Bald überqueren wir eine Forststraße mit Holzlagerplätzen. Hier kommen wir am Ende der Tour von rechts zurück. Aber jetzt weisen niedrige Pfosten mit einem Tempelsymbol erst einmal den steinigen Weg zum Donon geradeaus hinauf. Eine weitere Forststraße wird überquert, und wir steigen auf der Treppe aus der Zeit des Ersten Weltkriegs höher. Nach dem Sendemast ist der ❶ **alte Tempelplatz** mit einigen Grundmauern erreicht. Informationstafeln erklären die Anlagen.

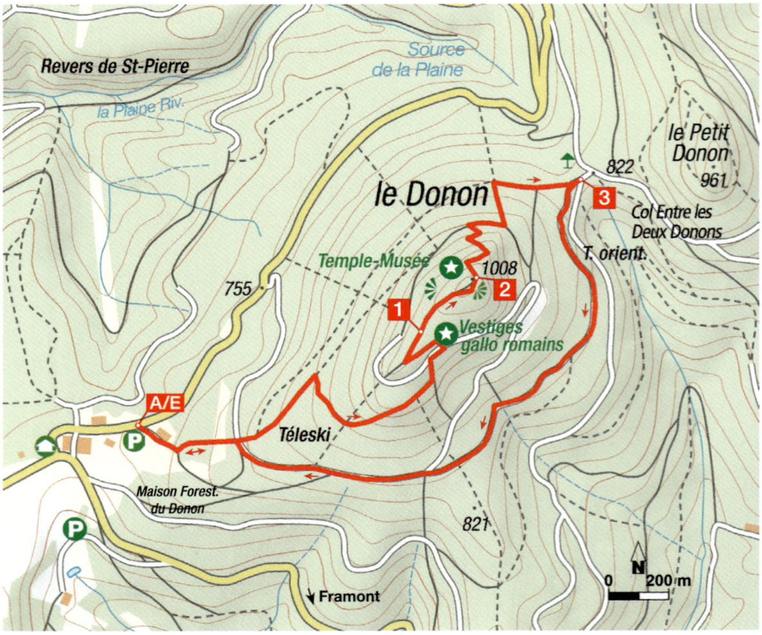

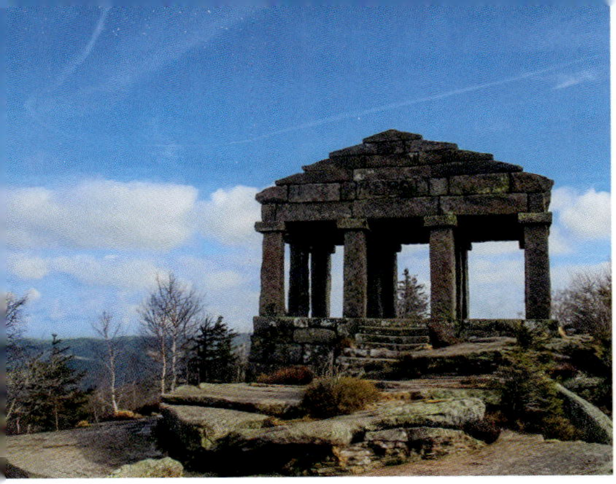

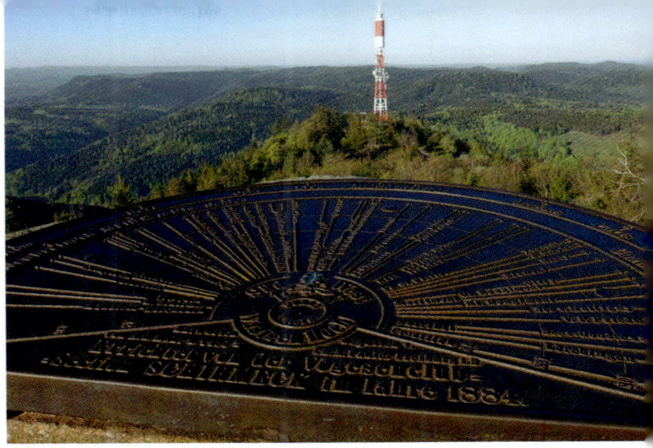

Links: Der Merkur-Tempel ist eine Rekonstruktion aus dem Jahr 1869.

Rechts: Vom rekonstruierten Tempel auf dem Donon besteht herrliche Aussicht.

Zum Tempel Wenn wir uns genau an die Pfeile der Markierung rotes Rechteck halten, kommen wir an einer Zisterne und weiteren Resten von Tempeln vorbei. Auf einem eindrucksvollen Felsplateau steht der rekonstruierte 2 Tempel. Ein Panoramatisch erklärt die Ausblicke nach Süden und Westen.

Zum Col Entre les Deux Donons Ein weiterer Panoramatisch mit Blick auf den Petit Donon steht nordöstlich des Tempels. Genau hier leitet die Markierung rotes Rechteck auf einem Pfad zwischen Felsblöcken hinunter. Der Abstieg führt an einem Unterstand aus dem Ersten Weltkrieg vorbei. An einem im Felstisch eingeritzten Mühlespiel haben sich damals Soldaten die Zeit vertrieben. Der felsige Steig lenkt in Serpentinen immer nur abwärts. An einer Weggabelung gehen wir links auf dem Forstweg hinunter. An einem weiteren Abzweig steigen wir in spitzem Winkel rechts auf dem Forstweg abwärts und kommen zum 3 Col Entre les Deux Donons mit Schutzhütte an einer großen Wegspinne. Dieser Pass zwischen Donon und Petit Donon war im Ersten und im Zweiten Weltkrieg heftig umkämpft.

Zum Sentier Mémorial des Stèles Hier nehmen wir den ersten Forstweg rechts mit der Markierung gelbes Kreuz in Richtung Col du Donon. Gemütlich schlendern wir nun durch Wald und schließlich auf einer Asphaltstraße weiter. Wieder an der schon bekannten Kreuzung mit Holzlagerplatz wandern wir links den Weg hinab. An einer Weggabelung nehmen wir die rechte Spur entlang einer eingezäunten Weide zum Parkplatz E Sentier Mémorial des Stèles an der D993 hinunter.

Der heilige Berg der Kelten

Die Kultstätte auf dem Gipfel des Donon ist 5000 Jahre alt. Sie wurde zuerst von den Kelten genutzt, die ein dem Teutates geweihtes Heiligtum erbauten. Später wurde der Donon für die Römer die bedeutendste gallorömische Kultstätte im Osten Galliens. Im 17. Jahrhundert errichteten die Benediktiner eine Kapelle am Donon. Der Merkur-Tempel auf dem Gipfel ist eine Rekonstruktion aus dem Jahr 1869. Die archäologischen Originalfunde werden in Museen in Épinal und Straßburg aufbewahrt. Aus den beiden Weltkriegen sind zahlreiche Befestigungsanlagen und Soldatengräber erhalten. Heute genießen die Wanderer friedlich das unvergleichlich schöne 360°-Panorama auf dem Donon.

14

Leicht | 2:30 Std. | 100 Hm | 8,7 km

Besonderer Genuss: Kultur am Wegrand

Tourencharakter
Leichte, meist sonnige Tour, größtenteils auf Naturwegen durch Felder. Im Ortsgebiet auf Straßen

Ausgangs-/Endpunkt
Parkplatz in Wolxheim zwischen der Bruche und dem Canal de la Bruche GPS N48°34'01.3" E07°30'51.9"

Anfahrt
Auto Auf der D45 von Straßburg nach Wolxheim, dort links auf die D727
Bahn Von Straßburg nach Molsheim und mit dem **Bus** der Linie 912 nach Ergersheim (www.fluo.eu)

Gehzeiten
Parkplatz am Kanal de la Bruche Wolxheim – Porte de la Bruche Dachstein 0:30 Std. – Dompeter 0:50 Std. – Chapelle Saint-Ulrich 0:15 Std. – Schleusenbrücke 0:05 Std. – Chapelle Saint-Denis 0:20 Std.– Statue Sacré-Cœur de Jésus 0:15 Std. – Parkplatz am Kanal de la Bruche Wolxheim 0:15 Std.

Einkehr
Restaurant Auberge de la Bruche, 1 Rue Principale, F-67120 Dachstein, Tel. 0033/(0)3/88 38 14 90, www.auberge-bruche.com
Restaurant Le Basilic, Rue Saint-Materne 4, F-67120 Avolsheim, Tel. 0033/(0)3/88 47 48 28, www.lebasilic67.com

Karten
Club Vosgien/IGN, Blatt 4/8, 1:50 000

Touristinformation
Place de l'Hôtel de ville 19, F-67120 Molsheim, Tel. 0033/(0)3/88 38 11 61, www.ot-molsheim-mutzig.com

Von Wolxheim zum Dompeter

Spuren der Geschichte an der Bruche

Auf den alten Pilgerwegen und entlang dem Treidelpfad am Bruchekanal ist es schön zu wandern. Jedes Dorf, jede Kirche und jede Kapelle am bezaubernden Flüsschen bedeuten einen tiefen Einblick in die Geschichte von bis zu 1000 Jahren.

Zum Porte de la Bruche in Dachstein Vom Parkplatz am **A Canal de la Bruche** in Wolxheim starten wir nach Süden über den alten Kanal und gleich nach links auf den Geh- und Radweg. In Ergersheim tangieren wir ein altes Waschhaus am Kanal. Hier biegen wir nach rechts über den Kanal auf den Gehweg vorbei am Restaurant Au Canal und am Sportplatz. Entlang der D 30 geht es bis zum alten Stadttor in Dachstein, das romantische **1 Porte de la Bruche**. Nach dem Gang durch das Stadttor ist links das Turckheimer Schloss der Bischöfe von Straßburg zu sehen, wir wenden uns jedoch nach rechts auf die Rue Principale (D 127), die gleich nach links zur gotischen Kirche Saint-Martin abknickt.

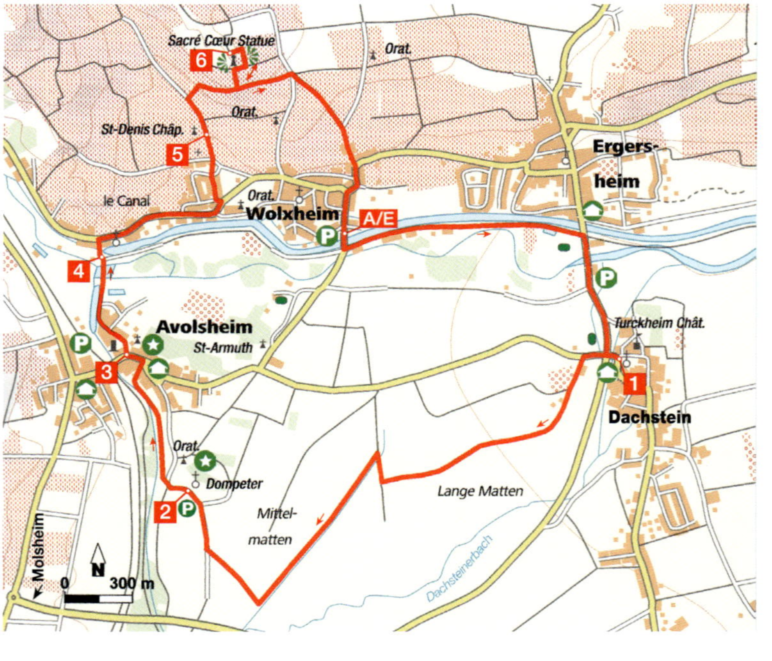

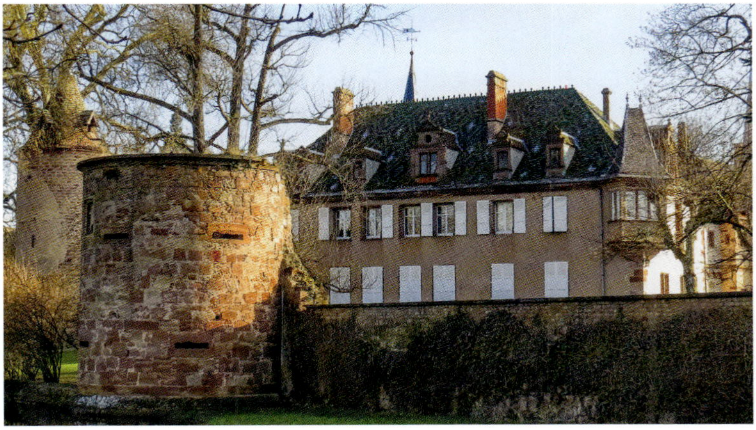

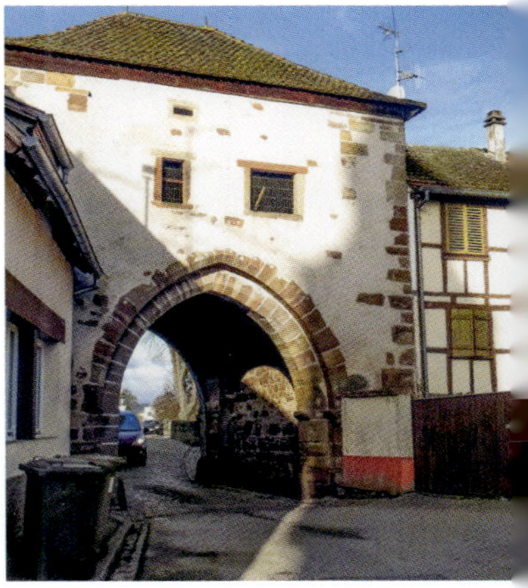

Auf diesem Weg sind einige traditionelle Fachwerkhäuser mit geschnitzten Galerien zu sehen.

Links: Das Turckheimer Schloss der Straßburger Bischöfe in Dachstein

Rechts: Am romantischen Porte de la Bruche in Dachstein

Zum Dompeter Wir müssen aber schließlich wieder durch das Porte de la Bruche aus Dachstein hinaus, überqueren geradeaus die D30 in die D127, die wir schon 100 Meter weiter nach links verlassen. An der Gabelung vor einem Bauernhof gehen wir links über die Felder. Nach einem Kilometer wandern wir an der T-Kreuzung nach rechts und nach 100 Metern in spitzem Winkel nach links. Am Ende eines Wäldchens müssen wir rechts und kommen dann geradeaus zum 2 **Dompeter** am Jakobsweg.

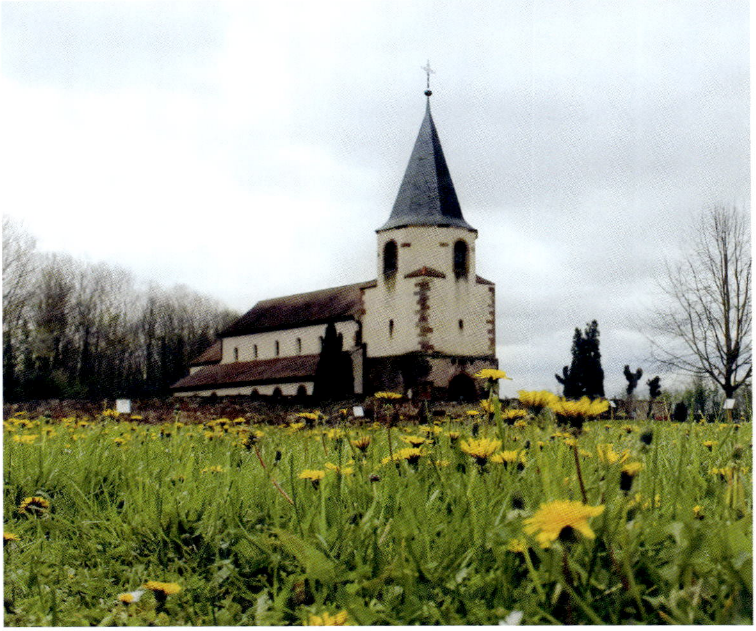

Links: Der Dompeter steht auf freiem Feld außerhalb der Ortschaft.

Unten: Die Figur des Petrus stammt noch aus dem 10. Jahrhundert.

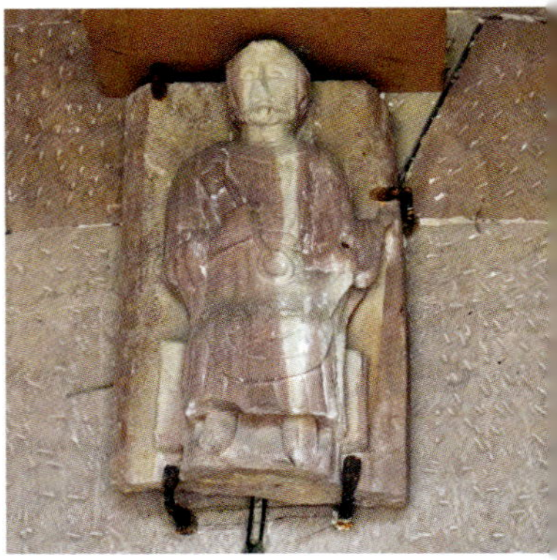

Der Dompeter (*domus Petri*, bedeutet Haus des Petrus) war einst die Pfarrkirche von Molsheim. Aber bereits seit dem 7. Jahrhundert befand sich an dieser Stelle ein Vorgängerbau. Die heutige Kirche wurde 1049 geweiht. Damit ist sie die älteste Kirche im Elsass. Das Doppelportal stammt aus dem 12. Jahrhundert, aber die Figur des darüber angebrachten Petrus mit dem Schlüssel soll noch aus dem 10. Jahrhundert stammen. Vor der Kirche stand eine alte Linde, unter der Maternus, der Gründer der Kirche, gepredigt haben soll.

Zur Chapelle Saint-Ulrich Am Ende des großen Parkplatzes steht auf der rechten Seite das steinerne Häuschen über der Source Petrouille, die auf die heilige Saint Petrouille Bezug nimmt. Am linken Ende des Parkplatzes gehen wir links und nach 20 Metern in spitzem Winkel nach rechts auf dem Damm neben der Bruche in Richtung Avolsheim. Der beschauliche Weg verläuft zwischen Gärten und dem Flüsschen und endet schließlich an der Rue de la Gare, auf der wir erst rechts und gleich nach links am Restaurant Le Basilic vorbeilaufen. Wir sind am Place de l'Église in Avolsheim, der von der neoromanischen Église Saint-Materne dominiert wird. Links daneben steht die ❸ **Chapelle Saint-Ulrich**, die aus dem 10. Jahrhundert stammt. Innen sind romanische Fresken mit biblischen Szenen aus dem 12. Jahrhundert zu sehen.

Zur Schleusenbrücke Vom Place de l'Église wandern wir links an der Bruche auf dem Quai de la Bruche weiter nach Norden. Die Markierung ist ein roter und ein blauer Ring. Der Weg leitet auf einer ❹ **Schleusenbrücke** über die Bruche.

Zur Chapelle Saint-Denis Von links fließt dann noch die kleine Mossig dazu und wir kommen über den Canal de la Bruche. Am Ende der Rue des Écluse im Ortsteil Wolxheim le Canal gehen wir vor dem Kloster Saint-Léon auf der Straße nach rechts. Nach einer Linkskurve biegen wir nach links auf der Rue Philippe Grass in eine Wohnsiedlung ein. An einer Straßengabel wandern wir nach rechts und vor den

Die alte Bischofsstadt Dachstein

Das kleine verschlafene Dachstein war einst eine beliebte Sommerresidenz der Straßburger Bischöfe. Das Turckheimer Schloss aus dem Jahr 1572 nahm dabei die Stellung eines Lustschlosses ein. Es wurde im 19. Jahrhundert im Stil der Neorenaissance erweitert. Die Befestigungsbauten mit dem romantischen Porte de la Bruche und Specklin-Turm sind Bauten aus dem 16. Jahrhundert. Die im Grunde gotische Kirche Saint-Martin in der Ortsmitte wurde erstmals 1240 erwähnt. Das Hervé-Schloss ist ein Herrenhaus aus dem 18. Jahrhundert. Einige traditionelle Fachwerkhäuser mit geschnitzten Galerien tragen zum harmonischen Ortsbild bei. Es ist ein Vergnügen, durch Dachstein zu bummeln.

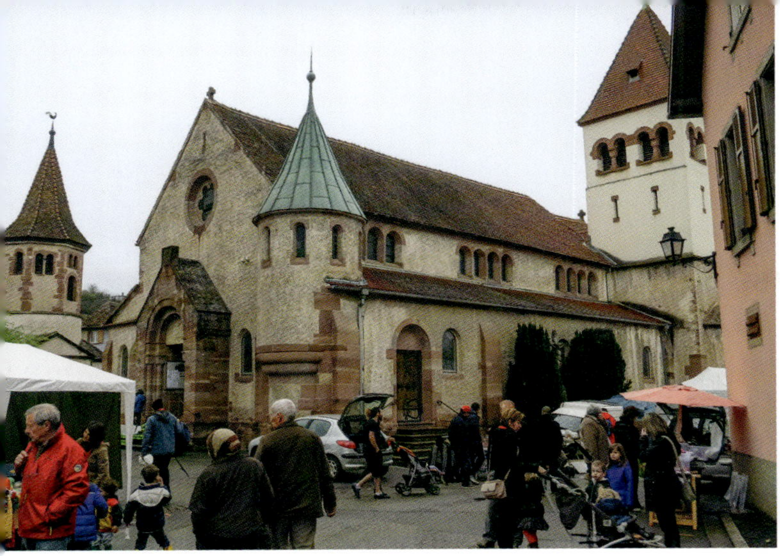

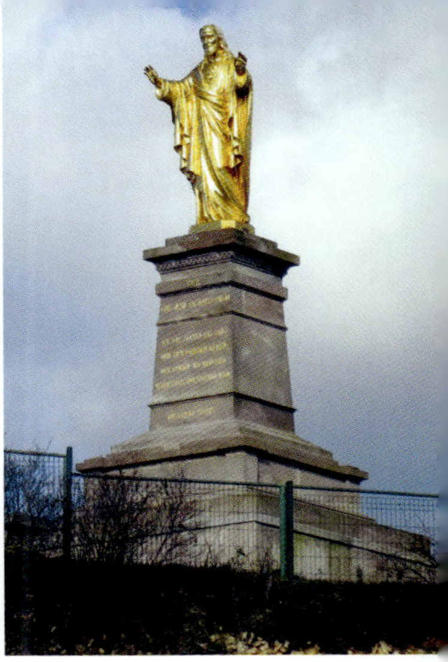

Links: In Avolsheim vor der Chapelle Saint-Ulrich und der Église Saint Materne

Rechts: Auf dem Altenberg glänzt die Statue Sacré-Coeur de Jésus.

Reben gleich wieder nach links zur 5 **Chapelle Saint-Denis**. Die Kapelle stammt aus dem 15. Jahrhundert und soll auf den Grundmauern eines heidnischen Tempels des Dyonisos-Bacchus stehen. Der Platz inmitten der Reben würde zu dem Gott des Weins passen. Rechts voraus auf dem Hügel glänzt die goldene Christusstatue in der Sonne. Das Monument Sacré-Cœur de Jésus ist unser nächstes Ziel.

Zur Statue Sacré-Cœur de Jésus Nach der Chapelle Saint-Denis nehmen wir den zweiten Weg mit der Markierung blauer Ring nach rechts aufwärts. Vor dem Wasserbehälter steigen wir nach links steil hinauf, direkt auf die Statue zu. Unterhalb der Statue gewähren die offen liegenden Felsen einen Einblick in die kalkmergelhaltige Beschaffenheit auf dem Altenberg. Die Gegebenheiten sind ideal für den Anbau des Rieslings. Der Altenberg ist denn auch eine Grand-Cru-Lage. Der Picknicktisch ist ein guter Platz für eine Pause. Der Weg nach rechts und dann nach links führt hinauf zur 6 **Statue Sacré-Cœur de Jésus**. Hier oben sind trockene Kalkmagerrasen mit entsprechender Flora zu finden. Die Aussicht reicht von Straßburg und Colmar vor dem Schwarzwald bis in die Vogesen.

Aussicht vom Altenberg über die Chapelle Saint-Denis in die Vogesen

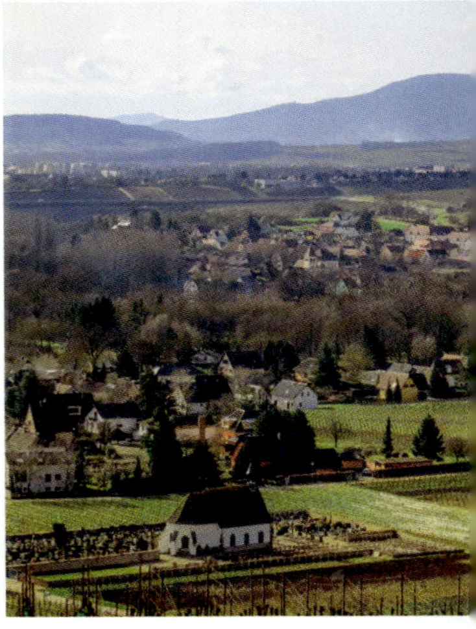

Zum Parkplatz am Canal de la Bruche in Wolxheim Wir steigen wieder hinunter bis zu dem querenden Weinbergsträßchen und gehen auf diesem nach links. An der T-Kreuzung geht es rechts und nach 90 Metern an der Gabelung links. In Wolxheim laufen wir auf dem Chemin du Horn ein. Von links kommt die Rue de Strasbourg (D45) dazu, der wir geradeaus abwärtsfolgen. Nach der Rechtskurve biegen wir links auf die Rue de Molsheim (D727), die zum Parkplatz am E **Canal de la Bruche** zurückführt.

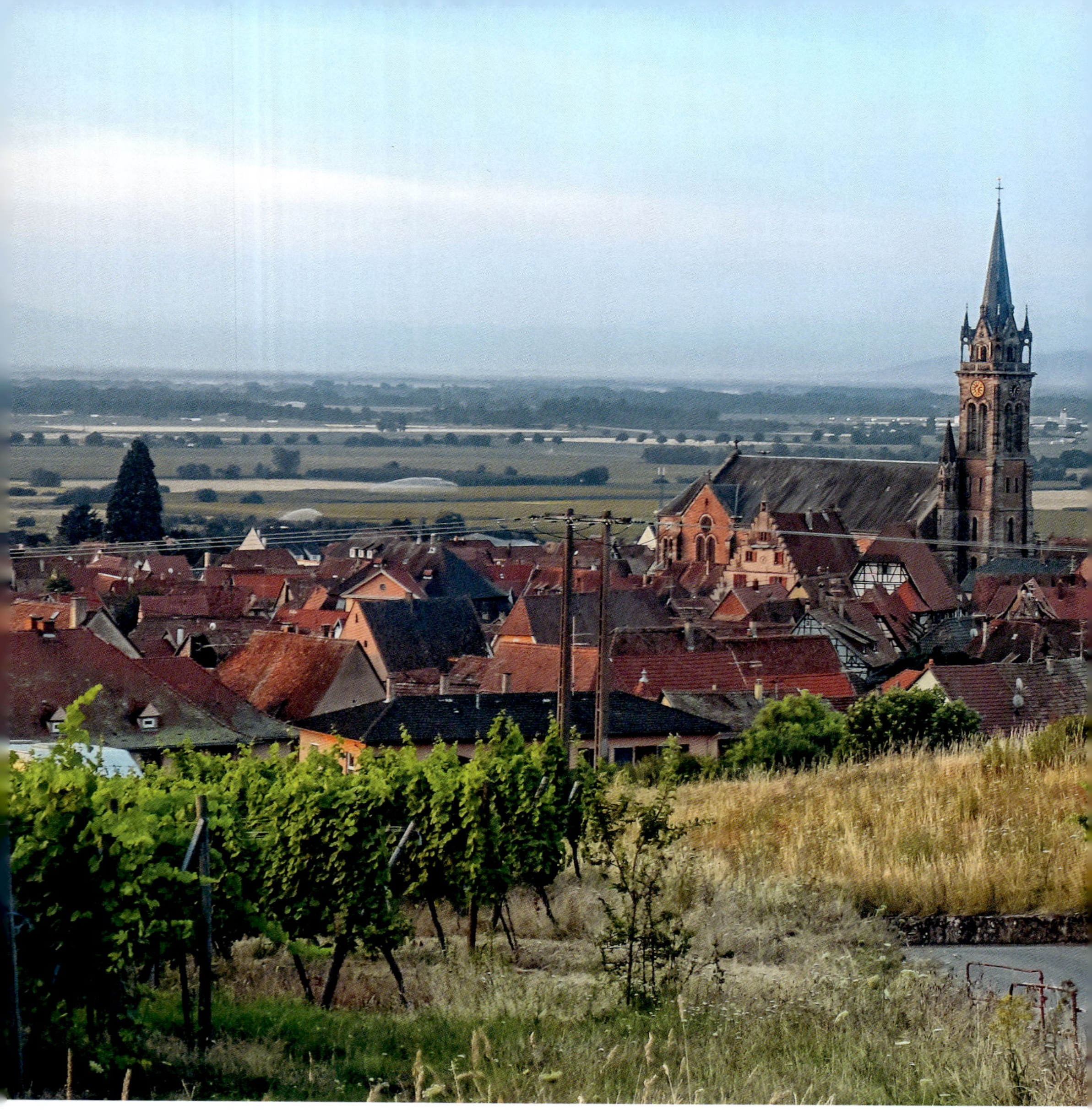

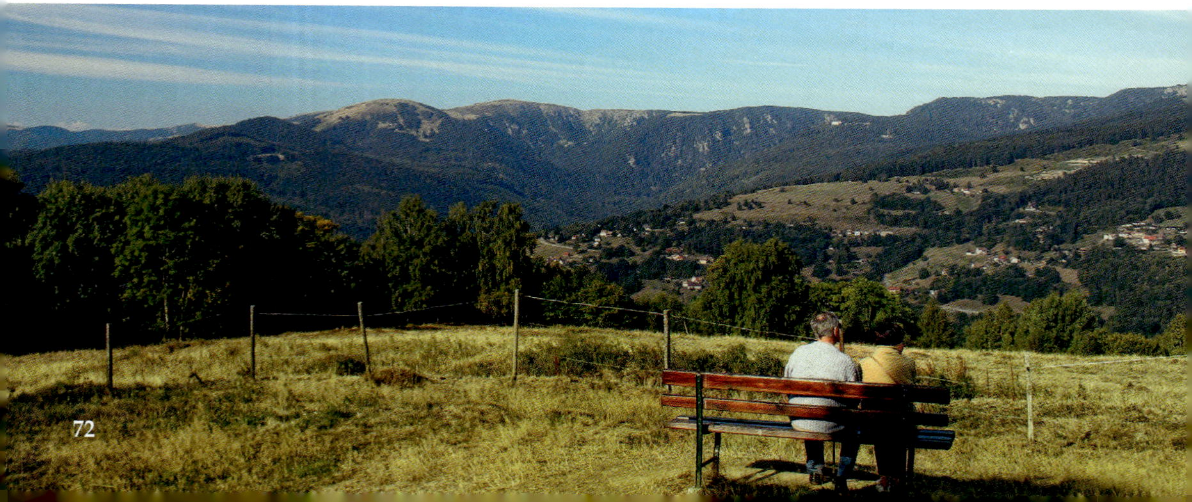

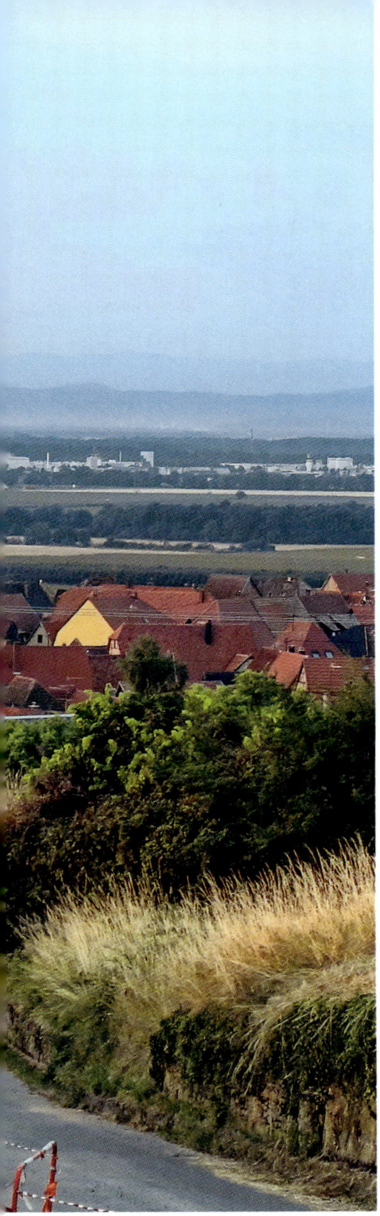

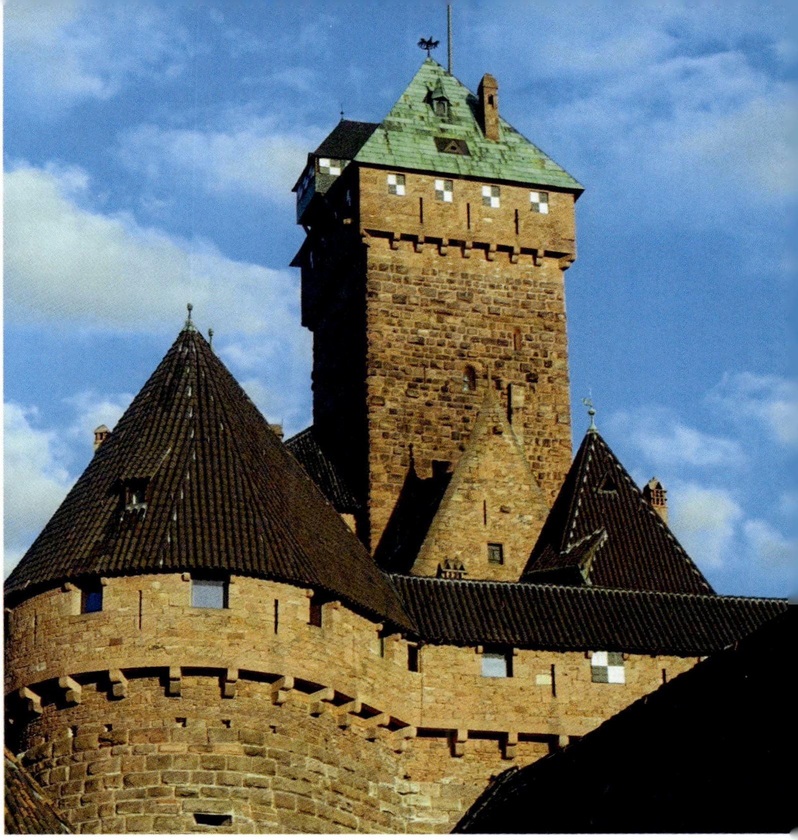

Touren im Südlichen Elsass

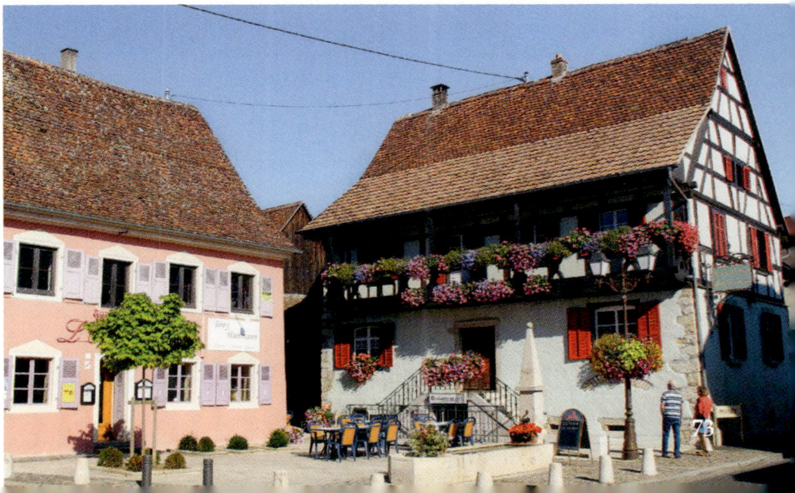

Oben links: Aussicht von der Chapelle Saint-Sébastien über Dambach-la-Ville (Tour 18). Oben rechts: Das Château du Haut-Kœnigsbourg ist Hauptattraktion im Elsass (Tour 20). Unten rechts: Restaurant in Bettlach im Sundgau (Tour 36). Unten links: Aussicht in das Tal der Fecht und auf das Hohneck (Tour 27).

15 Um die romanische Stadt Rosheim

Rosen, Küchenschellen und Gräber

Leicht 3:00 Std. 210 m 9,5 km

Besonderer Genuss: Einkehr

Tourencharakter
Leichte, vorwiegend sonnige Tour, größtenteils auf befestigten Wegen durch Weinberge, Wälder und Felder. Im Ortsgebiet auf Straßen

Ausgangs-/Endpunkt
Parkplatz an der Avenue Clémenceau am Löwentor in Rosheim GPS N48°29'55.0" E07°28'12.6"

Anfahrt
Auto Auf der A35 bis Ausfahrt 10 Bischoffsheim und auf der D207 nach Rosheim
Bahn Von Straßburg oder Sélestat nach Rosheim (www.fluo.eu)

Gehzeiten
Parkplatz am Löwentor – Feldkreuz 0:45 Std. – Kreisverkehr D435 0:35 Std. – Jüdischer Friedhof 0:15 Std. – Wasserbehälter 0:55 Std. – Kirche Saints-Pierre-et-Paul 0:25 Std. – Parkplatz am Löwentor 0:05 Std.

Einkehr in Rosheim
Auberge du Cerf, Rue du Général de Gaulle 120, Tel. 0033/(0)3/88 50 40 14
Restaurant A la Croix d'Or, Rue du Général de Gaulle 3, Tel. 0033/(0)3/88 50 42 42, www.restaurant-alacroixdor-rosheim.fr

Karten
Club Vosgien/IGN, Blatt 4/8, 1:50 000

Touristinformation
Rue du Géneral de Gaulle 94, F-67560 Rosheim, Tel. 0033/(0)3/88 50 75 38, www.mso-tourisme.com

In der Stadt mit der Rose im Wappen steht das älteste romanische Haus im Elsass. Wunderschön sind auch die romanische Kirche und die älteste Pâtisserie Frankreichs aus dem Jahr 1602. Am Weg liegt einer der größten jüdischen Friedhöfe im Elsass.

Zum steinernen Feldkreuz Vom Parkplatz am Ⓐ **Löwentor** beginnen wir die Wanderung auf der Rue de Molsheim (D435) nach Norden Richtung Rosenwiller mit der Markierung gelber Ring und biegen nach 60 Metern links in die Route de Rosenwiller. An einer Kreuzung bleiben wir geradeaus und steigen dann rechts auf dem Chemin Kroettengass in die Weinberge hinauf. Wir sind auf dem Parcours du Vigneron. An der T-Kreuzung gehen wir links und nach 120 Metern rechts weiter aufwärts. An Abzweigen bleiben wir immer bergan und biegen an der T-Kreuzung auf dem Bergrücken mit der Markierung gelber Ring links ab und erreichen an einer Kreuzung ein steinernes ❶ **Feldkreuz**.

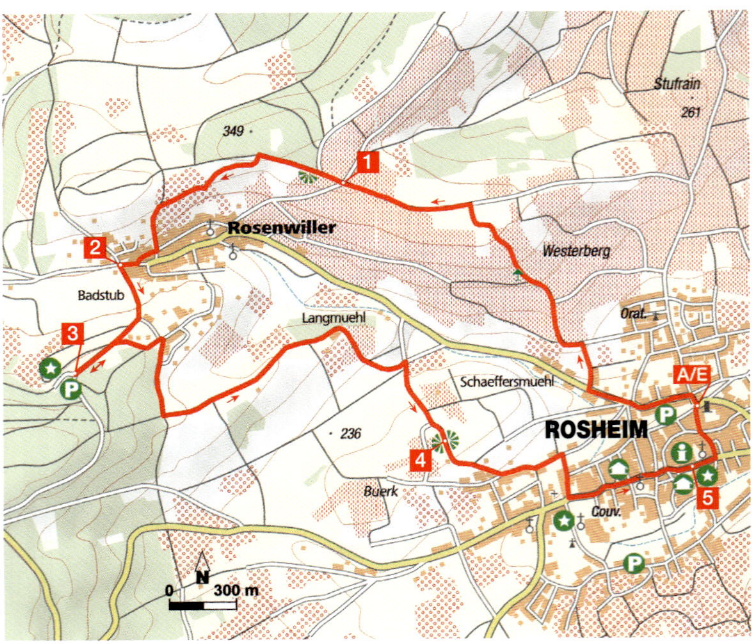

Hier schauen wir über die Dächer von Rosenwiller. Die katholische Kirche Mariä Himmelfahrt in Rosenwiller stammt mit ihren ältesten Teilen aus dem 13. Jahrhundert.

Zum Kreisverkehr D435 in Rosenwiller Vom Steinkreuz führt der Weg aber geradeaus weiter zu einem schönen Aussichtsplatz. Das Panorama zeigt am Horizont den Schwarzwald und den Kaiserstuhl und bei guten Bedingungen die Schweizer Alpen. Weiter rechts im Vordergrund ist auf dem mittleren der drei bewaldeten Berge das Kloster Mont Saint-Odile zu sehen (Tour 17).

140 Meter nach dem Steinkreuz leitet der gelbe Ring geradeaus nun in den niedrigen Wald hinein, der sich gleich wieder lichtet. In diesem Naturreservat Berg und Collines du Holiesel befinden sich trockene Kalkmagerrasen, die eine besonders angepasste Pflanzengesellschaft aufweisen. Die Küchenschelle ist die hervorstechende Leitpflanze dieses Lebensraums.

Ein Pfad verlässt den Kiesweg mit der Markierung gelber Ring nach links immer abwärts. An einer Kreuzung vor den Weinbergen halten wir uns halb rechts auf gleicher Höhe nah über Rosenwiller. Nach 300 Metern stoßen wir auf einen kleinen Asphaltweg, dem wir nach links steil abwärts in den Ort folgen. Dieser Weg wird zur Rue Belle Vue und endet an einer T-Kreuzung mit Feldkreuz. Hier wandern wir rechts und gleich wieder links die enge Rue des Paysans abwärts zur Rue Principale, der wir nach rechts bis zum ❷ **Kreisverkehr D435** folgen.

Zum jüdischen Friedhof Nun laufen wir auf der Route de Grendelbruch nach Süden hinunter. Nach der Rechtskurve gehen wir geradeaus an der Friedhofsmauer entlang zum jüdischen Friedhof. Unterwegs treffen wir auf Informationstafeln über den Friedhof. An einer Straßengabel müssen wir rechts hinunter. Der ❸ **jüdische Friedhof** geht auf das 14. Jahrhundert zurück und ist damit der älteste seiner Art im Elsass. Es gibt über 6000 Gräber. Die Bestat-

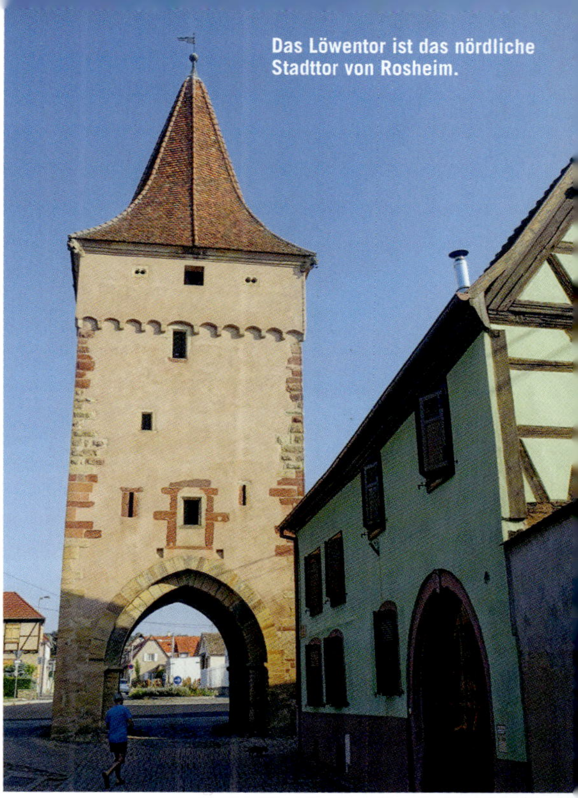

Das Löwentor ist das nördliche Stadttor von Rosheim.

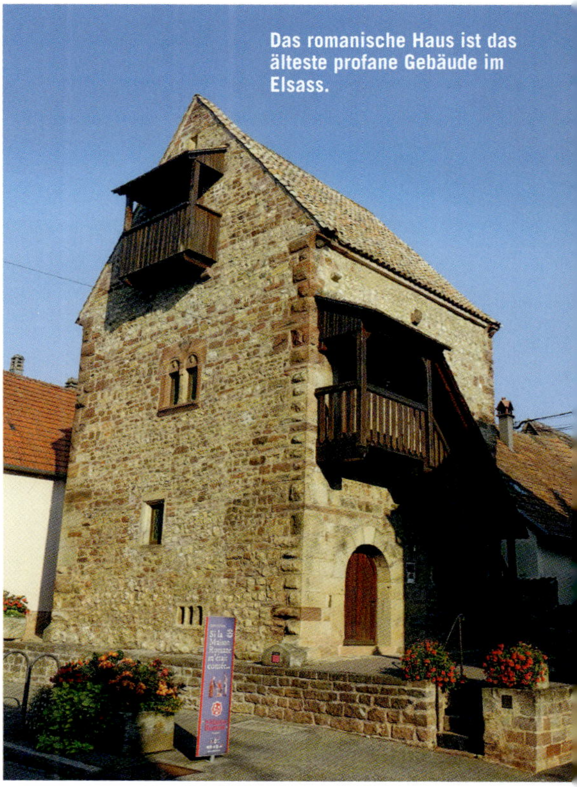

Das romanische Haus ist das älteste profane Gebäude im Elsass.

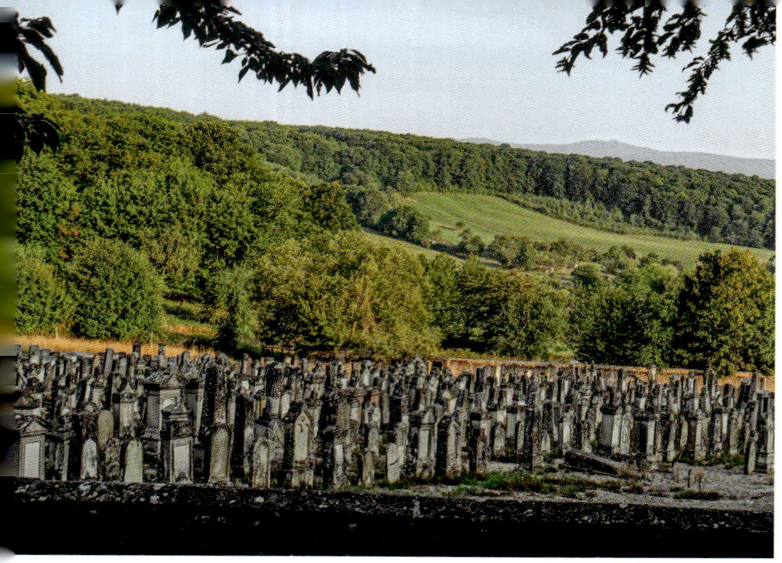

Am alten jüdischen Friedhof in Rosenwiller

teten stammen aus vielen Gemeinden, denn dieser Friedhof war ein Verbandsfriedhof.

Zum Wasserbehälter Wir gehen auf dem Sträßchen zurück und biegen an dem Platz mit den Informationstafeln auf den kleinen Pfad rechts in den Wald hinein. Der Pfad wird zu einem Fahrweg und endet am Chemin du Reispfad, dem wir mit der Markierung gelber Ring nach rechts folgen. An der Kreuzung nach einem Obstgarten biegen wir links ein und wandern dann 900 Meter geradeaus über die Felder und Rebenflächen in Richtung Rosheim. Nach einer Rechtskurve geht es abwärts, und wir sehen voraus auf dem Hügel über dem Tal ein Gehölz, auf das wir nun zusteuern. Wir wandern also an der ersten Kreuzung geradeaus, an der T-Kreuzung auf der Talsohle links und an der nächsten Kreuzung mit der Markierung gelber Ring rechts hinauf zu dem Gehölz, an dem der 4 Wasserbehälter steht.

Die Pâtisserie Rohmer ist die älteste Bäckerei Frankreichs.

Zur Kirche Saints-Pierre-et-Paul Nun geht es nach dem Wasserreservoir links auf die Dächer von Rosheim zu. Das Sträßchen wird zur Rue de la Burck und stößt auf die Rue des Vosges, der wir weiter geradeaus folgen. An einer Kreuzung bleiben wir geradeaus. Nach dem Friedhof marschieren wir rechts die Rue Hohenbourg abwärts. An der T-Kreuzung gelangen wir nach links auf der Rue du Général de Gaulle Richtung Centre Ville.

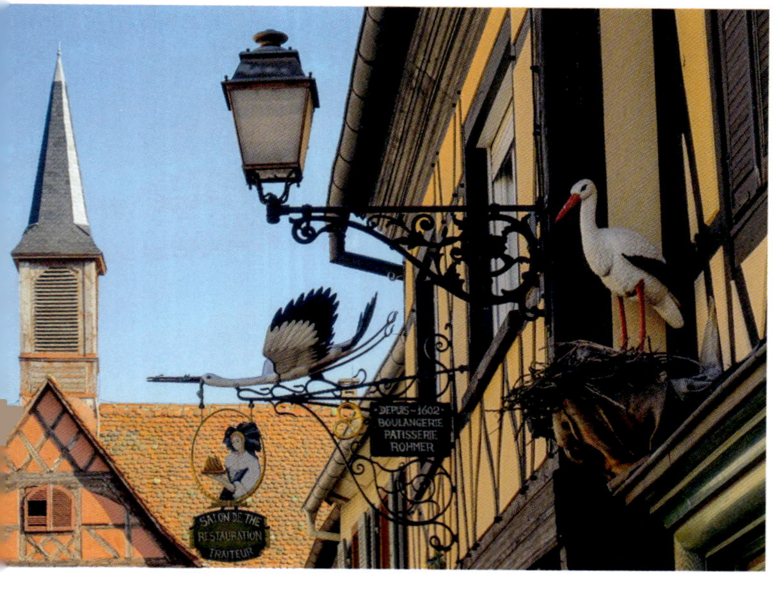

Einige Sehenswürdigkeiten bremsen den Schritt und lassen uns nun in die alte Stadt schlendern. Gleich an der Ecke befindet sich hinter den öffentlichen Toiletten ein mittelalterlicher Garten mit Küchen- und Heilpflanzen. Das Haus nach der Nr. 23 ist das

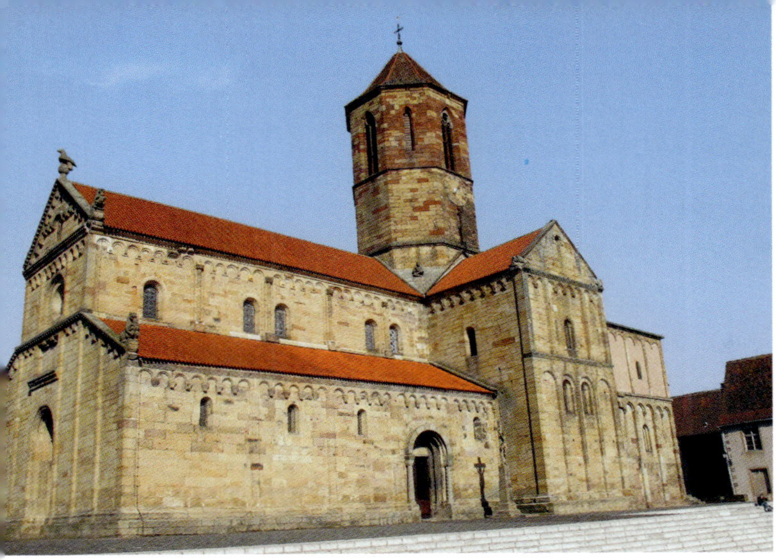

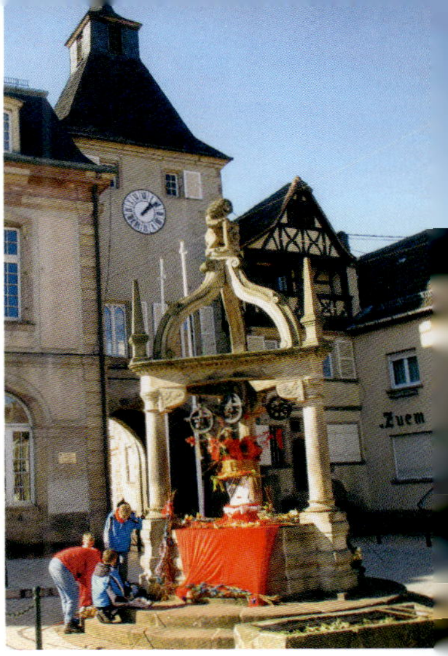

Links: Saints-Pierre-et-Paul spiegelt reinsten romanischen Kirchenbau wider.

Rechts: Der Sechs-Eimer-Brunnen steht vor dem Rathaus in Rosheim.

älteste romanische Wohnhaus im Elsass. Es wurde 1152 erbaut. Bald überrascht auf der rechten Seite die monumentale neoklassizistische Kirche Saint-Étienne mit ihren gewaltigen dorischen Säulen. Nach dem Uhrturm steht rechts vor dem Rathaus der Sechs-Eimer-Brunnen aus dem Jahr 1605 – eine sehr schöne Renaissancearbeit. Nach der Touristinformation dominiert auf der linken Seite die romanische 5 **Kirche Saints-Pierre-et-Paul** aus dem 12. Jahrhundert mit reichem Figurenschmuck. Es ist ein schöner Bau in klarer Gliederung aus gelbem Vogesensandstein, üppig geschmückten und verzierten Chorfenstern und Fassaden. Eine Besonderheit ist die Orgel, die 1733 von André Silbermann erbaut wurde. Interessant ist auch das mittelalterliche Spottbild »Jude mit Geldbörse« auf dem Dach der Kirche. Die Kirche ist ein Hauptwerk an der elsässischen romanischen Straße.

Zum Parkplatz am Löwentor

Geradeaus gehen wir durch das rote Torhaus und wandern gleich links die Rue du Lion und dann die Rue Braun hoch, gehen durch das Löwentor und stehen nach links gewandt wieder vor dem Parkplatz am E **Löwentor**.

Leckereien am Weg

Seit dem Jahr 1602 führt die Familie Rohmer bereits in der sechzehnten Generation die Boulangerie und Pâtisserie Rohmer in der Rosheimer Rue du Géneral de Gaulle, gegenüber der romanischen Kirche Saints-Pierre-et-Paul. Es ist die älteste Bäckerei Frankreichs, worüber der Türsturz und alte Dokumente Auskunft geben. Im Laden werden traditionelle Backwaren, fantastische Kuchen, Pralinen und Feinkost stilvoll angeboten. Berühmte Spezialität ist der Ropfkuche. Wie wäre es nach der Wanderung mit einer Tasse Kaffee und leckerem Kuchen?
In der Fromagerie Siffert Frères an der Route de Rosenwiller 35 (D 435) gibt es deftigen Munsterkäse aus den Vogesen und andere leckere Milchprodukte auch im Einzelverkauf.

16

Von Obernai nach Bœrsch

Herrliche Orte und große Weine

Leicht · 3:20 Std. · 200 Hm · 11,4 km

Besonderer Genuss: Aussicht

Tourencharakter
Leichte, vorwiegend sonnige Tour, größtenteils auf befestigten Wegen durch Weinberge und Wiesen. Im Ortsgebiet auf Straßen

Ausgangs-/Endpunkt
Parkplatz Parking de l'Altau in Obernai
GPS N48°27'44.5" E07°28'25.1"

Anfahrt
Auto Auf der A35 bis Ausfahrt 11 Obernai und auf der D426 nach Obernai
Bahn Von Straßburg oder Sélestat nach Obernai (www.fluo.eu)

Gehzeiten
Parking de l'Altau – Schwimmbad 0:10 Std. – Domaine de la Léonardsau 0:55 Std. – Place de L'hôtel de ville 0:20 Std. – Wasserbehälter 0:55 Std. – Mémorial National 0:20 Std. – Place du Marché 0:25 Std. – Parking de l'Altau 0:15 Std.

Einkehr in Obernai
Restaurant la Halle aux Blés, Place du Marché, Tel. 0033/(0)3/88 95 56 09, www.halleauxbles.com
Restaurant La Dime, Rue des Pèlerins 5, Tel. 0033/(0)3/88 95 54 02, www.ladime-obernai.fr

Karten
Club Vosgien/IGN, Blatt 4/8, 1:50 000

Touristinformation
Place Beffroi, F-67210 Obernai, Tel. 0033/(0)3/88 95 64 13, www.tourisme-obernai.fr

Hinweis
Donnerstag ist in Obernai Markttag.

Vom bezaubernden Weinort Obernai führt diese Tour auf romantischen Wegen, an dem Flüsschen Ehn entlang, in das authentische Bœrsch. Der Rückweg leitet über die Weinlage Schenkenberg, von der sich die schönste Aussicht über Obernai zeigt.

Zum Schwimmbad Vom Parkplatz Ⓐ **Parking de l'Altau** gehen wir am Ende des Platzes den Treppenweg in den Park hinunter zum Flüsschen Ehn und folgen ihm nach links flussaufwärts. Auf der anderen Seite der Ehn verläuft der Sentier de l'Ehn mit der Markierung rot-weiß-rotes Rechteck, zu dem wir über einen Steg an einem Spielplatz hinüberkommen. Kurz danach kommen wir am ❶ **Schwimmbad** vorbei.

Zur Domaine de la Léonardsau Nach dem Schwimmbad wechseln wir wieder auf die andere Seite der Ehn. Der romantische Weg durch den Auwald, an der plätschernden Ehn entlang, wechselt

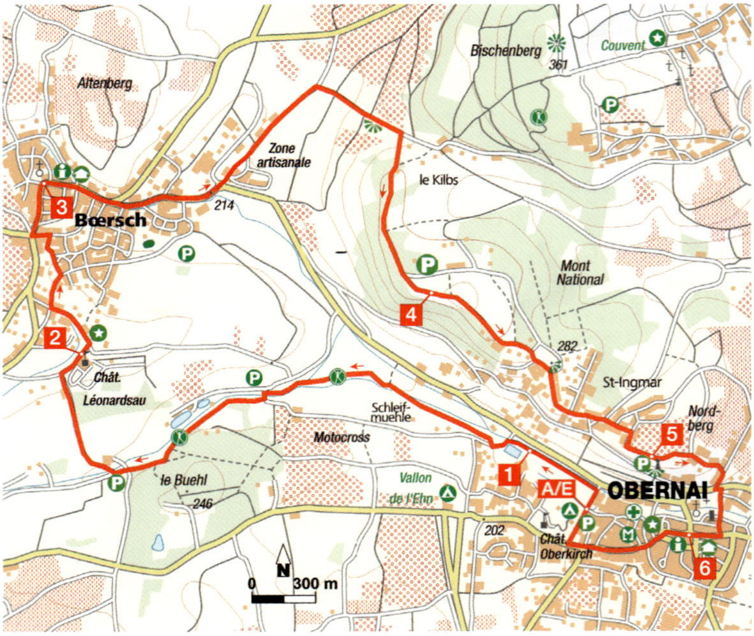

immer wieder die Seite, aber wir bleiben an allen Abzweigen immer nah an der Ehn. Zwei Kilometer nach dem Schwimmbad öffnet sich an einem Waldparkplatz die Sicht auf den Mont Sainte-Odile. Auf dem Asphaltsträßchen wandern wir geradeaus und gehen erst nach einem rechts stehenden Gehöft rechts über das Flüsschen und dann über Wiesen auf ein Wäldchen zu. Nach dem Waldrand gehen wir am Zaun entlang, danach nach rechts und dann auf der Rue de Dietrich rechts zum Park der **2 Domaine de la Léonardsau**, der besichtigt werden kann. Das Anwesen wurde 1900 bis 1930 vom Baron de Dietrich in verschiedenen Baustilen erbaut. Die Parkanlage zeigt sich vielseitig als englischer, französischer, italienischer und japanischer Garten.

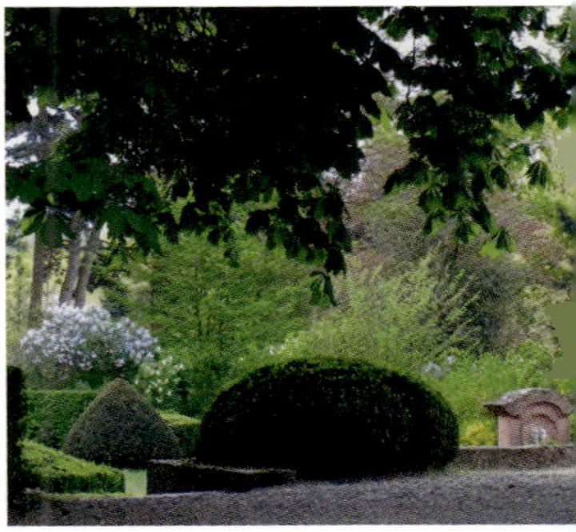

In der Parkanlage der Domaine de la Léonardsau

Zum Place de L'hôtel de ville in Bœrsch Vor dem Eingang des Parks laufen wir auf der Rue de Dietrich zurück und geradeaus weiter. Dann biegen wir rechts in die Rue des Muguets ein. An der Straßengabelung nehmen wir die linke Rue des Lilas, bleiben an der nächsten Gabel wieder links und gehen in die Rue des Pigeons. An der Rue du Moulin müssen wir links, wandern dann auf der D 35 nach rechts und kommen gleich durch das mit dem Bild des Saint-Médarde geschmückte schöne Obertor des reizenden Städtchens Bœrsch. 1340 wurde Bœrsch zur

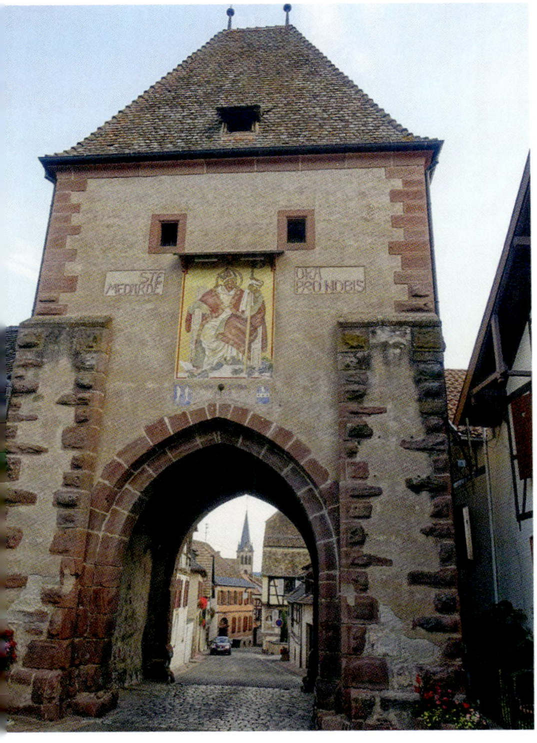

Links: Am Obertor in Bœrsch

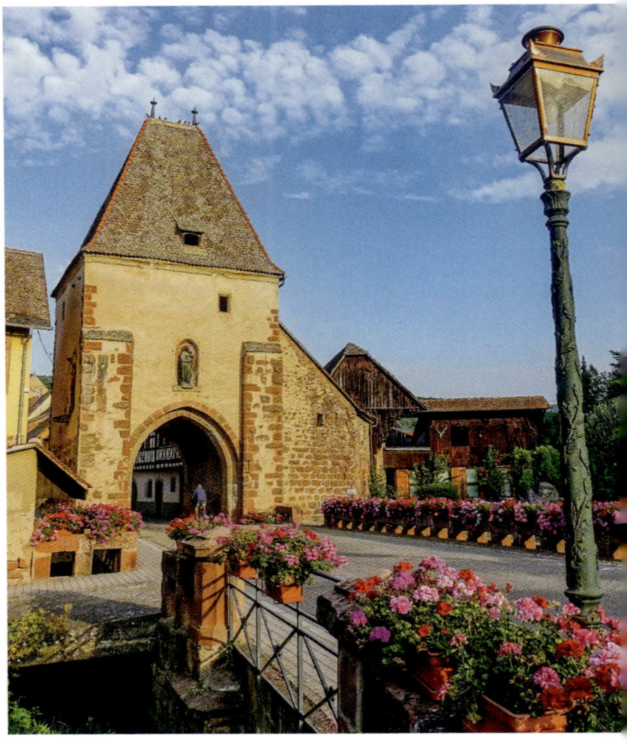

Rechts: Das blumengeschmückte Niedertor in Bœrsch

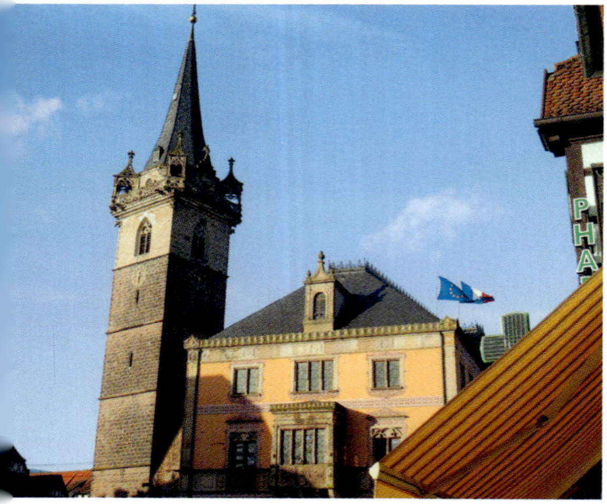

Stadt erhoben und die Stadtbefestigung errichtet. Vom Tor geradeaus weiter auf der Rue Monseigneur Médard Barth kommen wir zum 3 Place de L'hôtel de ville. Vor dem Rathaus, einem schönen Renaissancebau aus dem Jahr 1572 mit Treppentürmchen und Winkelerker, steht der beachtenswerte Sechs-Eimer-Brunnen von 1617.

Zum Wasserbehälter Vom Rathaus schlendern wir rechts die Rue Monseigneur Médard Barth hinab durch das Niedertor in Richtung Obernai. Weiter geht es geradeaus über einen Kreisverkehr auf der Route d'Obernai (D322), nun mit der Markierung gelbes Dreieck und nach 300 Metern zum Kreisverkehr Rond Point de Chatel, über den wir geradeaus in die Sackgasse Chemin Gutgesetzweg gehen. Auf der Rue du Furstweg setzt sich unser Weg geradeaus fort, der nach dem Wohngebiet zu einem Kiesweg wird. 200 Meter nach dem letzten Haus biegen wir rechts auf dem Chemin du Kilbs Richtung Obernai ab, um nun dem blauen Punkt und dem gelben Dreieck zu folgen. Am Übergang zur Asphaltstraße und 10 Meter vor dem ersten Haus in Kilbs gehen wir auf dem kleinen Weg nach rechts Richtung Obernai par Mont National mit dem blauen Punkt in den Wald hinein. Nach 50 Metern steigen wir links die Treppe hinauf und wandern auf dem Pfad immer geradeaus weiter. An einer Weggabel ist die Entscheidung egal, weil sich die Wege wieder vereinen. An einer Gabelung mit einer Bank gehen wir weiter geradeaus über die große Wiese und kommen zu einem Parkplatz am 4 Wasserbehälter.

Hinter dem Hôtel de ville in Obernai steht der gotische Kapellturm.

Der beachtenswerte Sechs-Eimer-Brunnen in Bœrsch

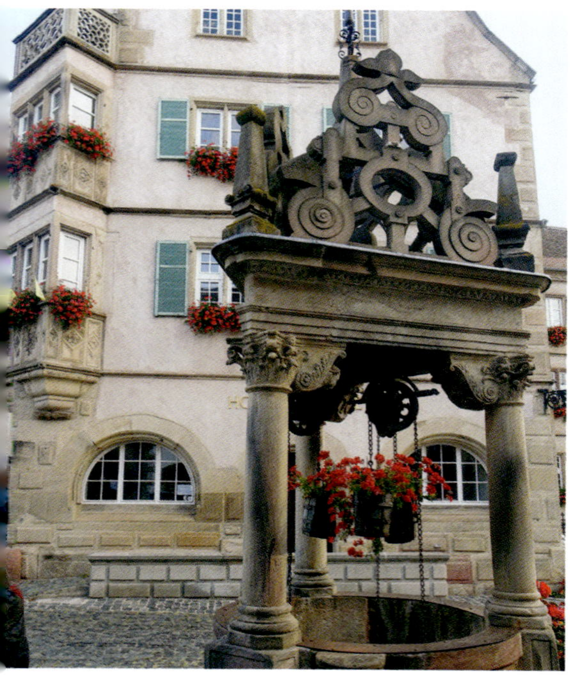

Zum Mémorial National Die abwärtsführende Straße ist die Rue Haute Corniche und geht weiter unten geradeaus in die Allée du Mémorial über. Am 5 Mémorial National besteht eine tolle Aussicht über die Weinberge und Obernai.

Zum Place du Marché in Obernai An der nächsten Kreuzung laufen wir rechts auf dem Chemin des Acacias und auf der Rue de la Montagne hinunter. Unten gehen wir vor dem Friedhof links und nach 30 Metern rechts auf der Rue du Cimetière in die Stadt hinab bis zur Rue du Général Gouraud (D109). Nach rechts kommen wir an den 6 **Place du Marché**. Am östlichen Ende des Platzes dominiert die Halle aux Blés (Weizenhalle) mit Glockentürmchen, die 1554 im Stil der Renaissance mit gotischen Elementen erbaut wurde. Die steinernen Rinderköpfe erinnern an den ursprünglichen Zweck des Gebäudes als Schlachthaus. Gegenüber steht das Hôtel de ville, das auf das 14. Jahrhundert zurückgeht, aber im 19. Jahrhundert im Stil der Neorenaissance erweitert wurde. Dahinter erhebt sich der fast 60 Meter hohe gotische Kapellturm aus dem 16. Jahrhundert, Rest einer früheren Kirche. Hinter dem Rathaus ist die Touristinformation.

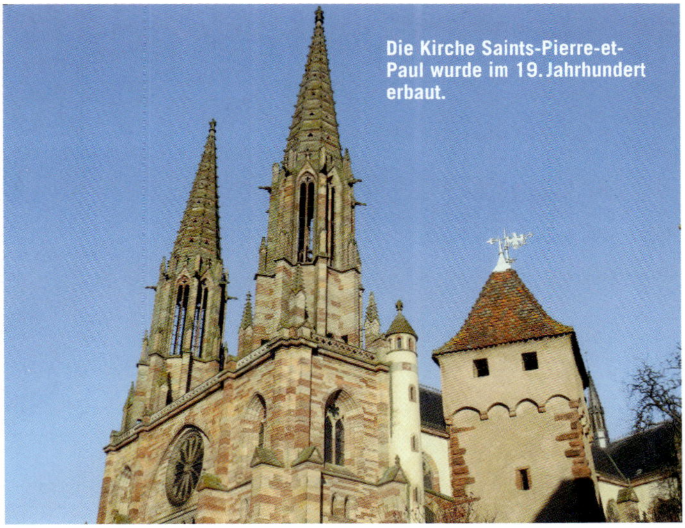

Die Kirche Saints-Pierre-et-Paul wurde im 19. Jahrhundert erbaut.

Zum Parkplatz Parking de l'Altau Wir bleiben in westliche Richtung auf der Rue du Général Gouraud. An der Ecke der Rue du Chanoine Gyss steht ein Renaissanceprunkstück, der Sechs-Eimer-Brunnen mit korinthischen Säulen von 1579. In dieser Straße steht die Kirche Saints-Pierre-et-Paul, in deren Inneren sehr schöne mittelalterliche Altäre und Schnitzfiguren sind.

Weiter in der Rue du Général Gouraud treffen wir auf den romantischen Place de l'Étoile. Im Sommer entzückt das historische Karussell am Platz die Kinder. Immer geradeaus wird die Straße zur Route d'Ottrott und führt genau zum Kreisverkehr vor dem Parkplatz E **Parking de l'Altau** zurück.

Genusspanorama über der Stadt

Das **Mémorial National** mit dem weithin sichtbaren weißen Kreuz wurde zur Erinnerung an die im Zweiten Weltkrieg zwangsweise in die deutsche Wehrmacht verpflichteten Elsässer aus Obernai errichtet. Hier besteht eine großartige Aussicht über die ganze Stadt, die Rheinebene und zum Mont Sainte-Odile. Das Häusermeer der Fachwerkgebäude von der Romanik bis zur Renaissance machen Obernai zu einem beliebten Touristenort. Deutlich ist die Nordseite der Stadtmauer zu sehen, auf der die Stadt umrundet werden kann. Der Tour d'enceinte, ein Verteidigungsturm hebt sich aus der Mauer heraus. Die doppeltürmige Kirche Saints-Pierre-et-Paul wurde erst 1872 errichtet und ist eine der größten neugotischen Kirchen im Elsass. Rechts von der Kirche erhebt sich der fast 60 Meter hohe gotische Kapellturm aus dem 16. Jahrhundert. Er gehörte früher zu einer Kirche. Obernai wurde an der Kreuzung alter Römerstraßen 778 unter dem Namen Ehinheim erstmals erwähnt und soll eine Gründung des Merowingers Eticho sein.

17

Heiliger Mont Sainte-Odile

Stille Wege um den stark besuchten Berg

Mittel | 3:00 Std. | 320 Hm | 8,8 km

Besonderer Genuss: Kultur am Wegrand

Tourencharakter
Mittelschwere, vorwiegend schattige Tour, größtenteils auf Naturwegen und felsigen Steigen durch Wälder mit deutlichen Steigungen

Ausgangs-/Endpunkt
Kloster Sainte-Odile
GPS N48°25'56.6" E07°24'00.4"

Anfahrt
Auto Auf der A 35 bis Ausfahrt 13 Epfig und auf der D 5 und D 854 zum Mont Sainte-Odile
Bus Mit der Linie 257 von Straßburg oder Obernai (www.fluo.eu)

Gehzeiten
Abbaye Mont Sainte-Odile – Source Sainte-Odile 0:10 Std. – Chapelle Saint-Jacques 0:40 Std. – Château du Landsberg 0:40 Std. – Kiosque Jadelot 0:40 Std. – Rocher du Wachtstein 0:10 Std. – Rocher du Panorama 0:20 Std. – Abbaye Mont Sainte-Odile 0:20 Std.

Einkehr
Les Restaurants du Mont Sainte-Odile und Self-service im Salle des pèlerins, Mont Sainte-Odile, F-67530 Ottrott, Tel. 0033/(0)3/88 95 80 53, www.mont-sainte-odile.com

Karten
Club Vosgien/IGN, Blatt 4/8, 1:50 000

Touristinformation
Place Beffroi, F-67210 Obernai, Tel. 0033/(0)3/88 95 64 13, www.tourisme-obernai.fr

Hinweis
Bergschuhe und Trittsicherheit erforderlich. Das Wochenende meiden

Mont Sainte-Odile, einst keltischer Kultort und seit prähistorischer Zeit besiedelt, ist heute Kloster und touristischer Hotspot. Der Berg ist umgeben von der mystischen Heidenmauer. Die Wanderung tangiert die interessantesten Sehenswürdigkeiten.

Zur Source Sainte-Odile Die Panoramaterrasse des Klosters Hohenburg auf dem Mont Sainte-Odile bietet einen wunderschönen Blick auf die Elsässische Ebene. Auf das Haupttor der (A) **Abbaye Mont Sainte-Odile** blickend, sehen wir rechts eine Treppe, die abwärtsführt. Aus den sechzehn verschiedenen Wanderwegmarkierungen wählen wir für uns das gelbe Dreieck in Richtung Source Ste.-Odile. Nach der Legende schlug die Heilige Odilia auf den Felsen und die (1) **Source Sainte-Odile** sprang hervor. Das Wasser soll Augenleiden heilen.

Zur Chapelle Saint-Jacques An der Quelle führt der Weg rechts versetzt, jetzt mit der Markierung gelbe Raute, über die Straße und bei einem Waldweg weiter unten links versetzt abwärts. Der

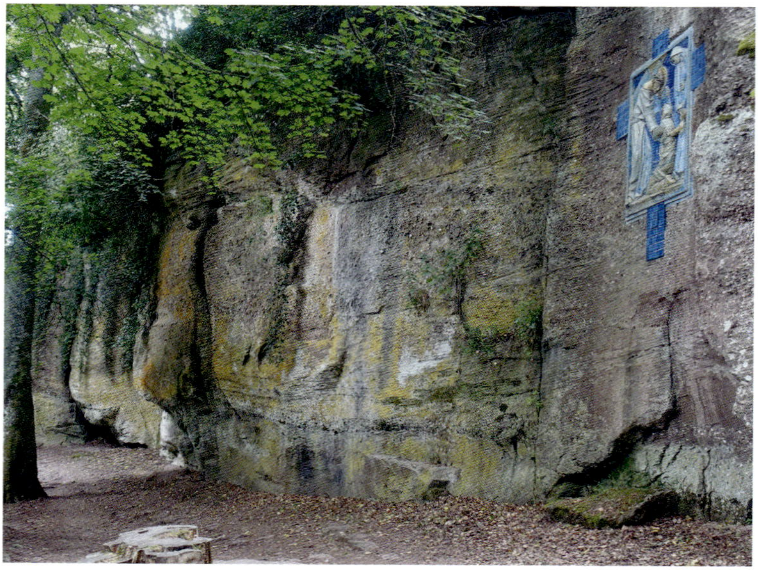

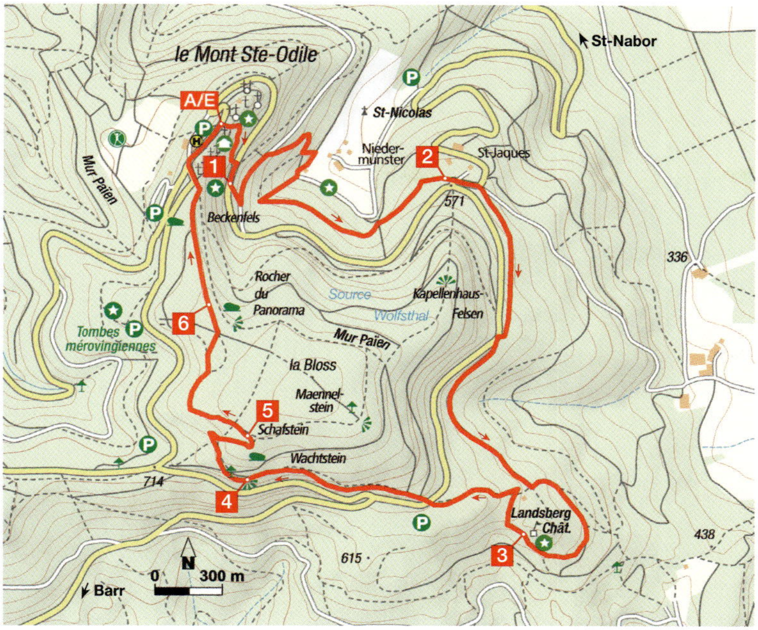

Pfad endet auf einer Forststraße, auf der wir uns rechts an einem Trafohäuschen vorbei in Richtung Niedermunster halten. An einer Weggabelung geht es mit der Markierung gelber Punkt rechts hinauf in Richtung Saint-Jacques.

Aber hier ist auch ein Abstecher von einfach 400 Metern links hinunter zur Abbaye de Niedermunster möglich. Das einstige Benediktinerinnenkloster geht zurück auf ein Krankenhospiz, das die heilige Odilia im Jahr 710 gegründet hatte. Es war bis ins Jahr 1017 von der Abbaye Mont Sainte-Odile abhängig. Als die Kirche und das Abteigebäude 1542 niederbrannten, wurden sie nicht mehr aufgebaut. Heute haben sich nur noch die Ruinen der dreischiffigen Basilika erhalten, die im 12. Jahrhundert erbaut wurde.

In Richtung Saint-Jacques wählen wir an der nächsten Gabelung wieder den rechten Weg. Vor einer großen Ferienanlage zeigt ein Wegweiser nach links zu der Ruine der ❷ **Chapelle Saint-Jacques**, von der aus das Kloster Sainte-Odile zu sehen ist.

Zum Château du Landsberg Vom kurzen Abstecher zurück, gehen wir vor der Ferienanlage auf der D 109 für 100 Meter abwärts, um dann rechts einen kleinen Pfad mit blauem Dreieck Richtung Landsberg einzuschlagen. Schließlich mündet der Weg weiter oben in die D 109, aber schon nach 100 Metern gibt es links einen Waldweg Richtung Château du Landsberg nun mit der Markierung rot-weiß-roter Balken. An Abzweigen vorbei bleiben wir immer auf dem meist ebenen Hauptweg. Nach einem Kilometer

Linke Seite: Unter Felsen auf dem romantischen Chemin de la Croix

Das Château du Landsberg ist nur noch eine Ruine.

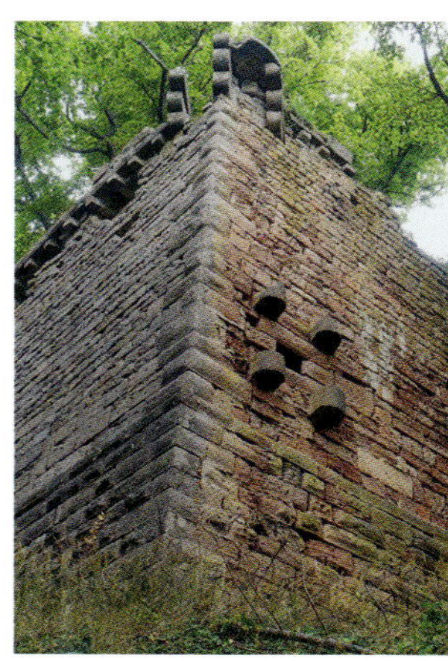

gehen wir nach einem einzelnen Haus rechts und stehen nach 200 Metern vor dem schönen ❸ **Château du Landsberg** aus dem 12. Jahrhundert. Obwohl Ruine, ist die Burg doch als Kunstwerk der Architektur zu erkennen.

Zum Kiosque Jadelot Vom großen Platz unterhalb der Burg gehen wir auf dem Pfad ohne Markierung nach Südwesten weiter und an der nächsten Kreuzung nach dem Burggraben rechts hinauf, sodass wir die Burg und das einzelne Haus schließlich fast umrunden. Kurz vor dem Weg, auf dem wir gekommen sind, steigen wir links den steilen Hohlweg mit der Markierung roter Balken hinauf, der zum Kiosque Jadelot steuert. Der Weg quert die D 109 und es geht weiter aufwärts. Der ❹ **Kiosque Jadelot** besticht durch seinen Balkon mit einer grandiosen Aussicht über das Land, auf das doppeltürmige Château de Haut-Andlau, auf die Spesbourg und die davor stehende Auberge du Hungerplatz.

Zum Rocher du Wachtstein An der Weggabelung nach dem Kiosque Jadelot halten wir uns an den rechten Weg mit der Markierung roter Balken, der uns zum ❺ **Rocher du Wachtstein** bringt, der Teil der 10 Kilometer langen Heidenmauer ist. Die stellenweise bis zu drei Meter hohe und bis zu zwei Meter dicke Trockenmauer besteht aus 300 000 ungleichmäßig geformten Steinblöcken. Die Blöcke waren mit hölzernen Zapfen in Schwalbenschwanzform verbunden, deren Einkerbungen heute noch zu sehen sind. Die Ursprünge der Heidenmauer liegen im Dunkeln und bieten Stoff für zahlreiche Legenden. Wenn sich auch die Archäologen über das genaue Alter der sogenannten Heidenmauer bis heute streiten, ist es auf jeden Fall eines der ältesten Bauwerke Europas. Möglicherweise sollte die Mauer eine keltische Kultstätte schützen.

Zum Rocher du Panorama Am Wachtstein folgen wir der Heidenmauer mit der Markierung rotes Rechteck nach links hinauf

Die Legende der Heiligen Odilia

Odilia, die Tochter des Elsässer Herzogs Eticho, kam in Obernai blind zur Welt. Sie wurde von ihrem Vater verstoßen und in einem Kloster im Burgund versteckt. Am Tag ihrer Taufe erlangte sie durch ein Wunder das Augenlicht. Ihr Bruder Hugo brachte sie nach Hause zurück. Als Eticho sie jedoch mit einem jungen Fürsten verheiraten wollte, flüchtete sie in den Wald. Auf der Flucht öffnete sich zu ihrem Schutz ein Felsen. Eticho zeigte sich von diesem Wunder beeindruckt und gründete für seine Tochter die Abtei Hohenburg, deren erste Äbtissin Odilia wurde.

Das Kloster am Odilienberg ist heute eine Pilgerhochburg, die der Heiligen Odilia, der Schutzpatronin des Elsass, geweiht ist. Im Kloster befinden sich ihr Grab, die Tränenkapelle und die Engelskapelle sowie in einiger Entfernung am Wanderweg die Quelle, der heilende Kräfte zugesprochen werden.

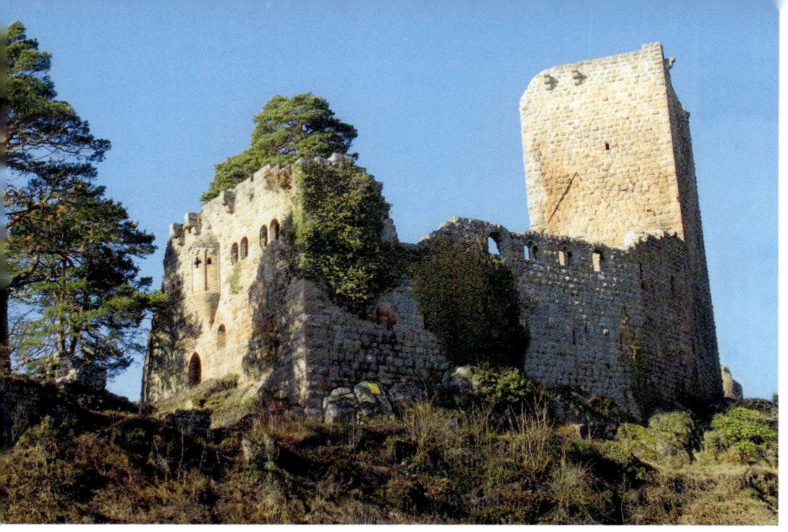

Die architektonische Feinheit am Château du Landsberg ist noch zu sehen.

in Richtung Ste.-Odile. Weiter oben wechseln wir auf den Weg mit der Markierung gelbes X nach links in Richtung Grotte des Druides, die eine natürliche Schichtung von Steinplatten ist. An einer Weggabel verlassen wir die Heidenmauer mit der Markierung gelber Punkt nach rechts in Richtung Ste.-Odile. An einer Kreuzung wandern wir auf dem zweiten Weg nach links und kommen zum 6 **Rocher du Panorama** mit schöner Aussicht.

Zur Abbaye Mont Sainte-Odile Am Panoramafelsen nehmen wir den Steig mit der Markierung gelbes X links hinunter, nun wieder entlang der mystischen Heidenmauer. Am Ende laufen wir auf dem romantischen Chemin de la Croix unterhalb der Felsen weiter und kommen wieder an die Treppe, auf der wir zur E **Abbaye Mont Sainte-Odile** hinaufsteigen.

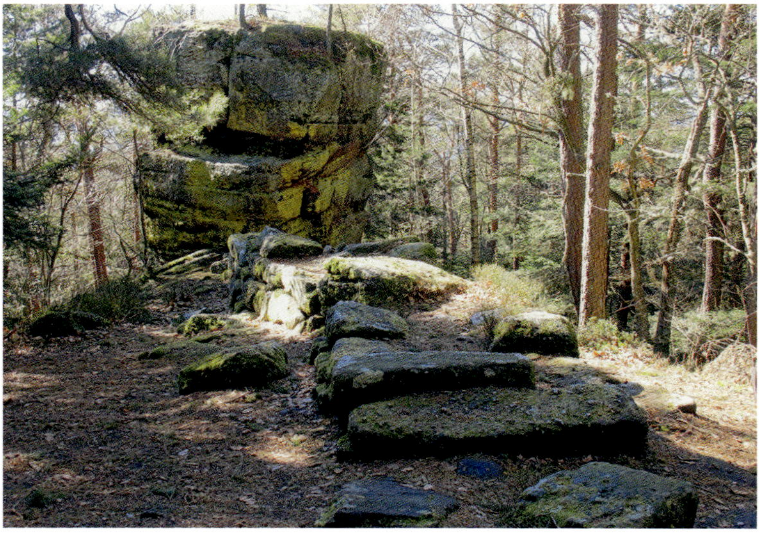

Links: Der Wachtstein war ein Aussichtsfelsen an der Heidenmauer.

Unten: Die Steinblöcke der Heidenmauer waren durch Zapfen verbunden.

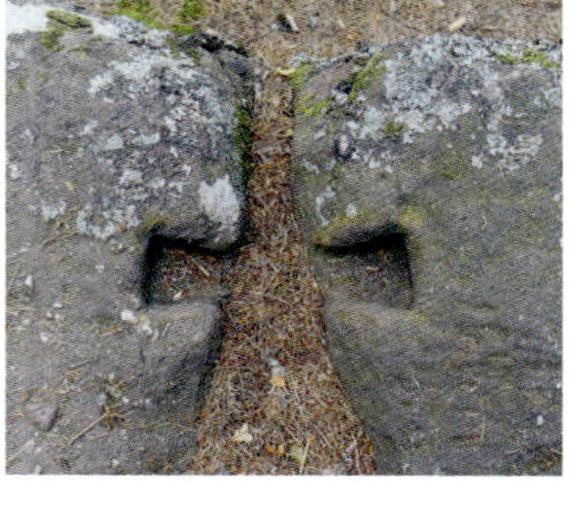

18

Dambach-la-Ville bis Burg Bernstein

Edle Weinlagen und weite Wälder

Leicht | 2:20 Std. | 320 Hm | 6,0 km

Besonderer Genuss: Kultur am Wegrand

Tourencharakter
Leichte, vorwiegend schattige Tour, größtenteils auf Naturwegen mit deutlichen Steigungen durch Weinberge und Wälder. Im Ortsgebiet auf Straßen

Ausgangs-/Endpunkt
Parkplatz Porte de Blienschwiller in Dambach-la-Ville
GPS N48°19'35.7" E07°25'26.4"

Anfahrt
Auto Auf der A35 bis Ausfahrt 15 Ebersheim und auf der D210 nach Dambach-la-Ville
Bahn Von Straßburg oder Sélestat nach Dambach-la-Ville (www.fluo.eu)

Gehzeiten
Porte de Blienschwiller – Chapelle Saint-Sébastien 0:15 Std. – Bibelefelsen 0:20 Std. – Château du Bernstein 0:40 Std. – Wiebach 0:30 Std. – Place du Marché 0:25 Std. – Porte de Blienschwiller 0:10 Std.

Einkehr in Dambach-la-Ville
Restaurant A la vignette, Place du Marché 8, Tel. 0033/(0)3/88924609
Restaurant à L'Arbre Vert, Rue du Général de Gaulle 2, Tel. 0033/(0)3/88924101

Karten
Club Vosgien/IGN, Blatt 4/8, 1:50000

Touristinformation
Place du Marché, F-67650 Dambach-la-Ville, Tel. 0033/(0)3/88926100, www.paysdebarr.fr

Vom authentischen Weinort Dambach-la-Ville führt die Wanderung über die Chapelle Saint-Sébastien steil aufwärts zur Ruine Bernstein mit grandioser Aussicht. Zurück geht es durch ein enges Bachtal in das herrliche Dambach-la-Ville.

Zur Chapelle Saint-Sébastien Vom Parkplatz am Ⓐ **Porte de Blienschwiller**, auf dem Störche klappern, beginnt die aussichtsreiche Wanderung in westliche Richtung neben dem gelben Haus. Ein hölzerner Wegweiser und die Markierung gelber Punkt weisen zur auch gleich sichtbaren Chapelle Saint-Sébastien in die Weinberge hinauf. Die ❶ **Chapelle Saint-Sébastien** hat einen romanischen Turm und einen gotischen Chor. Der barocke Hochaltar ist reich verziert und dem Heiligen Sebastien geweiht. Die Kirche hat durch die verschiedenen Baustile eine besondere Ausstrahlung. Es ist die Pfarrkirche des verschwundenen Dorfs Oberkirch aus dem 12. Jahrhundert. Die Einwohner

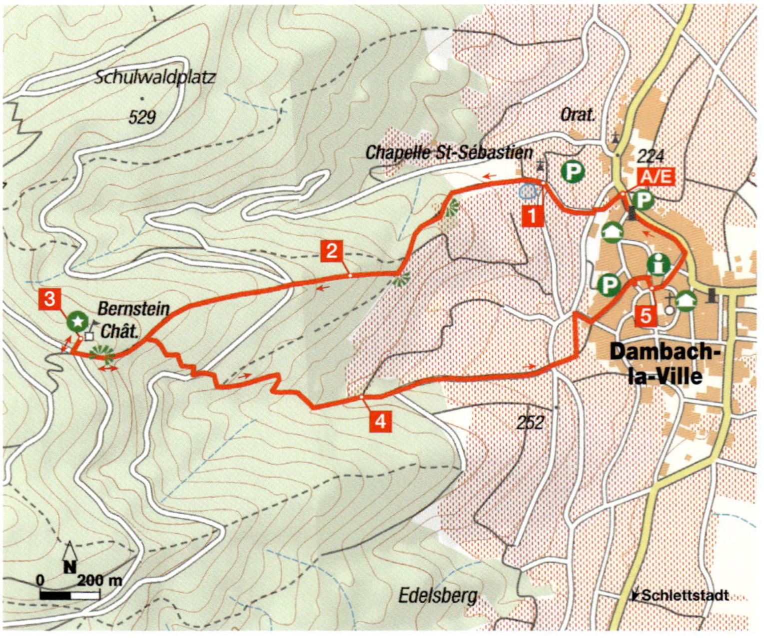

haben sich einst wegen der vielen Überfälle und Kriege im befestigten Dambach-la-Ville niedergelassen. Auf der Rückseite der Kirche befindet sich ein offenes Beinhaus.

Zum Bibelefelsen An der Kirche vorbei steigen wir mit der Markierung blauer Punkt in Richtung Bernstein neben dem großen Weinberg der Grand-Cru-Lage Frankstein höher. Glücklicherweise führt der steile Aufstieg meist durch erfrischend schattigen Mischwald. An einem wunderbaren Aussichtsplatz mit Bänken genießen wir die schöne Aussicht über Dambach-la-Ville. Etwas weiter oben stoßen wir im Wald auf den imposanten 2 **Bibelefelsen** aus Granit.

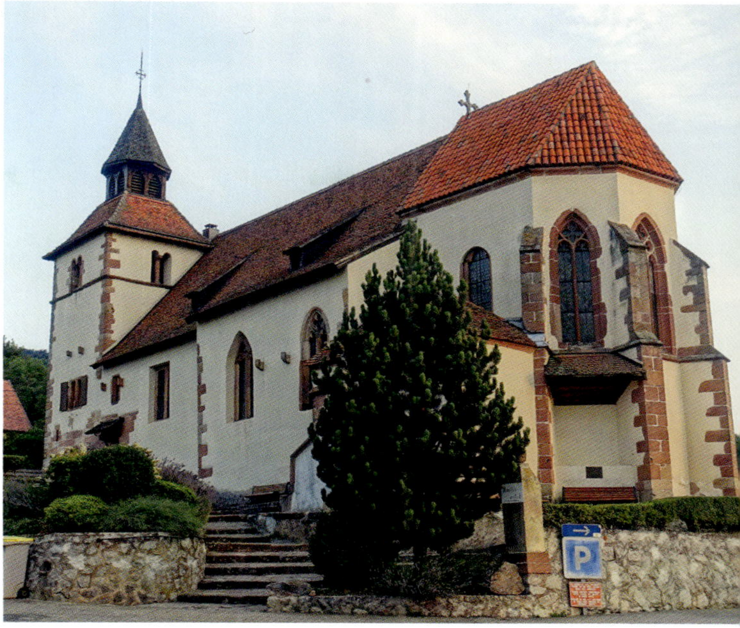

Die Chapelle Saint-Sébastien in den Weinbergen über Dambach-la-Ville

Zum Château du Bernstein An einer Weggabelung wählen wir die rechte Spur. Blaue Markierungspunkte begleiten uns weiter aufwärts durch den Wald, in dem auch Eiben und nordamerikanische Weymouthskiefern stehen. Durch das Blätterwerk grüßt uns schließlich das spätromanische Gemäuer des 3 **Château du Bernstein**. Der Name stammt gemäß einer Sage von Bärenstein und nicht von der Bezeichnung für den Schmuckstein aus Baumharz. Ein Kind soll damals im Wald einen Bären gesehen haben. Die Burg, um 1009 erstmals schriftlich erwähnt, zählt zu den ältesten Burganlagen im Elsass. Die heutigen Granitmauern stammen jedoch aus dem frühen 13. Jahrhundert. Burg Bernstein wurde auf einem strategisch günstigen

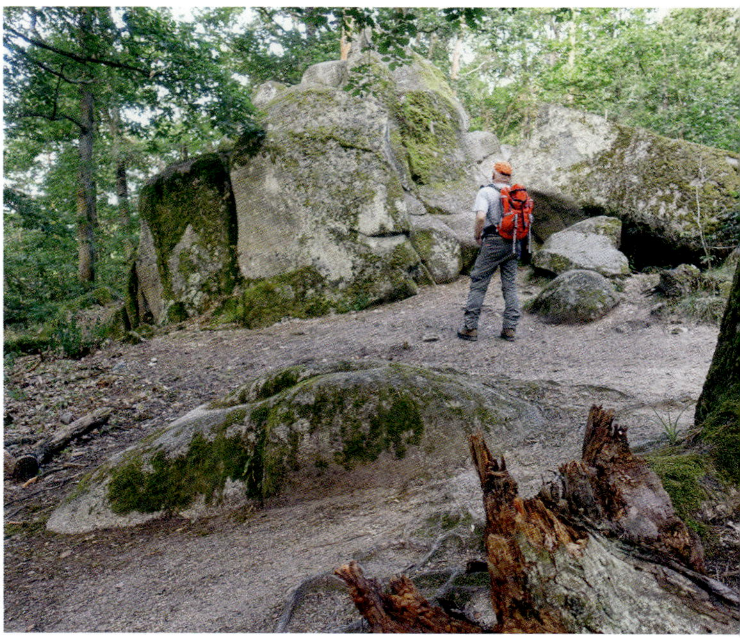

Am Bibelefelsen im Wald über Dambach-la-Ville

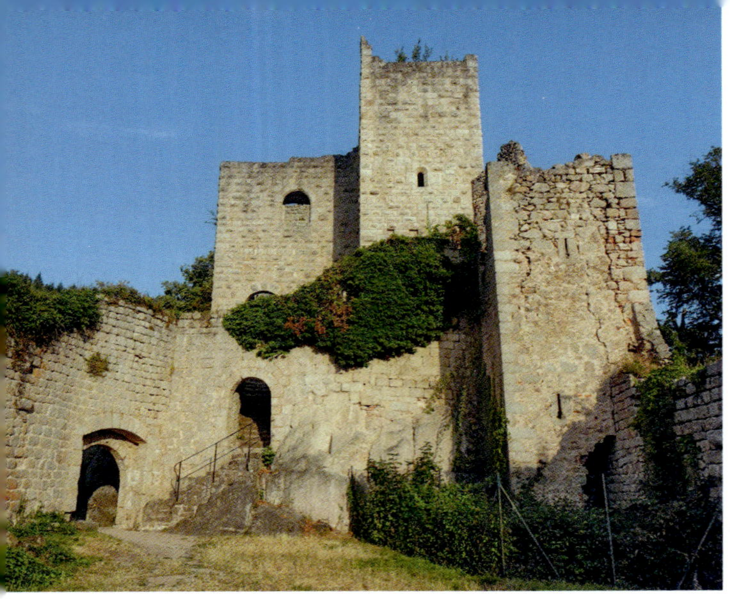

Granitfelsen erbaut. Es gibt eine Oberburg mit einem fünfeckigen Bergfried, der bestiegen werden kann. An den zweigeschossigen Palas schließt östlich der romanische Kapellenturm an, der im Obergeschoss eine Burgkapelle enthielt. Die Unterburg liegt auf dem östlichen Teil des Felsens. Dann gibt es da noch den erst im 15. Jahrhundert errichteten Torturm mit Schießscharten. Die erste urkundliche Erwähnung geht auf Hugo IV. von Egisheim zurück. Der Graf ließ seine Frau Heilwig von Dagsburg auf Burg Bernstein wohnen, um diese vor Angriffen zu bewahren. Heilwig war die Mutter von Papst Leo IX., der als Bruno von Egisheim-Dagsburg geboren wurde. Die Burg war von 1144 bis 1225 in Besitz derer von Egisheim-Dagsburg. Die ursprüngliche Anlage wurde Ende des 12. Jahrhunderts zerstört, später aber von den Grafen von Egisheim in ihrer heutigen Form wiederaufgebaut. Die Anlage wurde im Dreißigjährigen Krieg geplündert und zur Zeit der französischen Revolution endgültig zerstört.

Zum Wiebach Der Abstieg beginnt vorerst auf dem Weg des Aufstiegs, der neben der Markierung blauer Punkt auch das gelbe Kreuz in Richtung Wiebach aufweist. Beachtenswert sind die mächtigen nordamerikanischen Douglastannen nahe der Burg, erkennbar an der sehr grobrissigen Rinde und an den Nadeln, die nach Zitrusfrüchten riechen. 250 Meter nach der Burg gehen wir an der Gabelung rechts hinunter. Der Weg windet sich in vielen Serpentinen abwärts und quert dabei einen

Dambach-la-Ville und seine Weine

Der Marktplatz in der ehemaligen Bischofsstadt ist sehr harmonisch und idyllisch. Auf dem Stadtbrunnen thront das Symbol der Stadt, ein Bär mit Weinbecher. Die Wasserversorgung von Dambach-la-Ville war schon immer sehr schwierig, den Weinanbau in der Region betraf dies aber nicht. Vom 14. bis 18. Jahrhundert prosperierte Dambach-la-Ville aufgrund seiner guten Weine, die auf den Granitböden wachsen. Die Weinlage Frankstein war schon im 13. Jahrhundert bekannt. In Sachen Wein war Dambach-la-Ville im Mittelalter ein Handelsplatz ersten Ranges. Auch heute noch dehnt sich oberhalb des alten Städtchens mit 470 Hektar der größte Weinberg im Elsass aus. Davon zählen 56 Hektar zur Grand-Cru-Lage Frankstein. Auf ihm wachsen die Sorten Gewürztraminer, Pinot Gris und Riesling (www.alsace-vintage.com/grands-crus-alsace/frankstein.html).

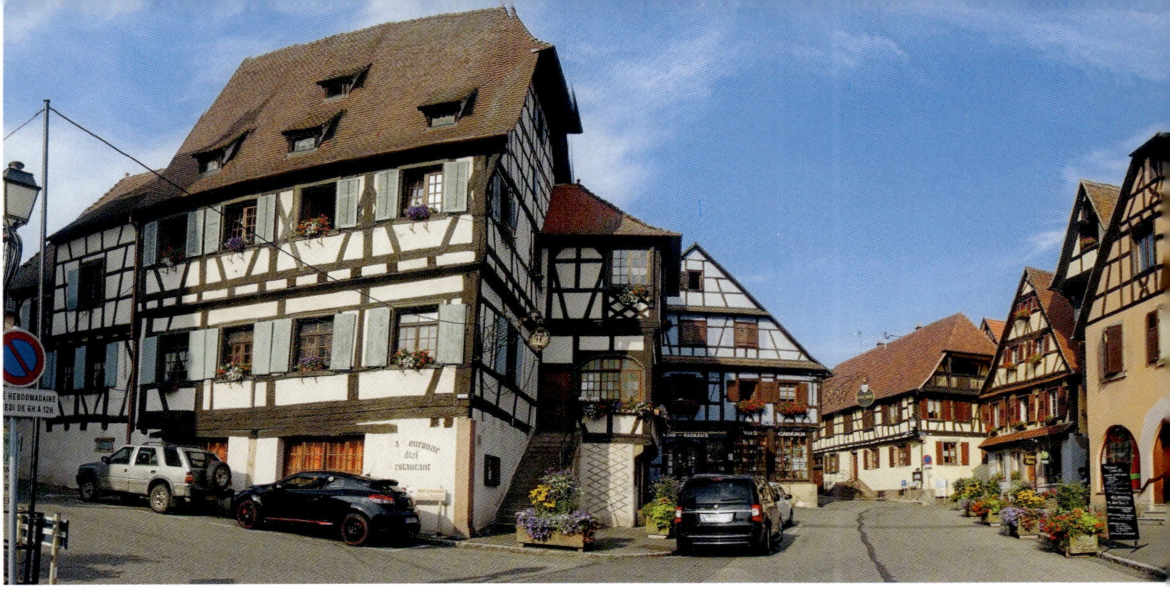

Am Place du Marché in Dambach-la-Ville

breiteren Weg und zwei Forststraßen. Schließlich erreichen wir in der engen Talsohle den 4 **Wiebach**, dem wir nach links folgen. Schon im Mittelalter hinderte die geringe Wasserführung die wirtschaftliche Entwicklung der Stadt Dambach-la-Ville.

Linke Seite: Blick auf Oberburg und Bergfried der Burg Bernstein

Zum Place du Marché An der Kreuzung vor Dambach-la-Ville bleiben wir auf dem Wiesenweg geradeaus und laufen an einem Handhebelbrunnen links der Gartenmauer entlang. Auf der Rue de la Porte Haut gehen wir rechts und gleich links in die enge Rue du Leubuhl. Am Ende der Straße geht es rechts zum 5 **Place du Marché** mit Häusern aus verschiedenen Epochen. Der Marktplatz in der ehemaligen Bischofsstadt wirkt sehr harmonisch. Das idyllische Bild wird hauptsächlich von spätgotischen Erkerhäusern geprägt. Das Rathaus stammt aus der Renaissance. Auf dem Stadtbrunnen sitzt das Symbol der Stadt, ein Bär mit Weinbecher. Ein Spaziergang durch das sehenswerte Dambach-la-Ville mit den drei Stadttoren aus dem 14. Jahrhundert sollte unbedingt eingeplant werden.

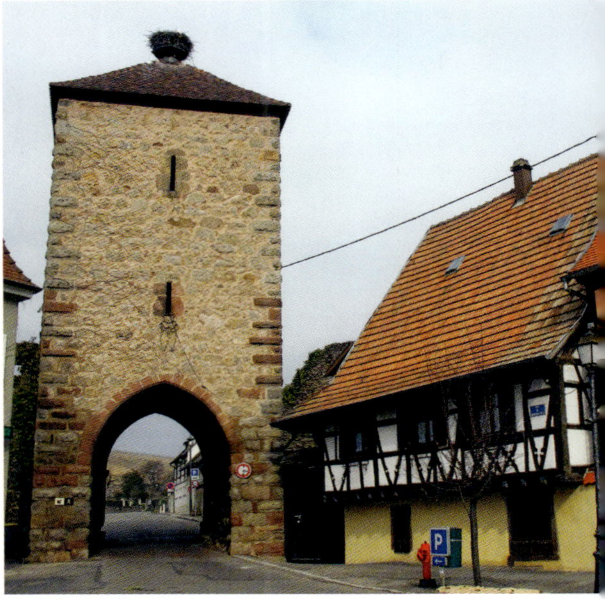

Am Blienschwiller Tor in Dambach-la-Ville beginnt und endet die Wanderung.

Zum Porte de Blienschwiller Am unteren Ende des Marktplatzes wandern wir halb links in die Rue des Ours und geradeaus weiter in der Rue du Général Braun. Am Ende der Straße müssen wir auf der Rue du Maréchal Foch links und kommen zum E **Porte de Blienschwiller** zurück.

19 Auf den Panoramaberg Climont

Sandsteingipfel mit Fernsicht

Mittel | 2:20 Std. | 360 Hm | 6,8 km

Besonderer Genuss: Einkehr

Tourencharakter
Mittelschwere, vorwiegend schattige Tour, größtenteils auf Naturwegen mit deutlichen Steigungen durch Wälder. Die felsigen Pfade erfordern Bergschuhe und Trittsicherheit.

Ausgangs-/Endpunkt
Parkstreifen an der D214 nördlich des Dorfs Le Climont GPS N48°20'26.8" E07°11'17.9"

Anfahrt
Auto Auf der A35 bis Ausfahrt 13 Epfig und auf der D62, D425, D35, D253 und D203 nach Westen über Villé und auf der D424, D50 und D214 bis Le Climont

Gehzeiten
Parkstreifen an der D214 – Juliusturm 0:55 Std. – D214 0:55 Std. – Ferme Auberge des Cimes 0:25 Std. – Parkstreifen an der D214 0:05 Std.

Einkehr
Ferme Auberge des Cimes, Route des Crêtes 11, F-67220 Urbeis, Tel. 0033/(0)3/88 57 36 49
Brasserie du Centre, Place du Marché 4, F-67220 Villé, Tel. 0033/(0)3/88 57 11 96
Salon de Thé Pâtisserie Pfister, Place Charles de Gaulle 9, F-67220 Villé, Tel. 0033/(0)3/88 57 17 56, www.patisserie-restaurant-pfister.fr

Karten
Club Vosgien/IGN, Blatt 4/8, 1:50 000

Touristinformation
Place du Marché 14, F- 67220 Villé, Tel. 0033/(0)3/88 57 11 69, www.tourisme-valdeville.fr

Für die schattige Wanderung auf den fast 1000 Meter hohen Climont sollte ein Tag mit guter Sicht eingeplant werden, denn oben steht ein Aussichtsturm. Auf dem Rückweg lockt die Ferme Auberge des Cimes.

Zum Juliusturm Direkt an der Kreuzung am Ⓐ **Parkstreifen an der D 214** unter hohen Fichten lotst uns die Markierung gelbes Kreuz in einem alten Hohlweg steil in den Wald aufwärts. Ein Forstweg wird nach rechts versetzt überquert. Einer weiteren Forststraße auf 800 Meter Höhe folgen wir nach links aufwärts. An einer Kreuzung mit einem schmalen Holzlagerplatz nehmen wir den zweiten Weg rechts hinauf, nun auch mit der Markierung rot-weiß-rotes Rechteck. An einer Weggabelung mit Blick auf das Dorf Climont, eine einstige Mennoniten-Siedlung, bleiben wir geradeaus auf dem steinigen Weg aufwärts. An einer T-Kreuzung geht es dann rechts auf einem felsigen Weg, der zugleich das Bett eines Rinnsals ist, bergauf. Der ❶ **Juliusturm** auf dem Gipfel des Climont ermöglicht eine grandiose Rundumsicht. Vom Turm bietet sich ein Blick weit über die bewaldeten Mittelvogesen. Genau im Westen steht rechts des Bruchetals der breite Altenberg. Die Bruche entspringt an den

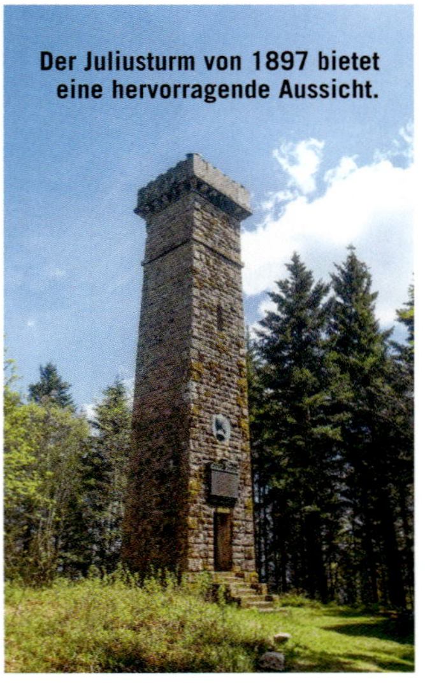
Der Juliusturm von 1897 bietet eine hervorragende Aussicht.

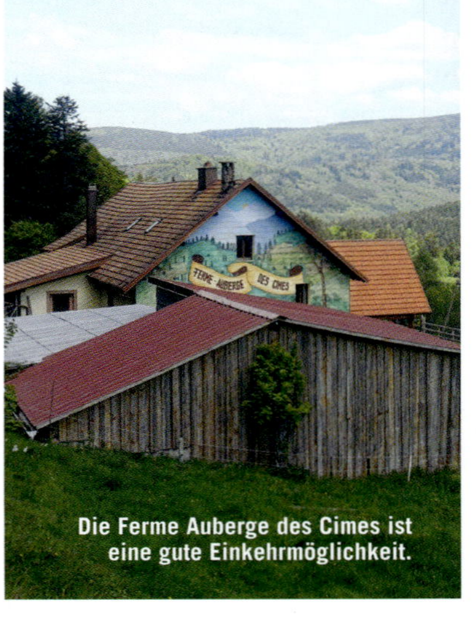

Die Ferme Auberge des Cimes ist eine gute Einkehrmöglichkeit.

westlichen Hängen des Climont und mündet bei Straßburg in die Ill. Im Norden sind der Donon (Tour 13) und rechts daneben der Petit Donon zu sehen. In Richtung Nordnordost liegt Ranrupt in den Tälern.

Zur D214 Vom Turm gehen wir mit der Markierung gelbes Kreuz auf dem Pfad nach Nordwesten in Richtung L'Évreuil über die Hochebene. Nach dem dichten Wald schauen wir nach Norden hinunter auf die kleine Siedlung La Salcée und rechts davon auf den Col du Steige an dem kleinen See.
Unser felsiger Pfad quert weiter unten zum Teil seitlich versetzt einige Forstwege. Ganz unten endet der Pfad an einer guten Forststraße, der wir nach rechts nun fast eben folgen. Sie endet an der ❷ **D 214**.

Genüsse in der Ferme Auberge

Die Ferme Auberge des Cimes am Fuß des Climont ist eine beliebte Einkehrmöglichkeit für Wanderer und Ausflügler, die den Aufstieg auf den Climont hinter sich haben. Von der Terrasse bietet sich ein schönes Panorama in das obere Tal der Bruche. Im Gastraum und auf der Terrasse werden traditionelle und originelle Gerichte serviert. Die Menüs basieren auf den Produkten des eigenen Biobauernhofs. Es gibt die für die Vogesen typischen *Escargots de viande* (Fleischschnaka) und *Pomme de terre au munster* (Kartoffel mit Munsterkäse überbacken). Schließlich ist der *Siesskass* berühmt, ein Frischkäse der mit Kartoffel oder Brot gegessen wird. Bon appétit!

Zur Ferme Auberge des Cimes Am Rand der Straße kommen wir nach rechts zur Ferme Auberge des Cimes. Nur bei trockenem Wetter kann eine teilweise Umgehung der Straße nach 50 Metern links hinunter mit der Markierung roter Punkt empfohlen werden. Weiter unten im Wald muss in diesem Fall an einer Kreuzung nach rechts abgebogen werden. In jedem Fall ist die ❸ **Ferme Auberge des Cimes** an der D214 eine gute Empfehlung.

Zum Parkstreifen an der D214 Alternativlos geht es nach der Einkehr noch ein kurzes Stück auf der Straße zum Ⓔ **Parkstreifen an der D 214** zurück.

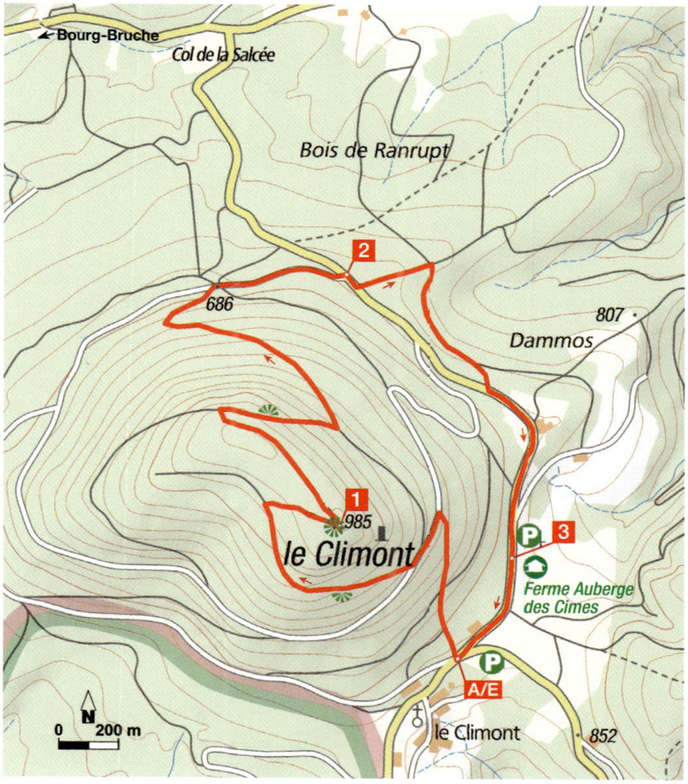

20

Château du Haut-Kœnigsbourg

Auf romantischen Wegen und Pfaden

Leicht | 2:00 Std. | 210 Hm | 5,2 km

Besonderer Genuss: Kultur am Wegrand

Tourencharakter
Leichte, vorwiegend schattige Tour, größtenteils auf Naturwegen mit mittleren Steigungen durch Wälder

Ausgangs-/Endpunkt
Parkplatz am Col du Schaentzel
GPS N48°14'39.5" E07°19'37.6"

Anfahrt
Auto Auf der A35 bis Ausfahrt 18 Saint-Hippolyte und auf der D181 und D42 zum Col du Schaentzel
Bahn Von Straßburg nach Sélestat und mit dem Shuttle-Bus Linie N500 zum Château du Haut-Kœnigsbourg (www.haut-koenigsbourg.fr/de/praktische-tipps/der-haut-koenigsbourg-shuttle-bus/)

Gehzeiten
Parkplatz Col du Schaentzel – Kehre 0:30 Std. – Pavillon du Haut-Kœnigsbourg 0:35 Std. – Château du Haut-Kœnigsbourg 0:15 Std. – Parkplatz an der D159 0:20 Std. – Parkplatz am Col du Schaentzel 0:20 Std.

Einkehr
La taverne du Haut-Kœnigsbourg, F-67600 Orschwiller, Tel. 0033/(0)3/88823780, www.haut-koenigsbourg.fr

Karten
Club Vosgien/IGN, Blatt 4/8, 1:50000

Touristinformation
Route de Sélestat, F-67600 Kintzheim, Tel. 0033/(0)3/88588720, www.selestat-haut-koenigsbourg.com

Hinweis
Das Château du Haut-Kœnigsbourg ist ein touristischer Hotspot. Besser das Wochenende meiden.

Obwohl das Château du Haut-Kœnigsbourg die meistbesuchteste Sehenswürdigkeit im Elsass ist, zeigt diese bequeme Rundwanderung unerwartet romantische Wege zu diesem touristischen Hotspot. Die Burg und der Weg bieten schöne Panoramen.

Zur Kehre Vom Wanderparkplatz am **A Col du Schaentzel** beginnt ein Forstweg mit der Markierung roter Balken zum Ziel Haut-Kœnigsbourg. Nach 300 Metern gehen wir an der Weggabelung links. Nach 100 Metern kommen wir an eine weitere Gabelung und wechseln auf den linken Weg mit der gelben Raute in Richtung Danielsrain abwärts, bis der Weg an einer **1 Kehre** einer größeren Forststraße endet.

Zum Pavillon du Haut-Kœnigsbourg Auf der Forststraße rechts aufwärts steigt der Weg an. An einer Weggabel wandern wir rechts in spitzem Winkel und nach 10 Metern mit der Markierung gel-

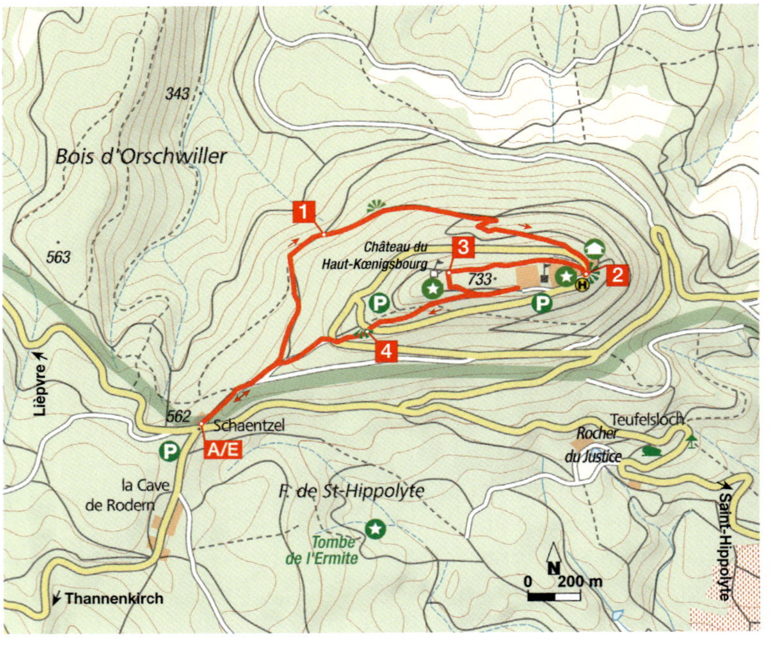

be Raute nach links hinauf. Der Bergpfad endet direkt vor dem ❷ **Pavillon du Haut-Kœnigsbourg**. Der Ausblick hier reicht über die Rheinebene bis zum Kaiserstuhl und Schwarzwald sowie auf mehrere Burgruinen. Bei günstiger Sicht sind im Süden die Berner Alpen zu sehen. Gegenüber dem Kiosk steht die Bastion en Étoile, ein kanonenbestücktes Vorwerk der Haut-Kœnigsbourg. Links der Bastion en Étoile kommt nach 200 Metern der Eingang zur Burg.

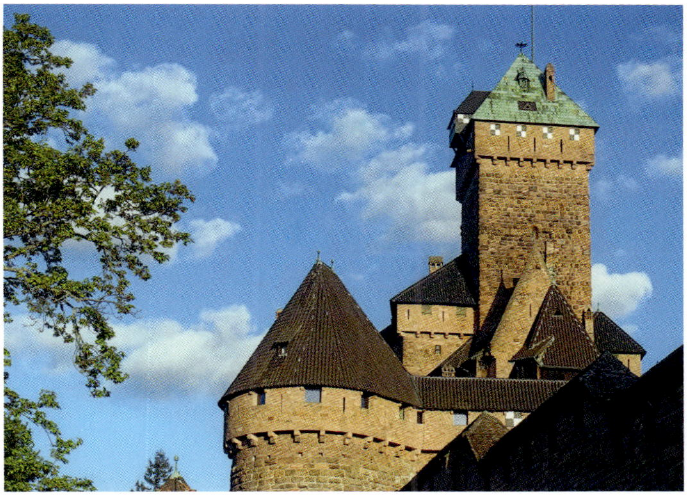

Das Château du Haut-Kœnigsbourg wurde ab 1899 wieder aufgebaut.

Zum Château du Haut-Kœnigsbourg An der Bastion rechts vorbei führt eine Treppe zum Restaurant hinauf. Dort beginnt der romantische Rundweg mit der Markierung roter Ring um die Haut-Kœnigsbourg und um die Ruine des Château de l'Œdenbourg. Vor der Ruine können wir links durch den Graben zum ❸ **Château du Haut-Kœnigsbourg** hinaufgehen.

Zum Parkplatz an der D 159 Auf der anderen Seite des Château de l'Œdenbourg führt eine Treppe mit Geländer hinunter auf den eigentlichen Rundweg mit der Markierung roter Ring, auf dem wir links weiterlaufen. 100 Meter vor der Kasse und dem Eingang der Burg nehmen wir den rechts in spitzem Winkel abwärts verlaufenden Weg. Nach 100 Metern halten wir uns an einer Gabelung rechts und queren weiter unten an einem Parkplatz die ❹ **D 159**.

Zurück zum Parkplatz am Col du Schaentzel Der Pfad gelbe Raute kreuzt wieder die D 159. Zweimal bleiben wir an Gabelungen geradeaus und kommen mit der Markierung roter Balken zum Ⓔ **Col du Schaentzel**.

900 Jahre Burggeschichte

Die von den Hohenstaufen erbaute Burg ist seit dem Jahre 1147 urkundlich bekannt. Gebaut auf einem Felsvorsprung, ist die Burg ein idealer Beobachtungspunkt. Um 1500 wurde sie den Fortschritten der Artillerietechnik angepasst. Dennoch erlitt die Haut-Kœnigsbourg im Dreißigjährigen Krieg starke Beschädigungen. 1899 bekam der deutsche Kaiser Wilhelm II. die Ruine geschenkt. Er ließ die Burg in der heutigen Form als Museum wiederaufbauen. Mit dem spätstaufischen Château de l'Œdenbourg aus dem 12. Jahrhundert bildete die Haut-Kœnigsbourg einst eine Burgengruppe. Das Château de l'Œdenbourg war jedoch bereits im 15. Jahrhundert verödet.

21 Saint-Hippolyte bis Bergheim

Fachwerk und berühmte Weine

Leicht | 3:10 Std. | 120 Hm | 10,3 km

Besonderer Genuss: Kultur am Wegrand

Tourencharakter
Leichte, vorwiegend sonnige Tour, größtenteils auf befestigten Wegen durch Weinberge und Ortsgebiet

Ausgangs-/Endpunkt
Parking Salle des Fêtes in Saint-Hippolyte
GPS N48°13'57.4" E07°21'57.4"

Anfahrt
Auto Auf der A35 zur Ausfahrt 18 St-Hippolyte und auf der D181 nach Saint-Hippolyte
Bus Mit der Linie 109 von Selestat nach Saint-Hippolyte (www.fluo.eu)

Gehzeiten
Parkplatz Salle des Fêtes – Mairie 0:05 Std. – Spielplatz 0:45 Std. – Kirche 0:35 Std. – Obertor Bergheim 0:10 Std. – Spielplatz Rohrschwihr 0:45 Std. – Parkplatz Salle des Fêtes 0:50 Std.

Einkehr
Restaurant au Rouge de Saint-Hippolyte, Route du Vin 36, F-68590 Saint-Hippolyte, Tel. 0033/(0)3/89 73 05 58, www.vins-koeberle-bleger.fr
Winstub l'Altenberg, Place du Dr. Pierre Walter 14, F-68750 Bergheim, Tel. 0033/(0)3/89 73 73 97

Karten
Club Vosgien/IGN, Blatt 4/8, 1:50 000

Touristinformation
Place du Dr. Pierre Walter 1, F-68750 Bergheim, Tel. 0033/(0)3/89 73 31 98, www.ville-bergheim.fr

Aus dem Weindorf Saint-Hippolyte führt der ebene Wanderweg durch ein Rebenmeer in den hübschen, authentischen Weinort Bergheim. Unter den Fachwerkhäusern, Türmen, Toren und auf der alten Stadtmauer wähnen sich Besucher in einer anderen Zeit.

Zur Mairie Vom **A** **Salle des Fêtes** in Saint-Hippolyte starten wir abwärts und gehen an der D 1 bis links zur **1** **Mairie**.

Zum Spielplatz Auf der Route du Vin wandern wir abwärts und am Hotel Aux Ducs de Lorraine rechts in ein Wohngebiet hinab. An der Rue de la Paix müssen wir links und am Ende der Straße rechts in die weiten Rebflächen hinein, in denen der berühmte Saint-Pilter-Rotwein wächst. Wir bleiben entlang einer Stromleitung und queren die D6. An der D63 gehen wir rechts und biegen gleich links in die Rue des Cigognes am **2** **Spielplatz** ein.

Zur Kirche in Bergheim 20 Meter vor einer Rechtskurve wandern wir links hinunter und an der T-Kreuzung rechts. An der Kreuzung vor Bergheim gehen wir auf dem Asphaltsträßchen rechts und nach 120 Metern über einen Steg. Dann laufen wir rechts über

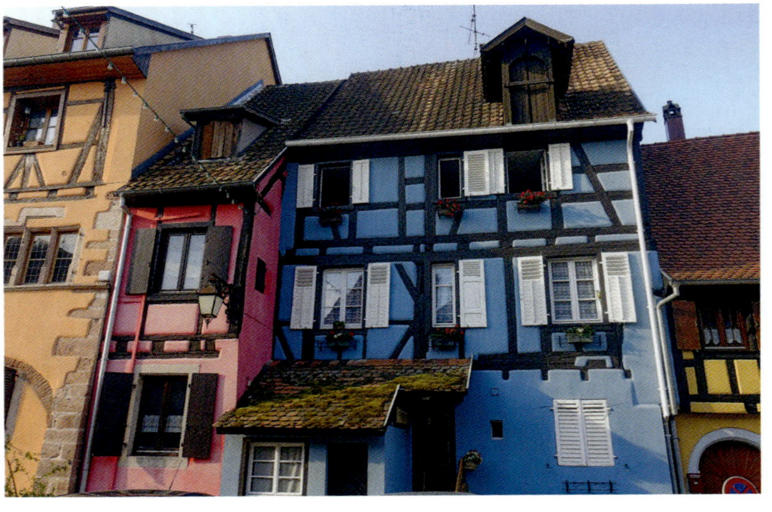

die Wiese mit Spielplatz und vor der Stadtmauer links hinauf zur ❸ Kirche in Bergheim.

Zum Obertor in Bergheim Auf der Grand Rue gehen wir in Bergheim zum Rathaus, danach rechts und gleich links über den schönen Marktplatz. Nun schlendern wir auf das ❹ Obertor zu.

Zum Spielplatz in Rohrschwihr Nach dem Obertor laufen wir rechts in die Rue du Remparts entlang des Stadtgrabens. An einem Wehrturm steigen wir auf die Stadtmauer hinauf. An der Kirche erreichen wir die Grand Rue. Hier gehen wir links und sofort wieder nach links an der Stadtmauer abwärts. Unten geht es am Viereckturm rechts über die Wiese mit dem Spielplatz und auf dem Steg über den Bach. Dann halten wir uns rechts und an der folgenden Kreuzung links. An der T-Kreuzung in den Weinbergen bleiben wir geradeaus und stoßen vor Rohrschwihr rechts auf den ❷ Spielplatz.

Zum Salle des Fêtes Neben der D6.1 müssen wir rechts und nach 100 Metern links durch die Rebflächen. Nach dem Eckenbach wandern wir links mit Blick auf die Haut-Kœnigsbourg weiter. An einer T-Kreuzung geht es rechts und am Beginn des Asphalts geradeaus. Durch das Wohngebiet kommen wir zum Hotel Aux Ducs de Lorraine und gehen dort links. Vor dem Stadtgraben schlendern wir links entlang des Grabens mit der Markierung grüner Ring und kommen zum Ⓔ Salle des Fêtes.

Mittelalterlicher Genuss

Bergheim war bereits zur Römerzeit besiedelt, im Mittelalter freie Stadt der Herrschaft Rappoltstein. Im Jahr 1313 erhielt die Stadt das Recht, Geld zu prägen, Zölle zu erheben und eine Stadtmauer zu errichten. Das »Lack'mi«-Relief am Oberen Stadttor zeigt einen Mann, der seinen Verfolgern sein nacktes Hinterteil zeigt, weil er sich in die Asyl gewährende Stadt retten konnte. Im 16. bis 17. Jahrhundert fanden hier zahlreiche Hexenprozesse statt, denen über vierzig Personen zum Opfer fielen. Das Hexenmuseum in der Rue de l'Église erinnert daran. Die Häuser aus dem 15. bis 17. Jahrhundert bilden heute eine bewohnte und belebte Einheit innerhalb der Mauern.

Hübsche Häuschen am Marktplatz in Bergheim

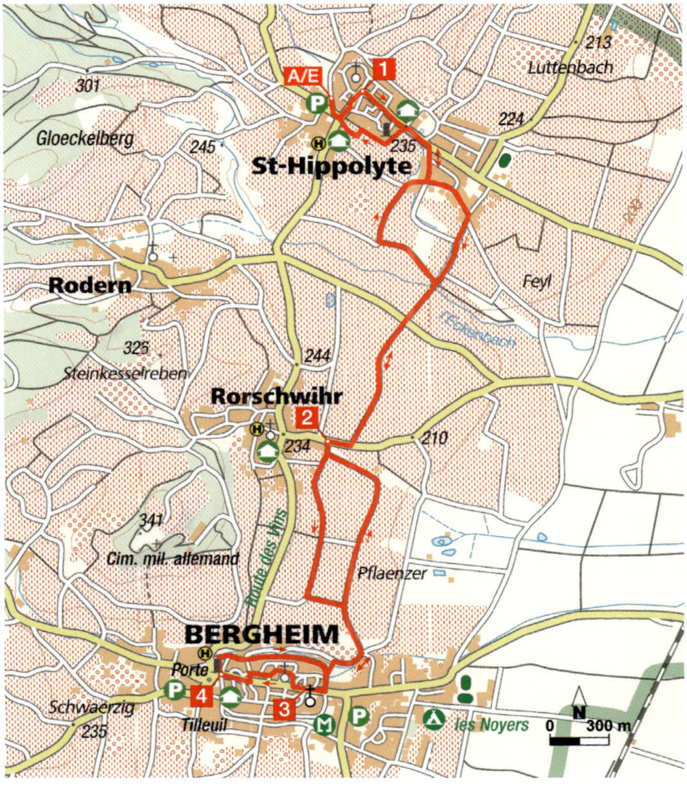

22

Burgen über Ribeauvillé

Im »Bilderbuch-Elsass«

Mittel | 2:50 Std. | 300 Hm | 7,4 km

Besonderer Genuss: Kultur am Wegrand

Tourencharakter
Mittelschwere, vorwiegend sonnige Tour, meist auf Naturwegen mit Steigungen durch Weinberge, Wälder und Ortsgebiet. Der Felsenpfad erfordert Bergschuhe und Trittsicherheit.

Ausgangs-/Endpunkt
Parkplatz Kreuzung D 106, GPS N48°11'32.0" E07°19'30.6"

Anfahrt
Auto Auf der N 83 Ausfahrt 20 Ribeauvillé und auf der D 106 nach Ribeauvillé
Bahn Von Straßburg oder Colmar nach Guémar und **Bus** Linie 106 nach Ribeauvillé (www.fluo.eu)

Gehzeiten
Parkplatz Kreuzung D 106 – Place de la Sinne 0:20 Std. – Kreuzung Sandsteinpflaster 0:15 Std. – Château de Saint-Ulrich 0:55 Std. – Château du Girsberg 0:15 Std. – Kreuzung Sandsteinpflaster 0:35 Std. – Place de la Sinne 0:10 Std. – Parkplatz Kreuzung D 106 0:20 Std.

Einkehr
Restaurant Aux Trois Châteaux, Route de Sainte-Marie aux Mines 2, F-68150 Ribeauville, Tel. 0033/(0)3/89 73 82 22

Karten
Club Vosgien/IGN, Blatt 4/8, 1:50 000

Touristinformation
Grand Rue 1, F-68150 Ribeauvillé, Tel. 0033/(0)3/89 73 23 23, www.ribeauville-riquewihr.com

Hinweis
Ribeauvillé an Wochenenden meiden

Eine der schönsten Wanderungen im Elsass startet in dem pittoresken Weinort Ribeauvillé und tangiert auf romantischen Felsenwegen mit deutlichen Steigungen ansehnliche Burgruinen mit atemberaubenden Aussichten über die Rheinebene.

Zum Place de la Sinne Vom Parkplatz an der **A Kreuzung D 106** in Ribeauvillé starten wir in nordwestliche Richtung über zwei Zebrastreifen am Kreisverkehr. An der Auberge au Cheval Noir betreten wir auf der Grand Rue die Altstadt und kommen auch gleich an der Touristinformation vorbei, in der wir einen Stadtplan bekommen. Das kleine Städtchen Ribeauvillé an der Route des Vins d'Alsace wurde bereits im Jahr 759 urkund-

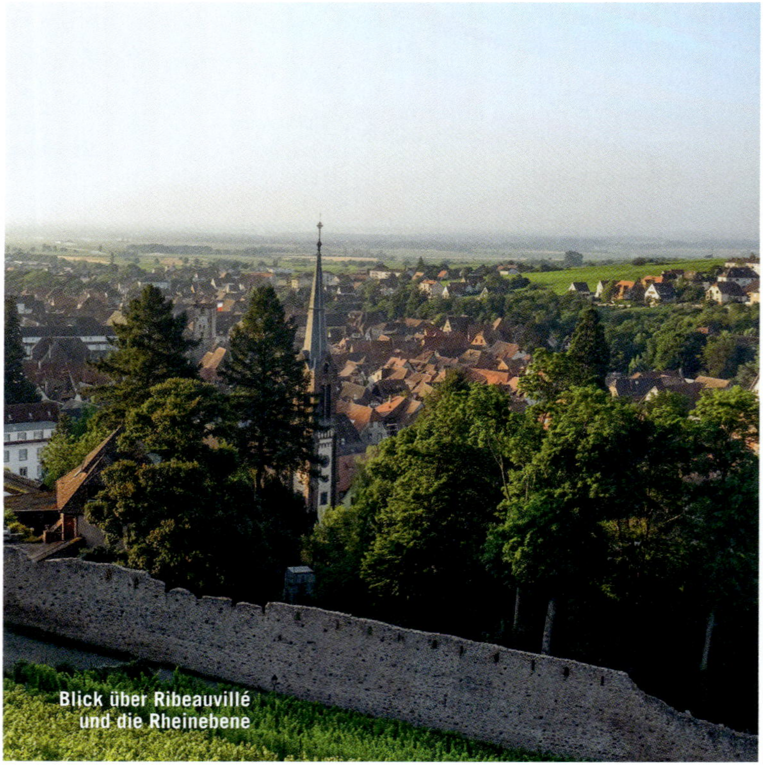
Blick über Ribeauvillé und die Rheinebene

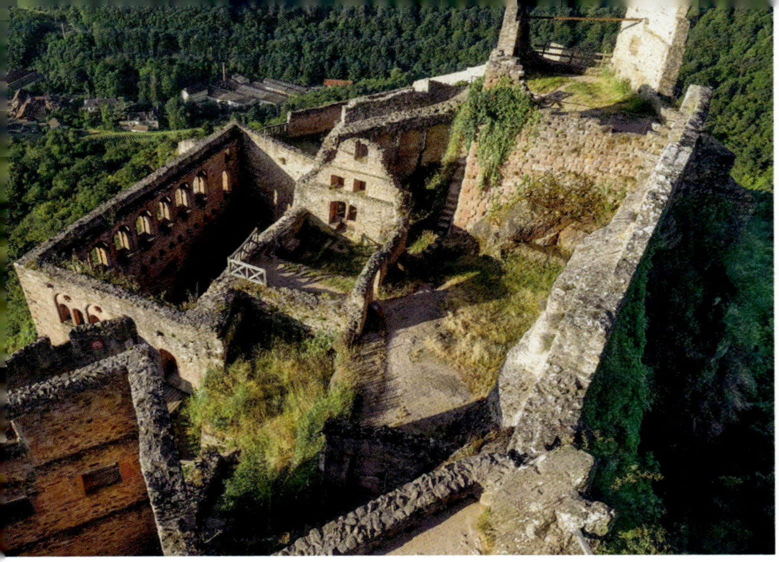

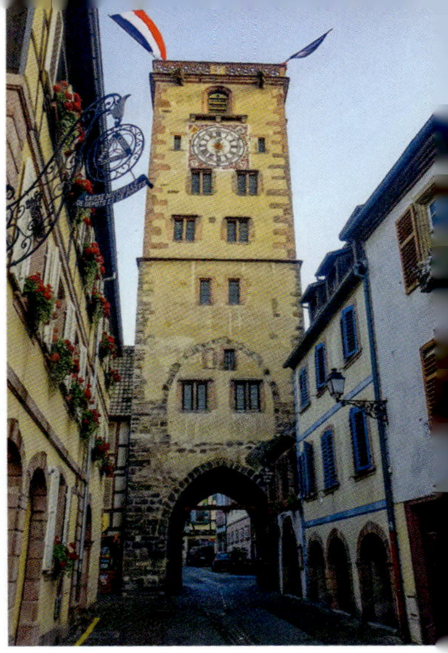

Links: Das Château de Saint-Ulrich ist eine gut erhaltene Burgruine.

Rechts: Im Metzgerturm in Ribeauvillé ist ein Museum untergebracht.

lich erwähnt. Vom 11. bis 17. Jahrhundert hatten die Herren zu Rappoltstein die Herrschaft über die Stadt. Kleine Gassen mit Fachwerkhäusern aus dem 16. bis 17. Jahrhundert prägen das romantische Stadtbild.

Es gibt viel zu sehen in der pittoresken Stadt. Aber vielleicht verschieben wir das besser auf das Ende der Tour, denn die Sonne steigt hoch, und der Aufstieg ist steil. Auf der Grand Rue gehen wir weiter über den Rathausplatz mit dem barocken Hôtel de Ville aus dem 18. Jahrhundert. Aus dem 13. und 16. Jahrhundert stammt der schöne Tour des Bouchers (Fleischerturm), der in früheren Zeiten als Gefängnis und auch als Schlachthaus genutzt wurde. Nach dem Fleischerturm erreichen wir den **1 Place de la Sinne** mit dem Brunnen in der Mitte, der im Mittelalter von großer Bedeutung war, da an ihm der Inhalt der Weinfässer ausgemessen wurde.

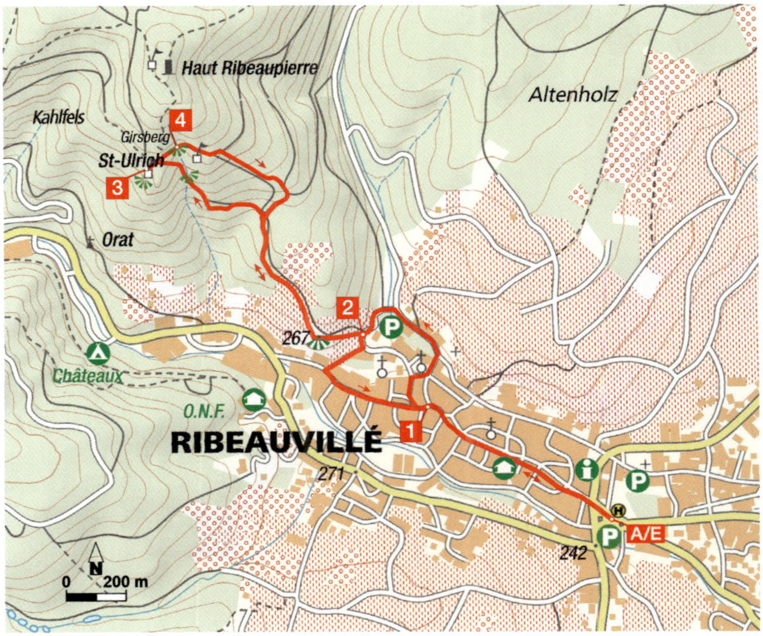

Zur Kreuzung auf Sandsteinpflaster Auf der Rue du Château wandern wir nach rechts und vor der Kirche Saint-Grégoire mit dem Wegweiser »3 Châteaux« wieder rechts. Nach der Kirche geht es links und weiter auf der Rue du Lutzelbach aufwärts. Vor einem Sportplatz müssen wir links und am Waldrand mit der Markierung rotes Rechteck wieder links auf den Hofbergwej. Unterhalb der Weinberge kommen wir zu einer ❷ **Kreuzung auf Sandsteinpflaster**.

Ribeauvillé und die Spielleute

In Ribeauvillé ist überall die Symbolfigur des mittelalterlichen Pfeifers zu sehen, die sich auf eine historische Begebenheit bezieht. Im 13. Jahrhundert entstand anstelle der heutigen Pèlerinage Notre-Dame de Dusenbach, nordwestlich von Ribeauvillé, eine Kapelle mit einer Marienfigur die von einem Kreuzzug gestammt haben soll. Im 14. Jahrhundert stellte sich die Bruderschaft der Gaukler, Akrobaten und reisenden Musikanten, auch »Pfeifer« genannt, unter den Schutz der Lehensherrn von Ribeauvillé. Sie ehrten daraufhin jedes Jahr ihre herrschaftlichen Beschützer und versammelten sich in der Kapelle Unserer Lieben Frau zu Dusenbach. Auch heute gibt es noch diesen *Pfifferdaj* (Pfeifertag) zu dem im September mehrere Tausend Besucher nach Ribeauvillé kommen. Die Pèlerinage Notre-Dame de Dusenbach ist heute eine der meistbesuchten Marienverehrungsstätten im Elsass.

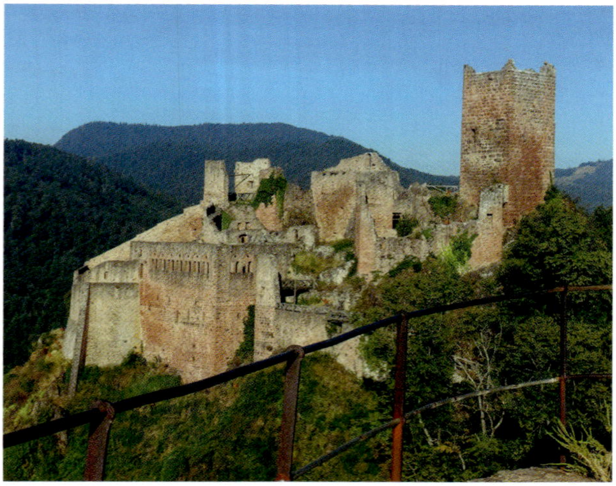

Zum Château de Saint-Ulrich Nach rechts wandern wir auf dem steilen gepflasterten Weg zunächst durch sonnige Weinberge, später durch schattigen Wald hinauf. Attraktive Ausblicke öffnen sich auf die manchmal sehr belebte Stadt und auf die benachbarten zwei Burgen Château de Saint-Ulrich und Château du Girsberg. An einer Weggabelung mit Grenzstein im Wald halten wir uns links zum Château Saint-Ulrich. Hier oben ist es ruhig und das Vogelgezwitscher tritt in den Vordergrund. Der Weg wandelt sich zu einem romantischen Felsenweg, der aber auch unsere volle Aufmerksamkeit erfordert. Der stellenweise auftretende schüttere Schneeheide-Kiefernwaldtyp zeigt den geringen Nährstoffgehalt des felsigen Untergrunds an. Unterhalb der Burg ignorieren wir die extrem steile Abkürzung und bleiben gemütlich auf dem leicht ansteigenden Weg. Das ❸ **Château de Saint-Ulrich** aus dem 11. bis 12. Jahrhundert, einst Sitz der mächtigen Herren von Ribeaupierre, ist bestimmt eine der schönsten Burgruinen im Elsass. Die Bauart auf dem Felsen mit den neun romanischen Zwillingsfenstern und auch die betörende Aussicht begeistern. Das gewagt auf den Felsen gestellte Château du Girsberg aus dem 13. Jahrhundert ist auch gut im Blick. Vom Bergfried aus ist auf dem Hügel im Norden der runde Turm des Château du Haut-Ribeaupierre zwischen den Bäumen zu sehen. Dort oben war schon früher eine römische Befestigung. Der über

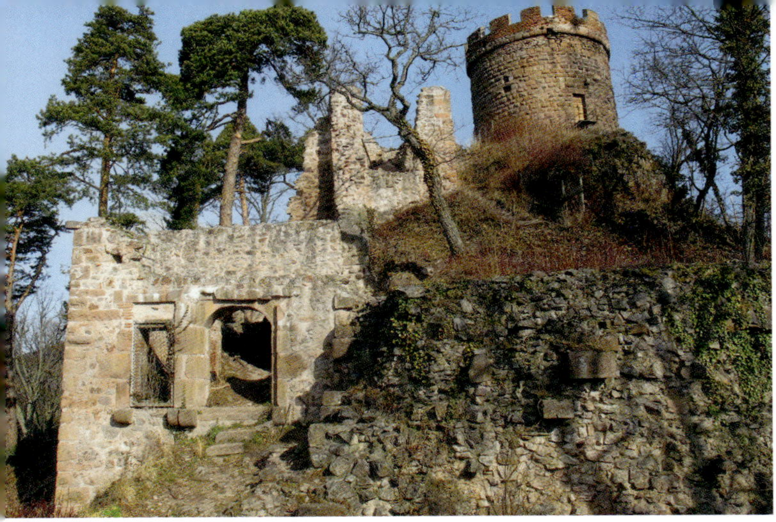

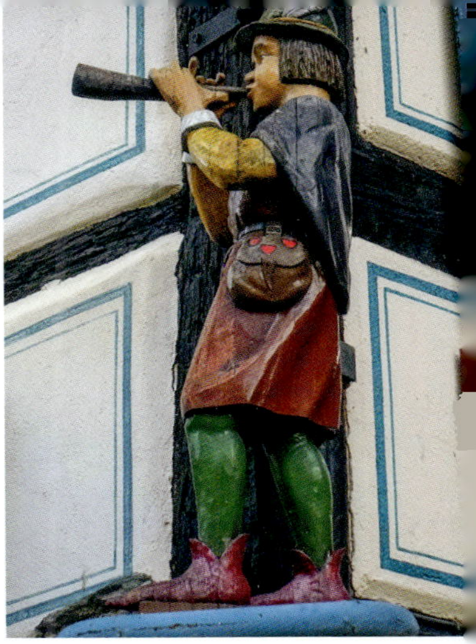

100 Meter hohe Aufstieg zum Château du Haut-Ribeaupierre lohnt kaum, denn das Gemäuer ist dem Verfall preisgegeben und der Zutritt ist verboten. Es gibt auch keine Aussicht.

Zum Château du Girsberg Am Abzweig an der Informationstafel vor dem Château de Saint-Ulrich steigen wir mit der Markierung gelbes Kreuz links hinauf und oben an der Kreuzung auf ebenem Weg weiter nach rechts in Richtung Ribeauvillé und Château du Girsberg. Das 4 Château du Girsberg aus dem 13. Jahrhundert wurde im 16. Jahrhundert verlassen und verfiel. Auf der Aussichtsplattform mit Bank bleiben Wanderer gerne länger, zumal von hier der Blick auf das Château de Saint-Ulrich am besten ist.

Zur Kreuzung auf Sandsteinpflaster 50 Meter nach dem Château du Girsberg folgen wir dem Pfad mit der Markierung rot-weiß-rotes Rechteck und mit dem Wegweiser »Ribeauvillé direct« rechts hinunter. An einer Kreuzung unter hohen Bäumen geht es rechts hinab und an der Kreuzung mit dem Grenzstein auf bekanntem Weg links bergab bis zur 2 Kreuzung auf Sandsteinpflaster.

Zum Place de la Sinne Jetzt wandern wir aber rechts auf dem Hofbergwej entlang der Stadtmauer hinunter. Unten gehen wir links in die Route de Sainte-Marie aux Mines, die in der Verlängerung als Grand Rue genau zum 1 Place de la Sinne führt.

Zum Parkplatz an der Kreuzung D 106 Jetzt ist noch genügend Zeit, um alle Sehenswürdigkeiten in Ribeauvillé ausgiebig anzuschauen und durch die hübschen Gassen zu schlendern. Am Ende der Grand Rue liegt über dem Kreisverkehr der Parkplatz an der E Kreuzung D 106.

Links: Das Château du Haut-Ribeaupierre ist dem Verfall preisgegeben.

Rechts: Die Figur des Pfeiffers ist in Ribeauvillé überall zu sehen.

Linke Seite: Blick vom Château du Girsberg auf das Château de Saint-Ulrich

In Ribeauvillé gibt es viele Fachwerkhäuser zu sehen.

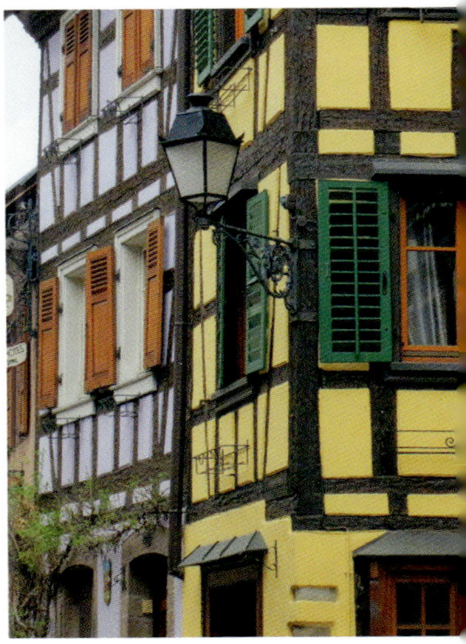

23

Von Hunawihr nach Riquewihr

Weltberühmtes Dorf an der Weinstraße

Leicht | 2:30 Std. | 210 Hm | 7,2 km

Besonderer Genuss: Kultur am Wegrand

Tourencharakter
Leichte, sonnige Tour, größtenteils auf befestigten Wegen durch Weinberge und Ortsgebiet

Ausgangs-/Endpunkt
Parkplatz in der Rue de la Fontaine in Hunawihr
GPS N48°10‘47.0“ E07°18‘47.2“

Anfahrt
Auto Auf der N 83 Ausfahrt 20 Ribeauvillé und auf der D 106 und D 18 nach Hunawihr
Bus Mit der Linie 106 von Colmar nach Hunawihr (www.fluo.eu)

Gehzeiten
Parkplatz Rue de la Fontaine Hunawihr – Place du 14 Decembre in Zellenberg 0:45 Std. – Weinberghäuschen 0:40 Std. – Hôtel de Ville Riquewihr 0:15 Std. – Dolder 0:10 Std. – Wehrkirche Saint-Jacques-le-Majeur 0:35 Std. – Parkplatz Rue de la Fontaine Hunawihr 0:05 Std.

Einkehr
Restaurant Suzel, Rue de l'Église 2, F-68150 Hunawihr, Tel. 0033/(0)3/89 73 30 85, www.suzel-hunawihr.com
Hôtel Restaurant Le Schlossberg, Rue de la Fontaine 59a, F-68340 Zellenberg, Tel. 0033/(0)3/89 47 93 85, www.leschlossberg.com

Karten
Club Vosgien/IGN, Blatt 6/8, 1:50 000

Touristinformation
Rue de la 1E Armée 2, F-68340 Riquewihr, Tel. 0033/(0)3/89 73 23 23, www.ribeauville-riquewihr.com

Vom ruhigen, beschaulichen Hunawihr mit seiner bedeutenden Wehrkirche führt der Weg durch Weinberge hinüber zum manchmal überlaufenen Riquewihr. Trotzdem ist Riquewihr zweifellos eines der schönsten Dörfer an der elsässischen Weinstraße.

Zum Place du 14 Decembre Vom Parkplatz am Brunnen Ⓐ **Fontaine Sainte-Hune** in der Rue de la Fontaine in Hunawihr sehen wir in den Weinbergen im Westen die Wehrkirche Saint-Jacques-le-Majeur, die wir auf dem Rückweg tangieren werden. Nun starten wir aber vom Brunnen nach Osten und biegen nach 40 Metern rechts in die Rue de la Sinn ein, die in die Rebflächen führt. An einer T-Kreuzung vor einer Hecke nehmen wir das linke Sträßchen aufwärts. An der T-Kreuzung am Ende des Wegs wandern wir links auf den malerisch auf einem Hügel liegenden Ort Zellenberg zu. Der Name entstammt dem Wort *Celeberch* (Berg der Zelle), weil hier im 9. Jahrhundert die Mönchszelle ei-

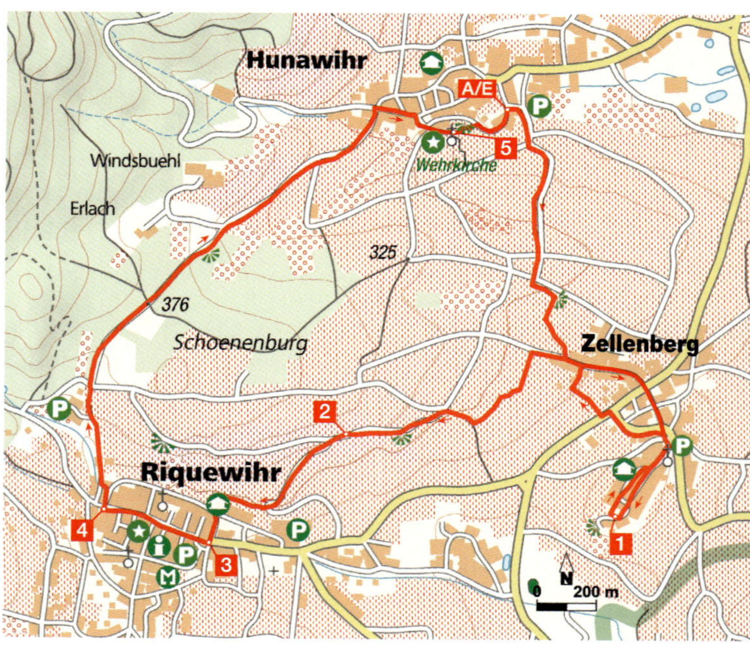

nes Eremiten stand. Im 13. Jahrhundert wurde Zellenberg zu einem befestigten Dorf.
Nach 80 Metern geht es am Ende der Kiesstraße rechts, bei den ersten Häusern wieder rechts und dann auf dem langen Hartweg links hinunter. Die Route du Vin (D18) überqueren wir geradeaus am Zebrastreifen in den Gehweg und überschreiten dann nochmals eine Straße. Die Spur wird zu einem Wiesenweg aufwärts und endet an einer Kreuzung. Wir wenden uns rechts am Platz mit den Linden vor der Kirche vorbei in der Rue du Schlossberg hinauf und bleiben an der Straßengabelung links. Die dicht aneinander geschmiegten Winzerhäuser sind durch den Keller und manchmal durch das Zunftzeichen charakterisiert. Am großen ❶ **Place du 14 Decembre** mit dem Brunnen gehen wir rechts und auf der Rue de la Fontaine wieder abwärts.

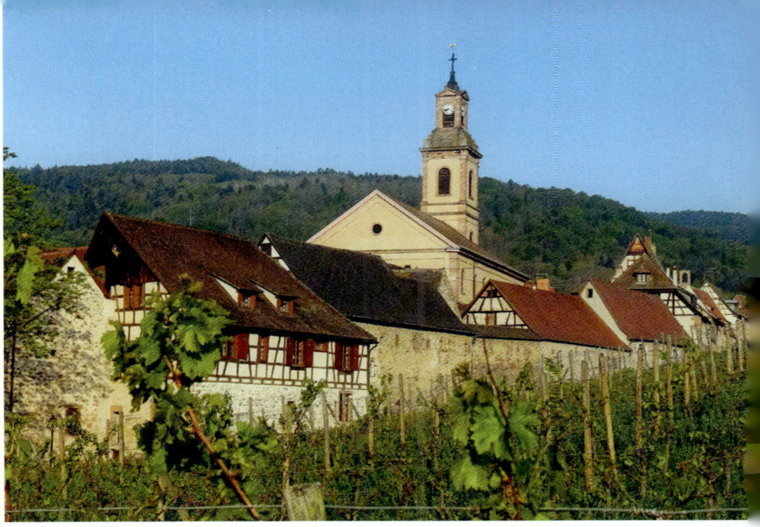

Riquewihr liegt in Weinberge eingebettet.

Zum Weinberghäuschen Nach dem Platz mit den Linden an der Kirche wandern wir an der Kreuzung links direkt vor dem kleinen Weg, den wir heraufgekommen sind, auf der Route d'Ostheim hinunter. Ganz unten überqueren wir um 20 Meter nach links versetzt die Route du Vin (D18). Oben vor den Häusern geht es rechts und nach 80 Metern auf dem Hartweg links hinauf. 150 Meter nach dem letzten Haus laufen wir an der T-Kreuzung links durch weite Rebflächen und bleiben auf der Hauptspur. An einer T-Kreuzung mit einem Asphaltsträßchen gehen wir links hinauf an einer gemauerten Schutzhütte links vorbei. Schließlich erreichen wir an einem gelben ❷ **Weinberghäuschen** eine Weggabelung mit Aussicht über Riquewihr. Die kleine mittelalterliche Stadt versteckt sich zwischen Weinbergen.

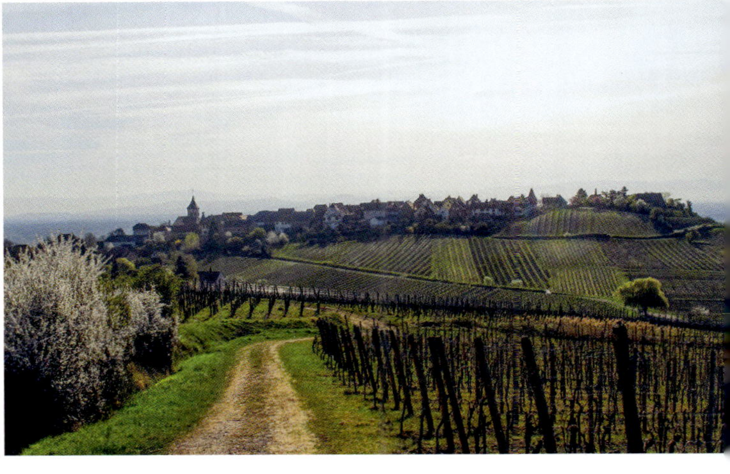

Zellenberg liegt malerisch auf einem Hügel inmitten von Weinbergen.

Zum Hôtel de Ville Links abwärts geht es auf Riquewihr zu. An der nächsten Weggabel direkt oberhalb von Riquewihr bleiben wir

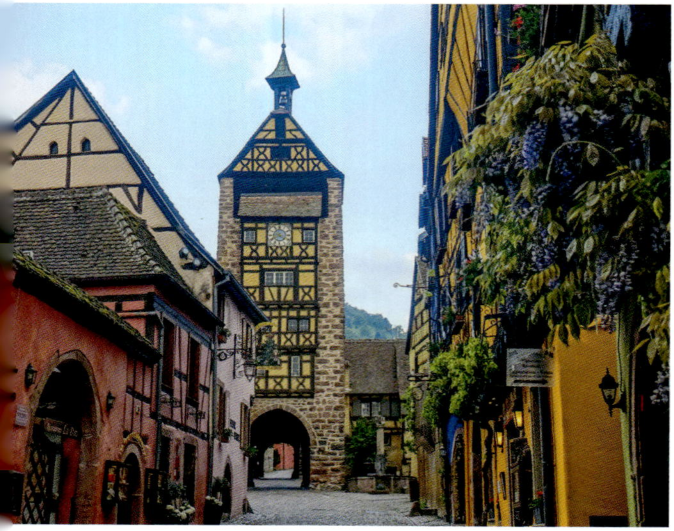

Der Obere Torturm in Riquewihr wird Dolder genannt.

auf einem Kiesweg geradeaus. Nach 150 Metern neigt sich links ein gepflasterter Treppenweg hinunter. Unten an dem dicken Eckturm wandern wir geradeaus in die Rue de la Piscine und stehen nach 100 Metern vor dem neoklassizistischen **3 Hôtel de Ville** aus dem Jahr 1809.

Zum Dolder Durch den Torbogen im Hôtel de Ville kommen wir in das Städtchen hinein. Nach einigen Metern ist rechts der sogenannte »Wolkenkratzer« von besonderem Interesse. Das Haus in der Rue du Général de Gaulle Nr. 14 aus dem Jahr 1561 ist mit seinen fünf Stockwerken eines der höchsten Fachwerkhäuser im Elsass. Etwa in der Mitte der Rue du Général de Gaulle ist links die Touristinformation. Viele schöne Weinstuben, Salon de The und Restaurants laden uns heute zur Einkehr. Das Haus mit der Nr. 42 trägt den schönsten Barockschmuck der Stadt. Auch das Aushängeschild hat historischen Wert, denn es wurde vom elsässischen Künstler Hansi geschaffen. Vor dem oberen Torturm stoßen wir auf den Brunnen Fontaine de la Sinne, an dem im Mittelalter der Inhalt der Weinfässer geeicht wurde. Der obere Torturm aus dem Jahr 1291, **4 Dolder** genannt, ist das Wahrzeichen der Stadt. Im Turm ist das historische Museum untergebracht. Nach dem ersten Tor ist links und rechts die Konstruktion der zweiten Stadtmauer und der Gasse dazwischen zu sehen. Die innere Stadtmauer besteht seit 1291. Die äußere Mauer wurde um 1500 errichtet.

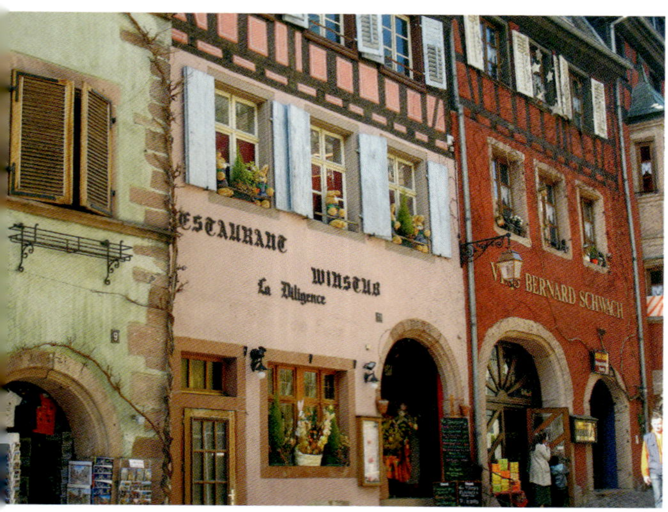

Straßenszene in Riquewihr mit vielen Souvenirläden

Zur Wehrkirche Saint-Jacques-le-Majeur Gleich nach dem oberen Tor wenden wir uns rechts der Mauer entlang abwärts. Unten an der Rechtskurve steht der Diebesturm. Wie der Name schon vermuten lässt, war dieser Turm aus dem Jahr 1291 Gefängnis und Folterkammer. Mit leichtem Grauen steigen wir links an der Mauer aus Betonblocksteinen eine Treppe mit Eisengeländer hoch. Oben auf dem Asphaltsträßchen setzt sich der Weg mit der Markierung grünes X nach rechts hinauf durch

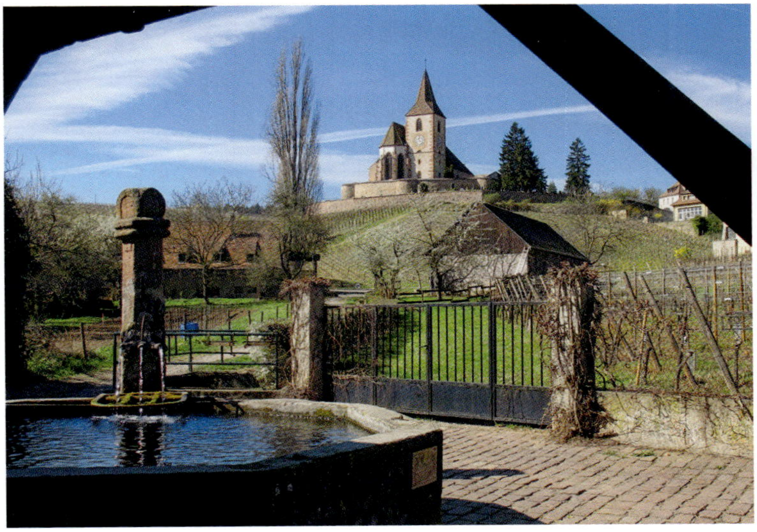

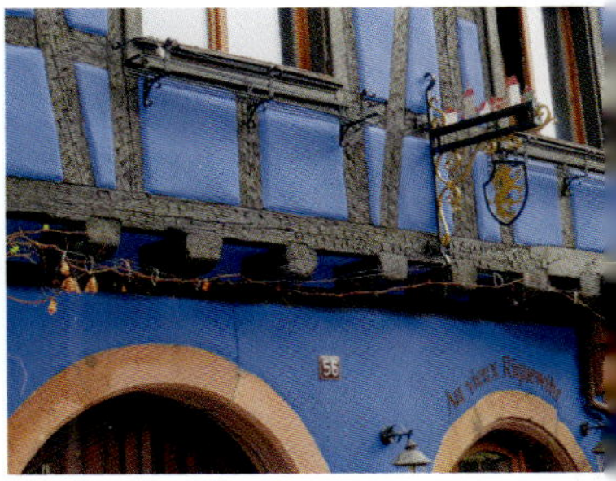

Im romantischen Riquewihr sind die Häuser in frohen Farben gestrichen.

Links: Blick von der Fontaine Sainte-Hune auf die Wehrkirche in Hunawihr

Weinberge und Wald fort. An allen Kreuzungen und Abzweigen bleiben wir geradeaus in Richtung Hunawihr. Bald säumen wieder ausgedehnte Weinberge den Weg. An einer T-Kreuzung in Hunawihr biegen wir rechts in die Grand Rue. Am achteckigen Brunnen vor dem Restaurant Suzel schlendern wir rechts in die Rue de l'Église und kommen aufwärts zur 5 **Wehrkirche Saint-Jacques-le-Majeur**. Hunawihr durfte sich im Mittelalter nicht mit einer Stadtmauer umgeben. Das war ein besonders vergebenes Recht. So bauten die Bewohner eine Wehrkirche mit doppelter Mauer, in die sie sich flüchten konnten. Teile der äußeren Mauer sollen aus dem 12. Jahrhundert stammen. Die gotische Simultankirche wurde im 14. Jahrhundert erbaut. Der innere Friedhof ist katholisch und der äußere evangelisch. Im Innern der Kirche sind Fresken aus dem 15. Jahrhundert erhalten.

Zur Fontaine Sainte-Hune Wieder heraus am äußeren Tor gehen wir rechts an der Mauer entlang und am Picknickplatz auf einem Wiesenweg zu weiteren Picknicktischen hinab. Auf der Straße müssen wir noch nach rechts und kommen zur E **Fontaine Sainte-Hune** zurück.

Der Reichtum Riquewihrs

Der Name Riquewihrs geht auf den Franken Richo zurück, der hier im 6. Jahrhundert ein Landgut gründete. Als Stadt findet Riquewihr erstmals 1320 Erwähnung.
Die wunderschönen Fachwerkhäuser zeugen vom Reichtum im 16. Jahrhundert. Die Bewohner wurden durch die damals schon europaweit berühmten Weine wohlhabend. Die Grand-Cru-Lagen Schoenenbourg und Sporen waren im Mittelalter gut bekannt. Obwohl der Dreißigjährige Krieg und lothringische Soldaten über den Ort fegten und die Einwohnerzahl drastisch dezimierten, blieben viele der Häuser bestehen.
Heute ist Riquewihr mit seinem pittoresken Stadtbild eines der meist besuchten und schönsten Dörfer Frankreichs.

24

Ammerschwihr bis Kaysersberg

Liebenswerte Orte am Rand der Vogesen

Leicht | 3:00 Std. | 320 Hm | 8,6 km

Besonderer Genuss: Kultur am Wegrand

Tourencharakter
Leichte, überwiegend schattige Tour auf befestigten Wegen durch Wälder, Weinberge und Ortsgebiet

Ausgangs-/Endpunkt
Parkplatz am Oberen Tor Ammerschwihr
GPS N48°07'28.2" E07°16'42.2"

Anfahrt
Auto Auf der N 83 zur Ausfahrt 23 Colmar und auf der D 4 und D 18 nach Ammerschwihr
Bus Mit der Linie 145 von Colmar nach Ammerschwihr (www.fluo.eu)

Gehzeiten
Parkplatz Oberes Tor Ammerschwihr – Chapelle Flieger 0:50 Std. – Place de la Mairie in Kaysersberg 0:35 Std. – Château Kaysersberg 0:15 Std. – Steinerne Brücke 0:10 Std. – Friedhof 0:15 Std. – Aussichtspunkt 0:20 Std. – Parkplatz Oberes Tor Ammerschwihr 0:35 Std.

Einkehr
Restaurant Le Moreote, Rue du Général Rieder 12, F-68240 Kaysersberg, Tel. 0033/(0)3/89 47 39 08, www.restaurantmoreote.com
Restaurant Wistewala, Rue du Wetzelhof 4, F-68770 Ammerschwihr, Tel. 0033/(0)3/89 78 27 97, www.wistewala.com

Karten
Club Vosgien/IGN, Blatt 6/8, 1:50 000

Touristinformation
Rue du Général de Gaulle 39, F-68240 Kaysersberg, Tel. 0033/(0)3/89 78 22 78, www.kaysersberg.com

Der Wanderweg durch Weinberge und Wälder verbindet alte Städtchen. Ruhig und doch sehenswert: Ammerschwihr. Quirlig und viel besucht: Kaysersberg mit dem Château aus dem 13. Jahrhundert. Die Aussichten reichen bis in den Schwarzwald.

Zur Wegspinne La Chapelle Flieger Vom Parkplatz am **A Oberen Tor** in Ammerschwihr starten wir links des Jardin des Vignes, in nördliche Richtung, in die Rue du Rempart mit der Markierung gelbes X abwärts Richtung Chapelle Flieger. Schon nach 50 Metern biegen wir vor der Hausnr. 1 links in einen Pfad ab, der am Walbach entlang in Richtung Chapelle Flieger ausgezeichnet ist. An einem Sandsteinkreuz tangiert der Weg die D 11. Das gelbe X zeigt nach rechts in Richtung Kaysersberg. Nach 100 Metern plätschert ein Brunnen mit einer Heiligenfigur. Das gelbe Kreuz schickt uns nun links den Weinbergweg hoch. Die Stützmauern der Weinberge sind hier aus Granit-Gneis gesetzt und nicht aus Buntsandstein

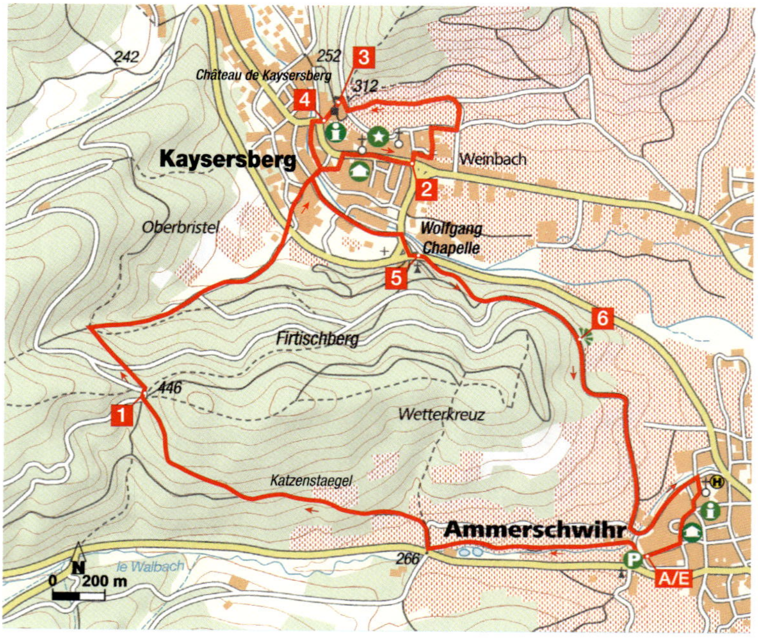

wie im nördlichen Elsass. Ein Blick zurück reicht über Ammerschwihr zum Kaiserstuhl und bis in den Schwarzwald. An einer Kreuzung halten wir uns geradeaus, nun fast eben dem gelben Kreuz folgend. Aber schon nach 30 Metern zeigt der Wegweiser nach Kaysersberg nach rechts, auf einem kleinen Weg aufwärts durch Eichenwald. An einem Forstweg ist der Aufstieg zu Ende und wir wandern nach links auf ebenem Weg weiter. Auf dem Sattel ist die 1 **Wegspinne La Chapelle Flieger** mit einem religiösen Bild und Picknickplatz.

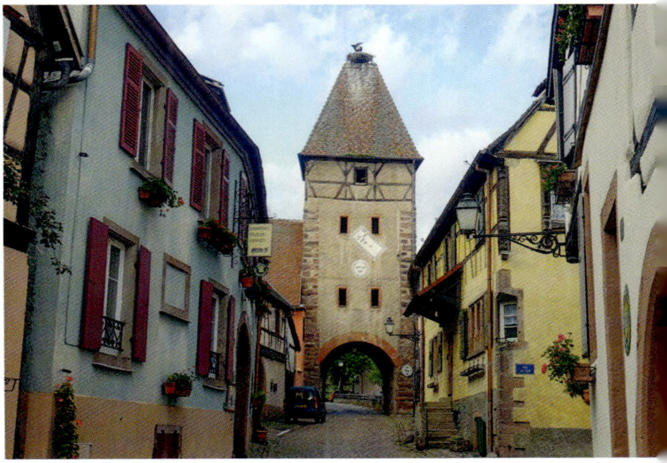

Am Oberen Tor in Ammerschwihr

Zum Place de la Mairie in Kaysersberg Nach einer verdienten Rast wählen wir den Weg geradeaus steil abwärts, in Richtung Kaysersberg Centre mit der Markierung gelbes Kreuz. Eine Forststraße wird dabei überquert. An einer weiteren Forststraße zeigt der Wegweiser in einem Tal nach rechts. Nach 300 Metern zweigt links ein Pfad ab, der mit der Markierung gelbes Kreuz zu einem asphaltierten Sträßchen hinableitet. Auf der bergab verlaufenden Straße öffnet sich der Blick auf Kaysersberg und das darüber liegende Château aus dem 13. Jahrhundert. Die lebhafte N 415 wird überquert, und wir laufen in Kaysersberg ein. Unten gehen wir halb rechts über die Kreuzung Richtung Château auf den Kesslerturm aus dem 15. Jahrhundert zu. Wir bleiben rechts vom Turm, gehen über die Weiss und auf der Rue du Collége entlang. Die Altstadt ist geprägt von reich verzierten Fachwerkhäusern und schönen gotischen und aus der Renaissance stammenden Bürgerhäusern. Das Städtchen verzückt durch lauschige Winkel und malerische Brücken.

Am Ende biegen wir nach rechts zur mächtigen Église Sainte-Croix aus dem 13. Jahrhundert. In der Kirche treffen sich romanische Entwürfe mit gotischen Elementen. Gleich nach der Kirche ist links der 2 **Place de la Mairie**. Im Renaissancerathaus aus dem Jahr 1604 gibt es einen Stadtplan für den historischen Rundgang.

Panorama vom Château über Kaysersberg

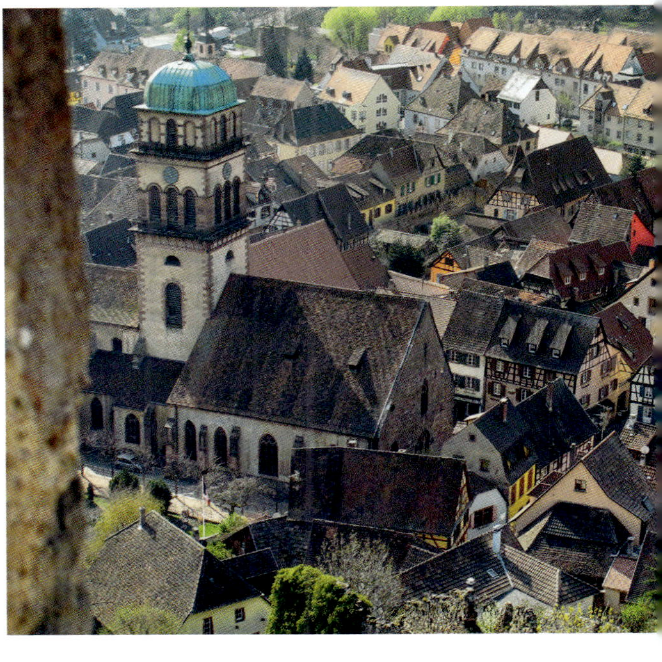

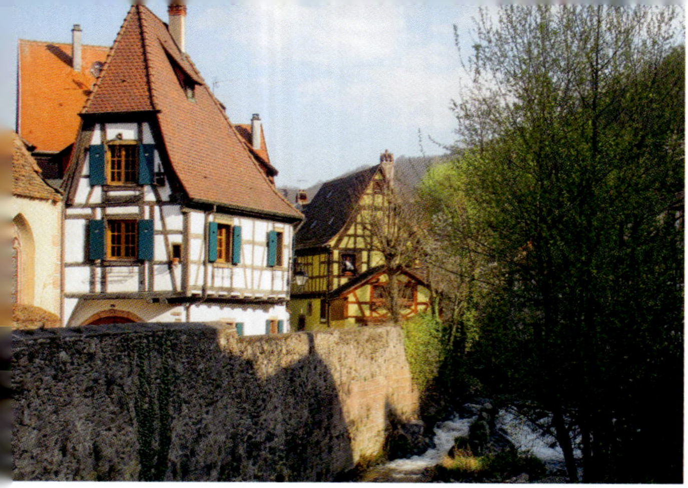

Besonders romantisches Häuschen an der Weiss

Zum Château Kaysersberg Den besten Überblick über die Stadt bietet das Château Kaysersberg. Also gehen wir am Hotel de Ville nach links durch den Torbogen und stoßen auf die Rue du Château. Hier laufen wir rechts und gleich wieder links. Durch die Weinberge geht es gut ausgeschildert hinauf zum 3 **Château Kaysersberg**. Vom Turm können wir ganz Kaysersberg überblicken. Die Legende erzählt, Barbarossa habe die Festung Kaysersberg erbaut. Die Stadt liegt an einem strategisch wichtigen Punkt am Eingang des Weisstals. Schon die Römer setzten sich hier fest. Später wurde die Stadt unter dem Staufer Friedrich II. zu einem befestigten Stützpunkt.

Zur steinernen Brücke Auf der Bergseite des Châteaus leitet ein Treppenweg hinunter. Unten stehen wir dann auf der Rue des Forgerons, auf der wir nach links schlendern. Auf der 4 **Steinernen Brücke** aus dem Jahr 1514 überqueren wir das Flüsschen Weiss. Der Blick von der Brücke bietet nach beiden Seiten romantische Ansichten.

Musée Albert Schweitzer

Das Museum des Friedensnobelpreisträgers von 1952, Dr. Albert Schweitzer, ist in seinem Geburtshaus im Herzen von Kaysersberg. In privaten Räumen wird hier die Entwicklung des Krankenhauses von Lambarene in Gabun beschrieben, das 1913 von Albert Schweitzer, dem französischen Mediziner, Theologen und Musikwissenschaftler gegründet wurde. Im Museum werden Schriftdokumente, Fotografien sowie persönliche Andenken des Arztes ausgestellt. Ebenso können hier verschiedene afrikanische Ausstellungsstücke aus der Region Gabun entdeckt werden (Musée Albert Schweitzer, Rue du Général de Gaulle 126, F-68240 Kaysersberg, Tel. 0033/(0)3/89 47 36 55, www.tourisme-alsace.com).

Zum Friedhof Die Wanderung verläuft nach der Brücke links weiter auf der Rue des Potiers und dann ab dem Kesslerturm auf der Rue de l'Erlenbad parallel zur Weiss. Auf der Straße zwischen den zwei Teilen des 5 **Friedhofs** müssen wir nach rechts.

Zum Aussichtspunkt Der stark befahrenen N 415 folgen wir nur für 50 Meter nach links, überqueren sie an einem Zebrastreifen und steigen einen Weg in Richtung Ammerschwihr mit der Markierung blauer Punkt hinauf. An einigen Abzweigen bleiben wir immer geradeaus aufwärts der Markierung blauer Punkt treu. Weiter oben empfängt uns stiller Laubmischwald aus Bergahorn, Robinie und Bergulme. Am höchsten Punkt des Wegs öffnet sich an

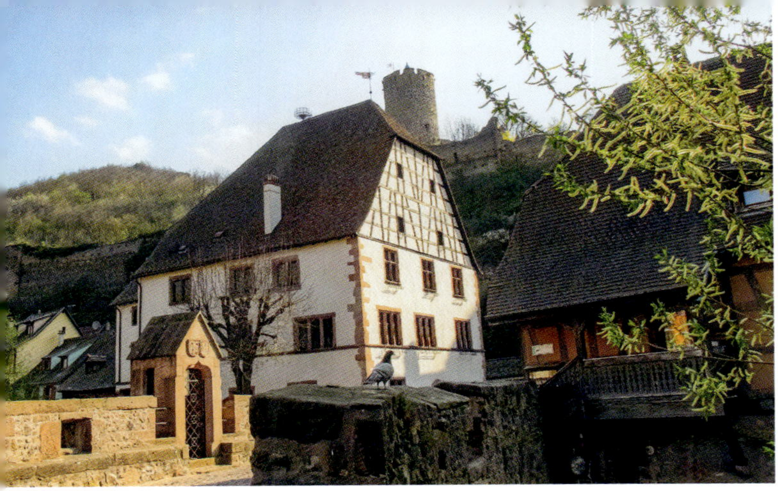

Blick von der steinernen Brücke in Kaysersberg

einem **6** **Aussichtspunkt** am Rand eines Weinbergs ein schöner Blick auf Ammerschwihr, Kaiserstuhl und Schwarzwald.

Zum Oberen Tor in Ammerschwihr Die bald abwärtsführende, betonierte Weinbergstraße läuft direkt auf den Parkplatz vor dem Oberen Tor von Ammerschwihr zu. Unten am Bach wenden wir uns aber nach links über den Bach auf die Rue du Rempart, um noch durch das alte Ammerschwihr zu schlendern. Am ansehnlichen Tour des Bourgeois aus dem 14. Jahrhundert kommen wir rechts in die Rue des Bains. An der Rue de l'Ours rechts, dann in der Grand Rue aufwärts und wir sind wieder am Parkplatz am **E** **Oberen Tor** zurück.

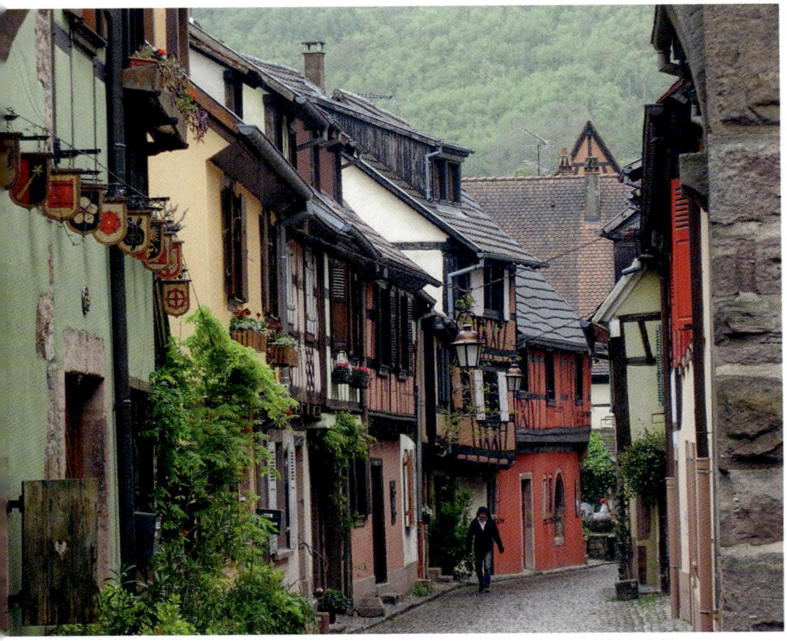

Auf der Rue des Forgerons in Kaysersberg

25

Die Haut Chaumes am Lac Vert

Seen und Almen am Vogesenkamm

Mittel | 3:30 Std. | 380 Hm | 10,0 km

Besonderer Genuss: Einkehr

Tourencharakter
Mittelschwere, vorwiegend sonnige Tour auf Naturwegen durch Wälder und Weiden

Ausgangs-/Endpunkt
Parking du Tanet
GPS N48°05'00.2" E07°03'36.2"

Anfahrt
Auto Von Colmar auf der D417 über Munster zum Parking du Tanet
Bus Von Colmar zum Col de la Schlucht und Bus Navette des Crêtes zum Dreieck Lac Vert (www.parc-ballons-vosges.fr/navette-des-cretes, www.fluo.eu)

Gehzeiten
Parking du Tanet – Grenzweg 0:45 Std. – Lac Vert 0:10 Std. – Taubenklangfelsen 0:45 Std. – Soultzeren Eck 0:10 Std. – Ferme Auberge du Lac de Forlet 0:30 Std. – Ferme Lac Vert 0:50 Std. – Parking du Tanet 0:20 Std.

Einkehr in Soultzeren
Auberge du Tanet Seestaedtle, Tel. 0033/(0)3/89 77 41 42, www.aubergedutanet.com
Ferme Auberge du Lac de Forlet, Tel. 0033/(0)3/89 77 49 22, www.fermeaubergealsace.fr

Karten
Club Vosgien/IGN, Blatt 6/8, 1:50 000

Touristinformation
Rue du Couvent 1, F-68140 Munster, Tel. 0033/(0)3/89 77 31 80, www.vallee-munster.eu

Hinweis
Bergschuhe und Trittsicherheit erforderlich. Am Vogesenkamm kann es im Sommer windig und kühl sein.

Diese etwas anspruchsvolle Wanderung ist eine aussichtsreiche Tour über den rauen Vogesenkamm. Aber er bietet geniale Fernsichten bis in die Täler und auf die eiszeitlichen Seen Lac Vert und Lac des Truites, die wie Smaragde zu Füßen liegen.

Zum Grenzweg Vom Ⓐ **Parking du Tanet** starten wir die Straße aufwärts und steigen vor der Skilift-Talstation rechts den Pfad mit der Markierung grüner Ring in Richtung Circuit du Lac Vert hinauf. Oberhalb des Parkplatzes steht die Ferme Auberge du Tanet Seestaedtle, die wir vielleicht am Ende der Tour besuchen. Auf dem Pfad am Skilift weiter oben überqueren wir eine asphaltierte Straße und fädeln oberhalb der Straße nach rechts in den schmalen Pfad mit dem Ziel Lac Vert ein. Der Weg verläuft sehr romantisch durch Mischwald mit riesigen Vogesentannen. Die Vogesentanne ist keine eigene Art, sondern eine Weißtanne (*Abies Alba*). Doch die großen Niederschlagsmengen und die hohe Luftfeuchtigkeit lassen diese Tannen hier besonders gut wachsen.
Der Pfad endet an einer Fahrspur, der wir links aufwärtsfolgen. Nach 20 Metern bleiben wir auf dem Fahrweg mit der Markierung gelbes X in Richtung Lybruck Crete/GR5. Vom Lac Vert kommen

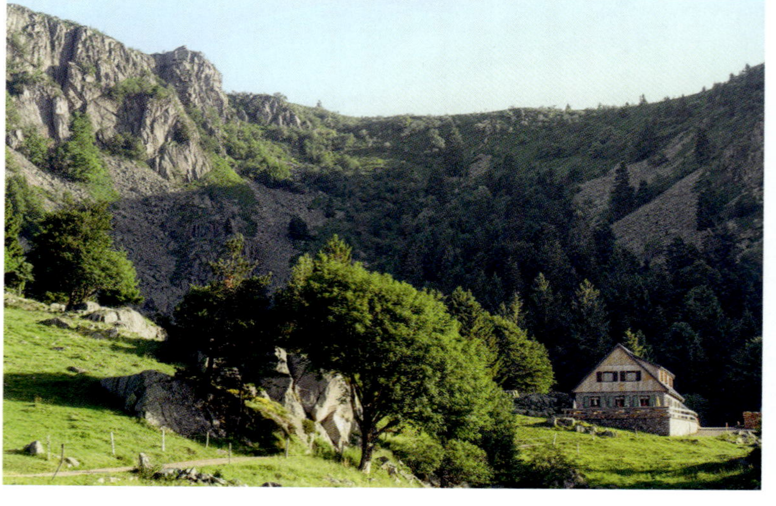

wir an dieser Stelle am Ende der Tour zurück. Die Bäume tragen starken Flechtenanhang. Besonders die herabhängende Bartflechte kommt nur in Reinluftgebieten vor. Wir können bei dem nun folgenden Aufstieg auf den Vogesenkamm also ohne Bedenken tief durchatmen.

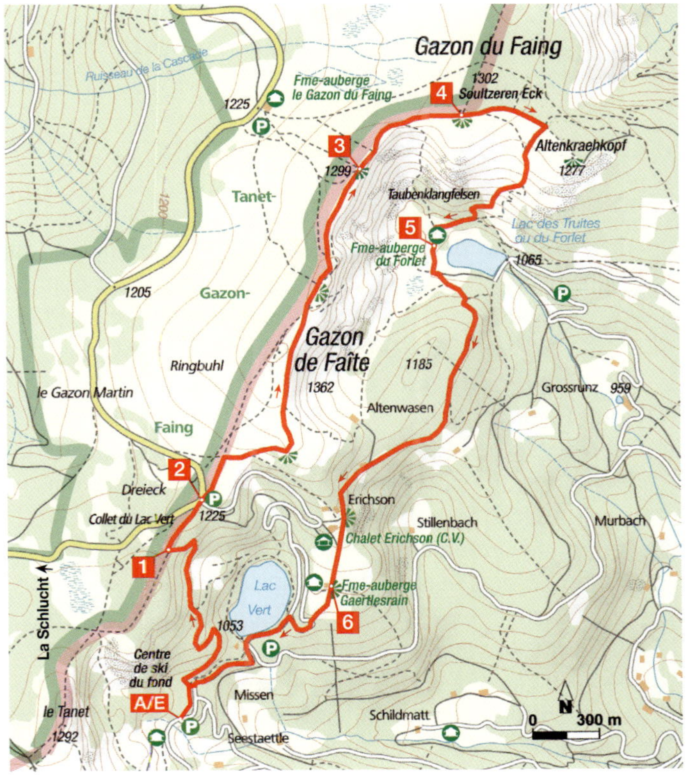

Bald glitzert rechts unten der Lac Vert durch die Bäume. Markierungen sind keine mehr vorhanden, aber wir bleiben immer auf dem gleichmäßig ansteigenden Hauptweg. Abrupt endet der Forstweg, doch auf einem Pfad in Serpentinen kommen wir weiter hinauf. Auf einer deutlichen Geländekante stoßen wir auf einen alten 1 **Grenzweg**. Hier stehen wir auf dem Vogesenkamm und dieser Weg bildete bis Ende des Ersten Weltkriegs die Grenze zwischen Frankreich und Deutschland. Alte Grenzsteine tragen auf der einen Seite ein »D« und auf der anderen Seite ein »F«.

Zum Parkplatz Dreieck Lac Vert Auf dem Grenzweg gehen wir rechts in Richtung Col du Calvaire mit der Markierung rotes Recht-

Linke Seite: An der Ferme Auberge du Lac de Forlet

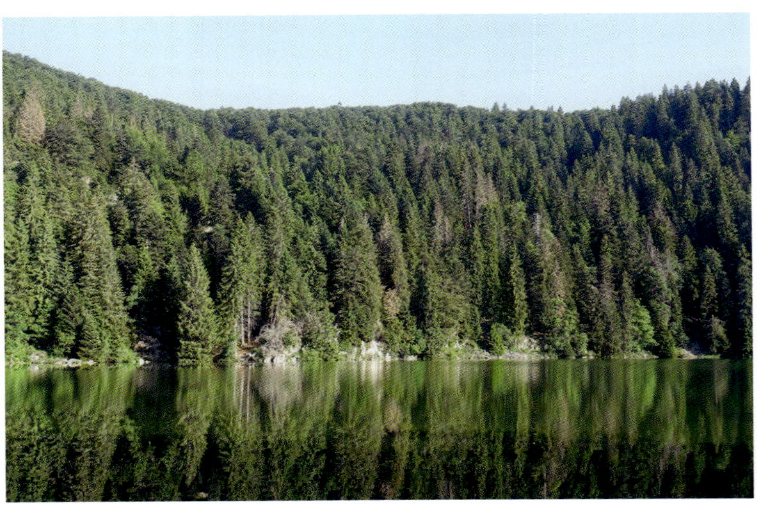

Der Lac Vert ist der grüne See der Vogesen.

Die beliebten Ferme Auberges

Einst lebten die Almen ausschließlich von der Viehwirtschaft und der Herstellung von Milchprodukten. Heute gibt es noch siebzig Ferme Auberges in den Vogesen, in denen meist die Bewirtung eine gute Einnahmequelle darstellt. Die Speisekarte ist kurz, aber üppig. Berühmt-berüchtigt ist das *Menu marcaire* (Melkermahlzeit). Dazu gehört eine kräftige Suppe, geräuchertes Fleisch und Münsterkäse mit *Roigenbrageldi* (Bratkartoffel) aus rohen Kartoffeln und am Schluss noch ein Stück Kuchen. In einigen Ferme Auberges kann der Wanderer auch übernachten. Bei dieser Wanderung starten wir an der Ferme Auberge du Tanet Seestaedtle und tangieren die Ferme Auberge du Lac de Forlet und die Ferme Lac Vert. Herrlich, bei schönem Wetter auf einer der Terrassen dieser Almen zu sitzen und zu genießen.

eck. Nach 400 Metern stoßen wir am ❷ **Parkplatz Dreieck Lac Vert** auf die Route des Crêtes. Heute ist die Straße eine beliebte Touristenstraße, die im Winter geschlossen ist. Gebaut wurde sie von der französischen Armee im Ersten Weltkrieg als Versorgungsstraße zur Grenzsicherung.

Zum Taubenklangfelsen Am Dreieck Lac Vert gehen wir weiter nach Nordosten in Richtung Col du Calvaire mit der Markierung rotes Rechteck. Nach 50 Metern wählen wir an der Gabelung wegen der guten Aussichten rechts den Sentier panoramique Gazeon de Faîte variante du GR 5. Hier oben sind wir im Naturschutzgebiet Tanet-Gazon du Faing, das 500 Hektar Hochweiden umfasst.

An einer Weggabel bleiben wir links aufwärts und entfernen uns von der Geländekante. Am Gazon du Faing steht an exponierter Stelle ein Orientierungstisch. Gleich danach ist der ❸ **Taubenklangfelsen**. Direkt unterhalb liegt der Lac des Triutes (auch Lac de Forlet genannt).

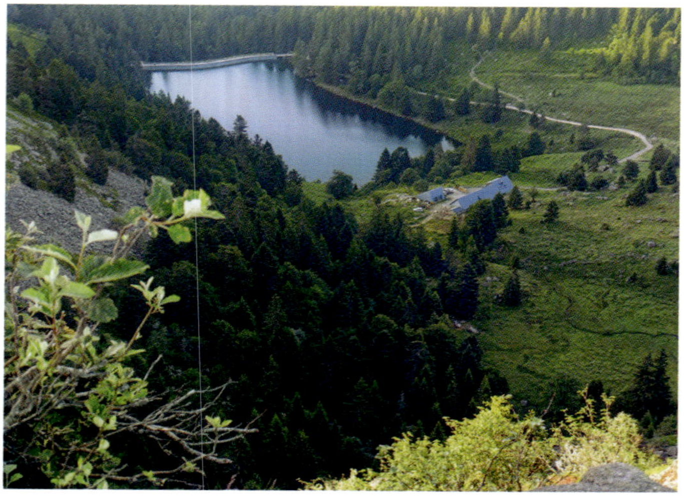

Blick vom Taubenklangfelsen auf den Lac de Forlet

Zum Soultzeren Eck Nach dem Taubenklangfelsen gehen wir auf dem Weg weiter und kommen zum ausgeschilderten ❹ **Soultzeren Eck**.

Zur Ferme Auberge du Lac de Forlet Nun wandern wir rechts in Richtung Lac des Truites (Forlet). An einer Wegkreuzung wenden wir uns rechts über eine Weide zum See abwärts mit der Markierung rotes Dreieck. Die Weide erweist sich als Paradies für botanisch interessierte

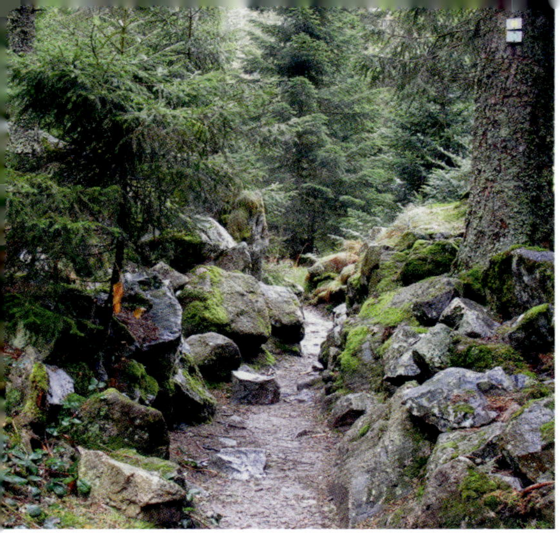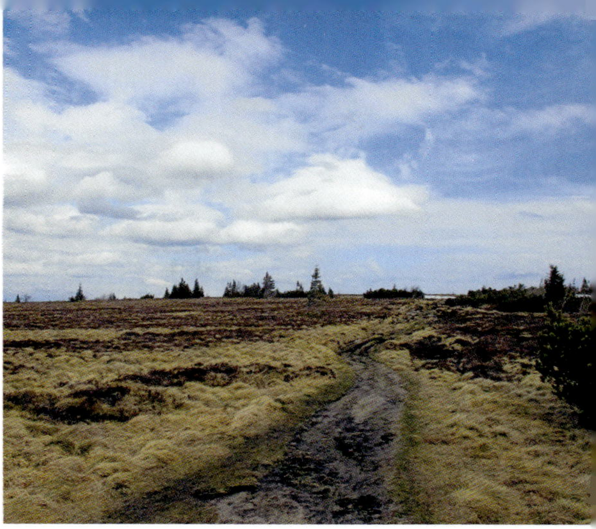

Wanderer. Neben dem großen Gelben Enzian stehen hier Arnika, Wollgras, Orchideen, Schlangenknöterich, Wildes Stiefmütterchen und Gelbe Stiefmütterchen, die hauptsächlich nur in den Vogesen auftreten. Der kleine Flügelginster sorgt im Sommer für gelbe Akzente in der Wiese, wie im zeitigen Frühjahr die Narzissen. Gleich öffnet sich der Blick auf den See in der Gletschermulde. In Serpentinen bringt uns der steinige Almweg durch lichten Nadelwald zur 5 **Ferme Auberge du Lac de Forlet** mit gemütlicher Terrasse.

Links: Der romantische Wanderweg zum Lac Vert

Rechts: Im Gebiet Tanet-Gazon du Faing zeigen sich raue Landschaften.

Zur Ferme Lac Vert Nach der Ferme Auberge du Lac de Forlet gehen wir am See entlang und achten 100 Meter nach der Linkskurve auf der rechten Seite auf den Durchlass im Zaun mit dem Brettersteg. Hier müssen wir über die Weide rechts aufwärts. Auf dem Schild am Waldrand steht Gaertlesrain und Lac Vert mit dem gelben Punkt. Alle Abzweige nicht beachtend orientieren wir uns am Weg mit dem gelben Punkt, der zum Lac Vert hinüberführt. Bald öffnet sich der Wald und weite Weideflächen mit einigen Chalets liegen vor uns. Auf dem Almweg laufen wir über Wiesen voller Arnika hinunter, direkt auf die 6 **Ferme Lac Vert** zu.

Zum Parking du Tanet Vor der Ferme Lac Vert wandern wir in direkter Linie den Weideweg über Almwiesen hinunter in Richtung Lac Vert und weiter unten im Wald auf dem Fahrweg zum See, der seinen Namen wegen der grünen Algen bekam. Vor dem See müssen wir links, wo einige Picknicktische zur Rast einladen. Links von der kleinen Hütte am See steigen wir dann den Pfad mit der Markierung blau-weiß-blaues Rechteck hinauf, der zur Ferme Auberge du Tanet Seestaedtle leitet. Wir wandern noch die romantische Wegstrecke bis zum E **Parking du Tanet**. Vielleicht ist jetzt nochmals eine Einkehr in der Ferme Auberge du Tanet Seestaedtle nötig.

Der Flügelginster setzt kräftige Akzente in die Bergwiesen.

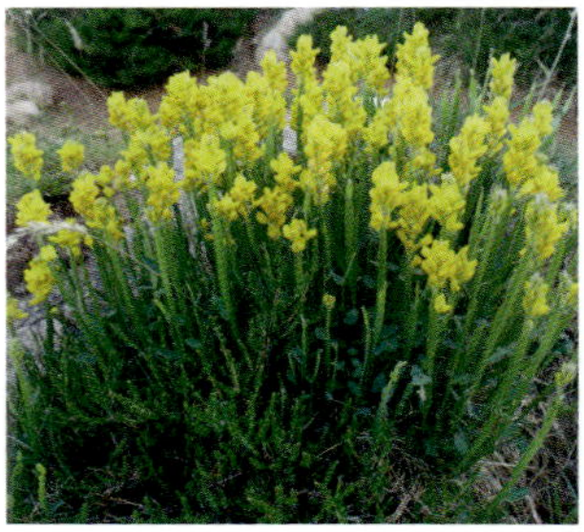

26

360°-Panorama auf dem Hohneck

Wanderung auf dem Vogesenkamm

Leicht · 1:10 Std. · 130 Hm · 3,0 km

Besonderer Genuss: Aussicht

Tourencharakter
Leichte, vorwiegend sonnige Tour auf Naturwegen und teilweise sehr felsigen Pfaden über Bergmatten

Ausgangs-/Endpunkt
Restaurant Le Pied du Hohneck
GPS N48°02'03.8" E07°02'48.5"

Anfahrt
Auto Von Colmar auf der D 417 über Munster und auf der D 10 und D 310 nach Le Gaschney
Bus Von Colmar zum Col de la Schlucht und mit dem Bus Navette des Crêtes zum Hohneck (www.parc-ballons-vosges.fr/navette-des-cretes, www.fluo.eu)

Gehzeiten
Restaurant Le Pied du Hohneck – Col du Wormspel 0:10 Std. – Le Hohneck 0:20 Std. – Col de Falimont 0:20 Std. – Restaurant Le Pied du Hohneck 0:20 Std.

Einkehr
Restaurant Le Pied du Hohneck, Route des Crêtes, F-88400 La Bresse, Tel: 0033/(0)3 29 63 11 50, www.pied-du-hohneck.fr

Karten
Club Vosgien/IGN, Blatt 6/8, 1:50 000

Touristinformation
Rue du Couvent 1, F-68140 Munster, Tel. 0033/(0)3/89 77 31 80, www.vallee-munster.eu

Hinweis
Am Vogesenkamm kann es im Sommer windig und kühl sein. Der Hohneck ist stark besucht. Besser Wochenenden meiden

Wenn auch ein sehr gut besuchter Gipfel, ist die Wanderung zum exponierten Le Hohneck auf dem Vogesenkamm eine herrliche Panoramatour mit Blick auf den Lac de Schiessrothried, das blaugrüne Auge in diesem Teil der Vogesen.

Zum Col du Wormspel Vom Parkplatz am Ⓐ **Restaurant Le Pied du Hohneck** an der Route des Crêtes starten wir auf der Straße in Richtung Le Hohneck aufwärts. Nach 20 Metern steigen wir rechts die Treppe hinauf, gehen durch das Drehkreuz und weiter über die Weide bergan. Die Richtung ist mit Col du Wormspel angezeigt. Am Pass ❶ **Col du Wormspel** haben wir eine vortreffliche Aussicht in das Tal der Fecht und auf den Lac de Schiessrothried. Im Sattel oberhalb liegt die Ferme Auberge du Schiessroth. In nördlich geneigten Hängen liegt Ende Juni noch Schnee. Die Gämsen sind die Menschen gewohnt und weiden friedlich wie die Vogesenkühe.

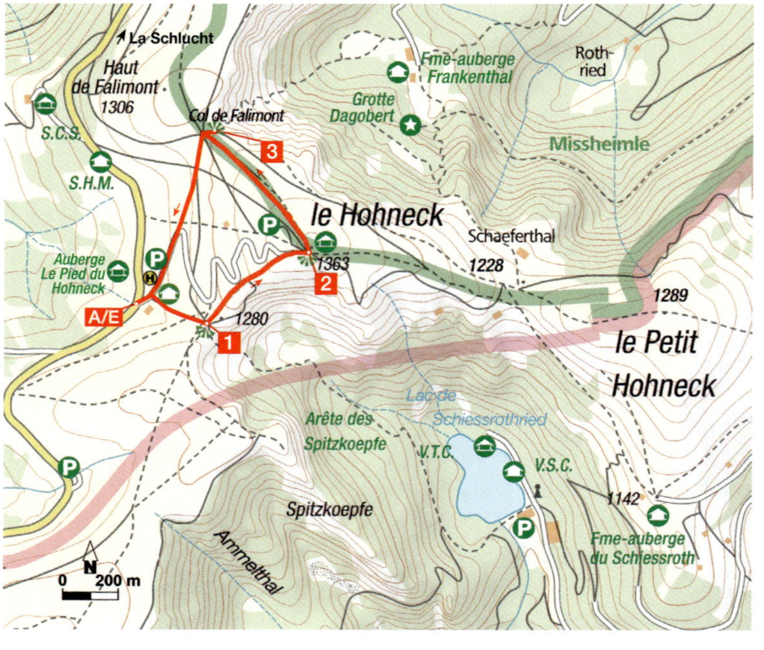

Auf das Hohneck Nach links steigen wir mit der Markierung rot-weiß-rotes Rechteck hoch in Richtung Hohneck, auf dessen Gipfel ein Hotel steht. In den Weiden neben dem Weg blühen Schlangenknöterich und Gelbe Stiefmütterchen, die hauptsächlich nur in den Vogesen vorkommen. Im Frühjahr blühen hier gelbe Narzissen. Am Hotel gehen wir rechts vorbei zum Gipfel des 2 **Hohneck** mit fantastischem Rundblick. Ein Orientierungstisch hilft die Berge und die Richtungen einzuordnen. Im Westen liegt Lothringen, im Norden in der Ferne der Donon, im Osten der Schwarzwald und im Süden der Grand Ballon mit der runden Antenne (Tour 33).

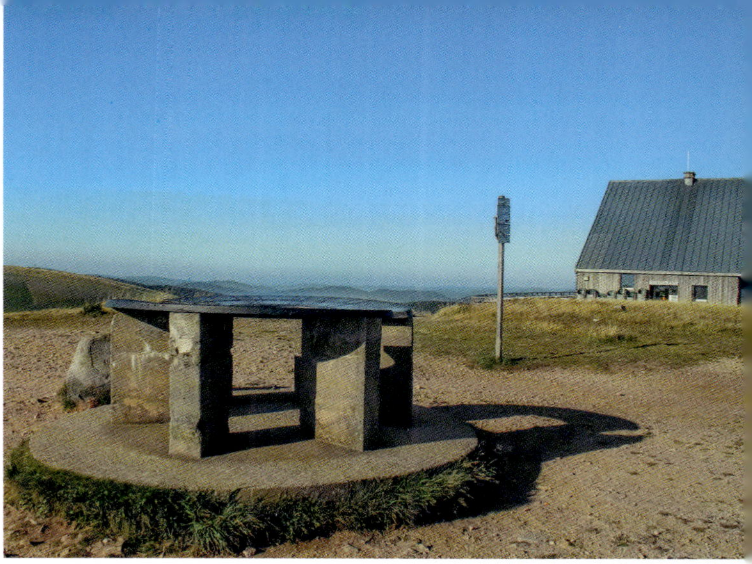

Bei prächtigem Wetter auf dem Hohneck besteht gute Aussicht.

Zum Col de Falimont Vom flachen Gipfel wandern wir nun rechts am Hotel vorbei mit der Markierung rotes Rechteck in Richtung Col de Falimont. Am Parkplatz geht es rechts hinunter in Richtung Col de la Schlucht. Nach 30 Metern müssen wir an der Weggabel nach links hinab wieder in Richtung Col de Falimont. Der Weg wird zu einer breiten Almstraße und endet am 3 **Col de Falimont**. Wegen der Aussicht machen wir einen Abstecher um 60 Meter nach rechts bis zur steilen Abbruchkante und schauen hier nach Osten in die herrliche Bergwelt um das Münstertal.

Zum Parkplatz am Restaurant Le Pied du Hohneck Vom Abstecher kommend nehmen wir am Col de Falimont den Weg nach links in Richtung Pied du Hohneck mit der Markierung rot-weiß-rotes Rechteck. Es verlaufen zwei Wege über die Weide hinab. Wir benutzen den rechten, weniger frequentierten Pfad, der genau auf unseren Ausgangspunkt zuläuft. Das letzte Stück laufen wir auf der Straße hinunter zum Parkplatz am E **Restaurant Le Pied du Hohneck**.

Lac de Schiessrothried

Wie alle anderen Seen unter dem Vogesenkamm entstand auch der auf 930 Meter Höhe liegende Lac de Schiessrothried vor 10 000 Jahren als Gletscherschmelzsee. Allerdings war er bis in die Neuzeit in dem glazial geformten Talkessel bereits zu einer Torfmoorfläche verlandet. Im 19. Jahrhundert bauten die Menschen aus dem Münstertal eine Staumauer, um das Wasser für die dort unten ansässigen Sägemühlen und Textilindustrien energetisch verwenden zu können. Heute tragen die Stauseen mit ihren blaugrün- und smaragdfarbenen Flächen zu einer wesentlichen optischen Aufwertung der Landschaft bei.

27

Der einprägsame Lingekopf

Auf dem Circuit Historique 1914–18

Leicht | 3:00 Std. | 280 Hm | 8,8 km

Besonderer Genuss: Einkehr

Tourencharakter
Leichte, vorwiegend schattige Tour, größtenteils auf Naturwegen durch Wälder und Weiden

Ausgangs-/Endpunkt
Parkplatz Gebraech über Hohrodberg
GPS N48°04'01.4" E7°07'33.7"

Anfahrt
Auto Von Colmar auf der D417 über Munster nach Hohrodberg
Bus Mit der Linie 248 von Colmar nur nach Soultzeren (www.fluo.eu)

Gehzeiten
Parkplatz Gebraech – Schutzhütte Wahlenstall 0:25 Std. – Soldatenfriedhof Baerenstall 1:20 Std. – Memorial Linge 0:20 Std. – Schratzmaennele 0:15 Std. – Ferme Auberge Glasborn-Linge 0:20 Std. – Parkplatz Gebraech 0:20 Std.

Einkehr
Ferme Auberge Glasborn-Linge, Hoernleskopf, F-68140 Soultzeren, Tel. 0033/(0)3/89 77 37 78, www.ferme-auberge-glasborn.fr
Ferme Auberge Musmiss, F-68140 Soultzeren, Tel. 0033/(0)3/89 71 32 33, www.vallee-munster.eu
Hôtel Restaurant Panorama, Route du Linge 3, F-68140 Hohrodberg, Tel. 0033/389/77 36 53, www.hotel-panorama-alsace.com

Karten
Club Vosgien/IGN, Blatt 6/8, 1:50 000

Touristinformation
Rue du Couvent 1, F-68140 Munster, Tel. 0033/(0)3/89 77 31 80, www.vallee-munster.eu

Die Wanderung zeigt wunderbare Landschaftspanoramen, streift auf dem Circuit Historique 1914–18 aber auch schreckliche Orte des Ersten Weltkriegs. Dies hebt die Wertschätzung für unsere Generation des Friedens.

Zur Schutzhütte Wahlenstall Vom Parkplatz **A Gebraech**, oberhalb von Hohrodberg, sind Munster und das obere Munstertal schön zu überblicken. Gegenüber steht an der Straße ein kleiner Bunker aus dem Ersten Weltkrieg. Dort werden wir am Ende von der Ferme Auberge Glasborn-Linge wieder herunterkommen. Wir beginnen die Wanderung jetzt aber nach Osten über den großen Picknickplatz, an dessen oberen Ende ein Pfad über Weiden parallel zur Straße mit der Markierung rotes Dreieck in Richtung Chrash Lancaster Stele führt. Der Weg mit dem Namen »Circuit Historique 1914–18 Hohrodberg-Linge« neigt sich sanft abwärts und wir schauen rechts auf Hohrodberg und Munster hinunter und weiter rechts auf den Petit Ballon (Tour 31). An der Kreuzung mit einem Bunker müssen wir rechts hinunter und an der Kreuzung nach 70 Metern mit der Markierung rotes Drei-

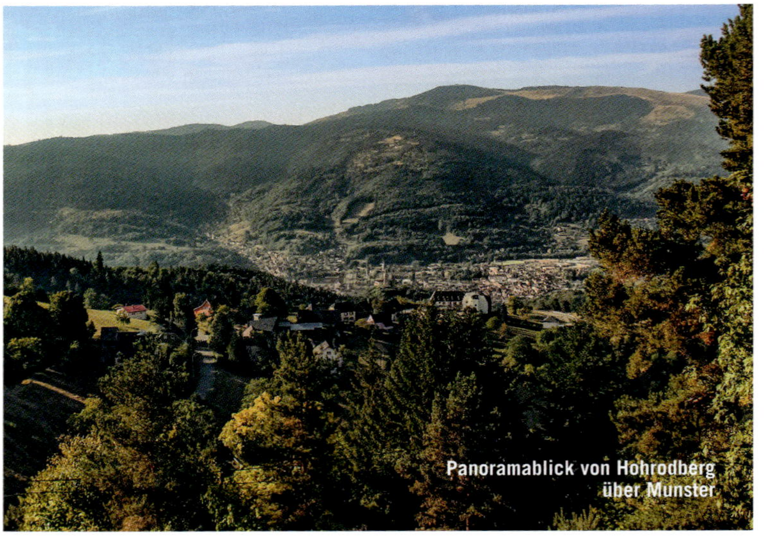

Panoramablick von Hohrodberg über Munster

eck wieder rechts hinab. Der Weg tangiert eine Gedenkstelle für einen Flugzeugabsturz einer britischen Lancaster im Jahr 1945. Weiter unten steht dann an einer Wegspinne die 1 **Schutzhütte Wahlenstall**.

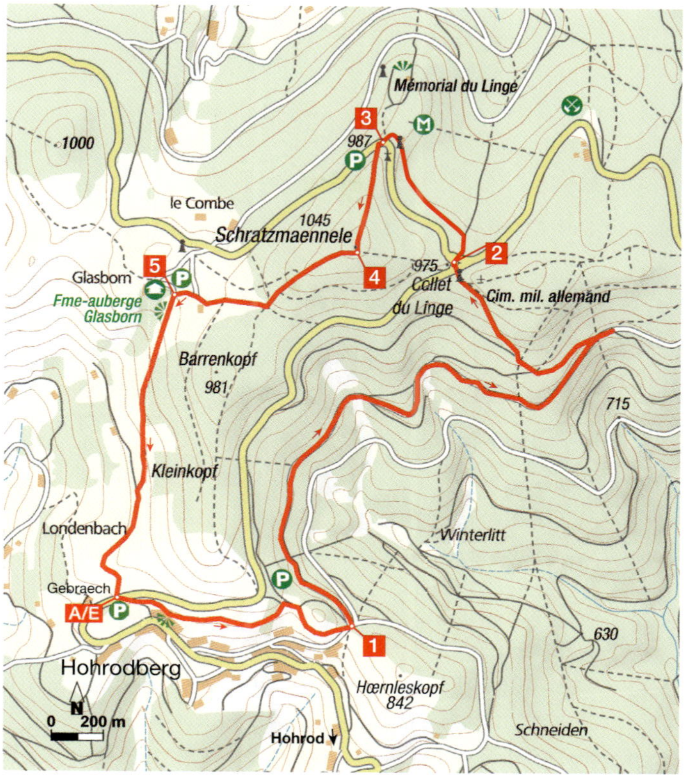

Zum Soldatenfriedhof Baerenstall Wir nehmen den ebenen zweiten Forstweg nach links, der mit einem gelben Kreuz markiert ist und in Richtung Trois-Epis angeschrieben ist. Bei allen Abzweigen durch herrlichen Mischwald bleiben wir auf dem ebenen Forstweg mit der Markierung gelbes Kreuz. Erst nach dem Schild Forêt Communale de Gunsbach steigen wir an einer Kreuzung in Form eines X in spitzem Winkel nach links hinauf. Die Markierung ist jetzt ein rotes Kreuz und auf dem Wegweiser steht Linge und Wettstein. An einer Kreuzung auf einem Umkehrplatz mit dem Namen Kuhberg bleiben wir geradeaus, jetzt steiler bergan. An der Weggabel nach 50 Metern nehmen wir die rechte Spur. Die Blaubeeren am Wegrand mögen über das steile Stück hinwegtrösten. Oben an der Straße D5BISI ist rechts der 2 **Soldatenfriedhof Baerenstall**. Diese 2460 zerstörten jungen Leben deutscher Soldaten – der Anblick ist grauenhaft. Es gibt in der Gegend viele solcher Friedhöfe. Die Toten sind eine Mahnung für den Frieden.

Auf dem Wanderweg bei der Auberge Glasborn-Linge

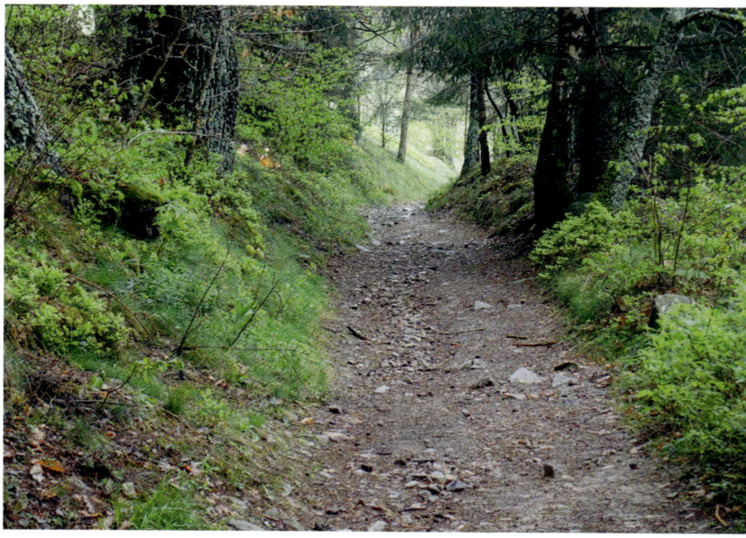

Zum Memorial Linge Wir überqueren vom Friedhof die D11VI und wandern nachdenklich auf dem Forstweg mit der Markierung gelb-weiß-gelbes Rechteck in Richtung Me-

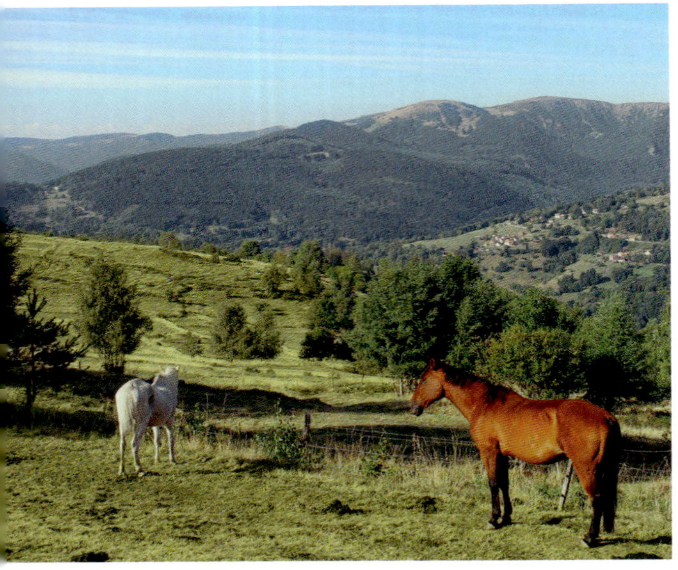

morial Linge weiter. An einer Weggabel nach 100 Metern bleiben wir geradeaus. Dann steigen wir auf der linken Seite den Pfad zum Museum und 3 **Memorial Linge** hinauf. Der kleine Bergrücken Lingekopf ist ein berühmt-berüchtigter Schlachtplatz, der unter Denkmalschutz steht. Der Rundgang bis zur nördlichen Bergnase ist 800 Meter lang und bewirkt, mit einem gewissen Einfühlungsvermögen in die damaligen Zustände, einen Schauer über den Rücken. 17 000 junge Männer beider Seiten starben hier in nur drei Monaten in einem Stellungskrieg. Aber die Aussicht am nördlichen Ende des Bergkamms zeigt heute glücklicherweise die friedliche Landschaft der nördlichen Vogesen. Vom Petit Hoheneck (Tour 31) und Le Hohneck (Tour 26) auf der linken Seite reicht das Panorama über den Tête des Faux bis zur Haut-Kœnigsbourg (Tour 20) am rechten Ende.

Aussicht in das Tal der Fecht und auf das Hohneck

Auf das Schratzmaennele Gegenüber des Museums steigen wir zu den Picknickplätzen hinauf und weiter mit der Markierung gelb-weiß-gelbes Rechteck in Richtung Schratzmaennele. In dieser fast absoluten Stille des Walds wirkt das Gesehene noch

Unten links: Aussicht am Denkmal oberhalb der Ferme Auberge Glasborn-Linge

Unten rechts: Der traurige Lingekopf ist eine Mahnung für den Frieden.

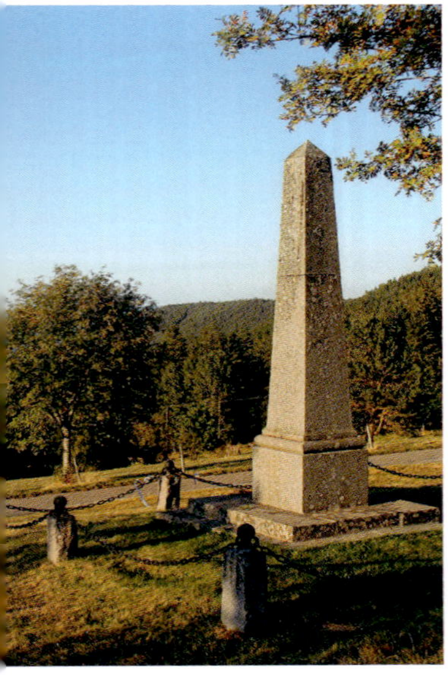

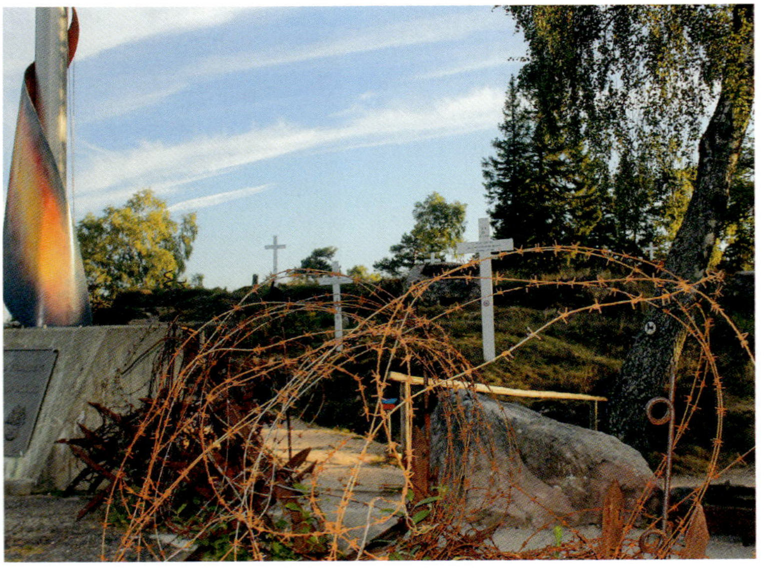

nach. An der T-Kreuzung an der höchsten Stelle des ❹ **Schratzmaennele** gehen wir rechts mit der Markierung gelbes Rechteck in Richtung Glasborn hinunter.

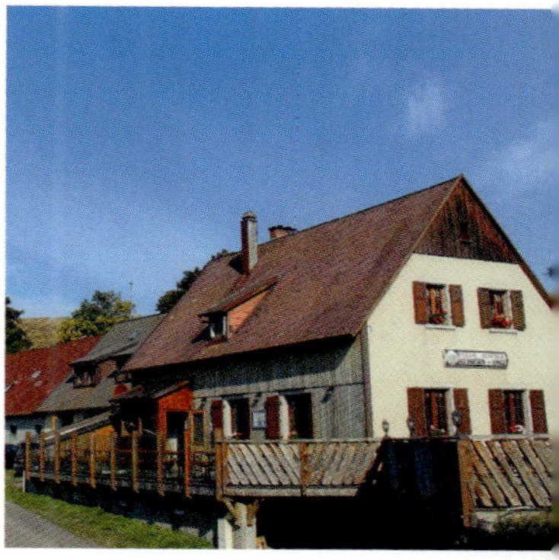

An der guten Ferme Auberge Glasborn-Linge kann man eine tolle Aussicht genießen.

Zur Ferme Auberge Glasborn-Linge Der gesamte Berg ist mit Schützengräben, Bunkern und Stellungen aus dem Ersten Weltkrieg überzogen. Der Pfad endet an einer Forststraße, auf der wir nach links gehen. An der gleich folgenden Kreuzung nehmen wir den zweiten Weg nach rechts hinunter. Nach 20 Metern stehen wir vor einer Weide, die mit Bombentrichtern übersät ist. Vor der Weide wandern wir nach rechts in Richtung Glasborn mit der Markierung gelbes Rechteck. Nach einer umgebauten Ferme zu einem Ferienhaus steigen wir auf dem Pfad nach links hinunter zur ❺ **Ferme Auberge Glasborn-Linge**, einer vortrefflichen Einkehrmöglichkeit mit herrlicher Aussichtsterrasse. In dieser mit inzwischen sehr groß gewordenen Gasträumen ausgestatteten Ferme Auberge gibt es nicht nur die wenigen üblichen Angebote der typischen Ferme Auberge, sondern ausgewachsene Menüs mit herrlichen Desserts.

Zum Parkplatz Gebraech Wir gehen von der Terrasse zurück über den Parkplatz und wandern rechts mit der Markierung rotes Dreieck auf dem alten Weideweg nun immer abwärts. Unterwegs haben wir an einer Bank einen schönen Blick in das obere Tal der Fecht und hinüber zum Petit Ballon und Grand Ballon. Unten an der Straße sind wir dann schnell am Ⓔ **Parkplatz Gebraech** zurück.

Frieden über dem Schlachtplatz Lingekopf

Der nur 400 Meter lange Bergrücken Lingekopf ist ein einzigartiges kleinräumiges Schlachtfeld, das in ewigem Gedenken gut erhalten wird. Das Museum zeigt Fundstücke und Karten der Frontlinie. Allein hier auf diesem unter Denkmalschutz stehenden Bergkamm sind 1915 in nur drei Monaten 17 000 junge Männer für ihr Vaterland gefallen, wie es beschönigend auf den Tafeln heißt. In Wirklichkeit sind sie wegen unsinniger Bestrebungen der Politiker und der Militärs zerrissen worden und elendig gestorben. Die 2460 deutschen Toten im weiter unten liegenden Soldatenfriedhof Hohrod führen diesen Wahnsinn noch einmal deutlich vor Augen. Doch die Gedächtnisstätten und Friedhöfe sind eine Mahnung für den Frieden.
Ein europäischer Politiker sagte: »Wer an Europa zweifelt, der sollte Soldatenfriedhöfe besuchen.« Wir können uns über die gesegnete Zeit des Friedens freuen, in der wir leben dürfen.

28

Von Munster nach Gunsbach

In Albert Schweitzers Heimat

Leicht | 3:30 Std. | 400 Hm | 11,6 km

Besonderer Genuss: Einkehr

Tourencharakter
Leichte, vorwiegend schattige Tour, meist Naturwege durch Wälder und Wiesen. Im Ortsgebiet auf Straßen

Ausgangs-/Endpunkt
Parkplatz Salle des Fêtes
GPS N48°02'24.2" E07°08'22.5"

Anfahrt
Auto Von Colmar auf der D417 nach Munster. Im Ort auf der Rue de la République nach links zum Parkplatz Salle des Fêtes
Bahn Von Colmar nach Munster oder Munster-Badischhof (www.fluo.eu)

Gehzeiten
Parkplatz Salle des Fêtes – Bahnhof Munster-Badischhof 0:30 Std. – Château du Schwarzenbourg 0:20 Std. – Kirche Gunsbach 1:00 Std. – Albert-Schweitzer-Monument 0:10 Std. – Kreuzung Heiligenbild 0:20 Std. – Parkplatz Salle des Fêtes 1:10 Std.

Einkehr
Restaurant Saint-Hubert, Rue de Wihr au Val 6, F-68140 Gunsbach, Tel. 0033/(0)3/89 77 47 34
Restaurant à La Schlitte, Rue de la République 7, F-68140 Munster, Tel. 0033/(0)3/89 77 50 35, https://la-schlitte.business.site

Karten
Club Vosgien/IGN, Blatt 6/8, 1:50 000

Touristinformation
Rue du Couvent 1, F-68140 Munster, Tel. 0033/(0)3/89 77 31 80, www.vallee-munster.eu

Hinweis
In Gunsbach gibt es zwei Museen zu Albert Schweitzer.

Diese Wanderung folgt Pfaden, auf denen Albert Schweitzer unterwegs war. Das schöne Munstertal ist ein landschaftliches Erlebnis: eine liebliche Welt inmitten von Wiesen, Weiden und Obstbäumen mit den bewaldeten Vogesen im Hintergrund.

Zum Bahnhof Munster-Badischhof Vom Ⓐ **Parkplatz Salle des Fêtes** in Munster überqueren wir die Rue de la République und den Place de la Tuilerie, in Richtung Parc Dr. Albert Schweitzer und Piscine (Schwimmbad). Im Park zwischen kleiner und großer Fecht stehen alte Zedern, Platanen und gewaltige Mammutbäume. Vor dem Zusammenfluss der beiden Flüsschen führt eine Brücke über die große Fecht. Wir queren die Rue du Parc de la Fecht und gehen rechts am Weiher entlang. Rechts neben dem Schwimmbad spazieren wir an einem alten Mühlenkanal entlang und stoßen dann auf die Rue du Hammer, der wir nach rechts folgen. Die Straße D 10 überqueren wir geradeaus in den

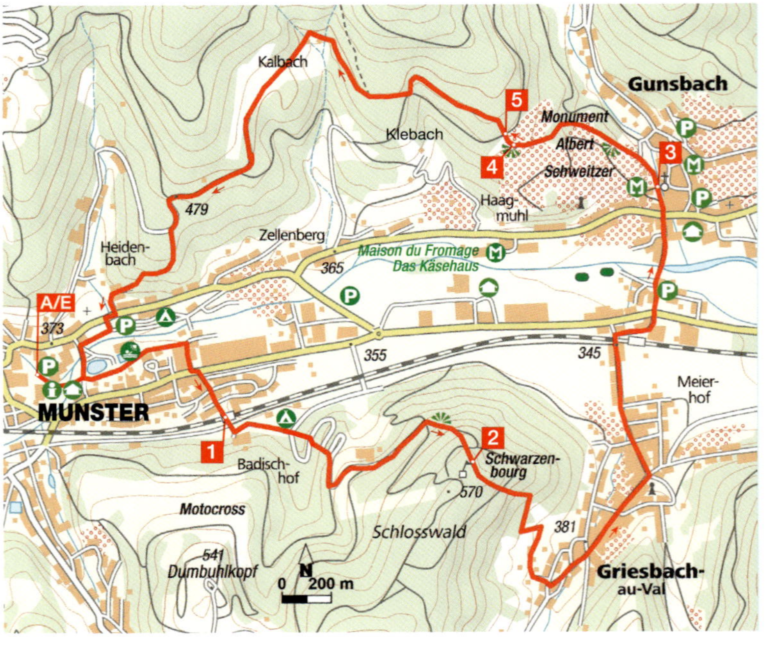

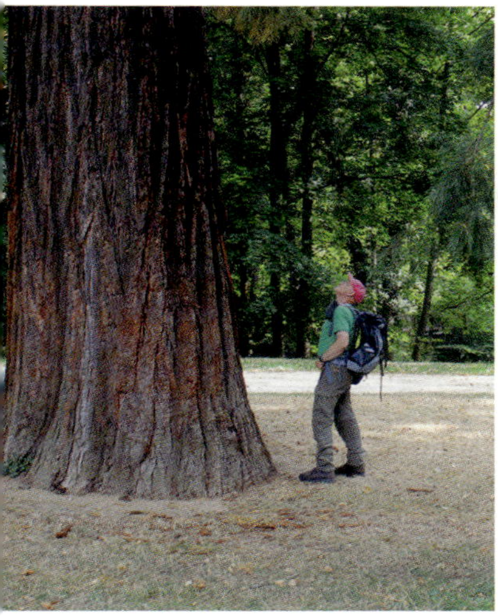

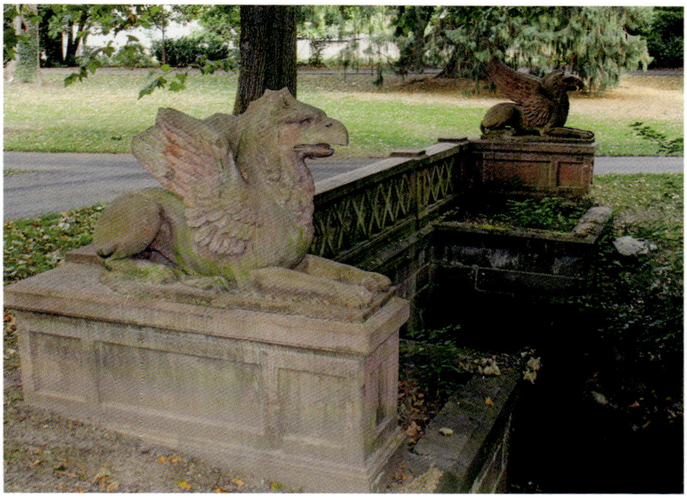

Chemin du Badischhof und erreichen den **1 Bahnhof Munster-Badischhof**.

Links: Mammutbaum im schönen Parc Dr. Albert Schweitzer in Munster

Rechts: Skulpturenbrücke im Parc Dr. Albert Schweitzer in Munster

Zum Château du Schwarzenbourg Der Chemin du Badischhof verläuft durch die Unterführung und biegt vor dem großen Gebäude Badischhof nach links Richtung Schlosswald ab. Nach dem Kiosk am Étang du Schlosswald steigt am Zaun ein kleiner Pfad in Richtung »Variante du Circuit du Schlosswald« mit dem blauen Ring hinauf. An mehreren Abzweigen bleiben wir jeweils auf dem Weg mit dem blauen Ring, der nach oben führt. An einer Wegspinne wählen wir den Weg mit dem blauen Ring und dem blauen Dreieck, der auch nach oben steigt. Auf dem Wegweiser steht »Schwarzenbourg«. An einem Aussichtsplatz mit Steinbank genießen wir die Sicht auf Gunsbach und Munstertal. Munster liegt im herrlichen Regionalen Naturpark Ballons des Vosges.

Blick vom Albert-Schweitzer-Weg über die Dächer von Gunsbach

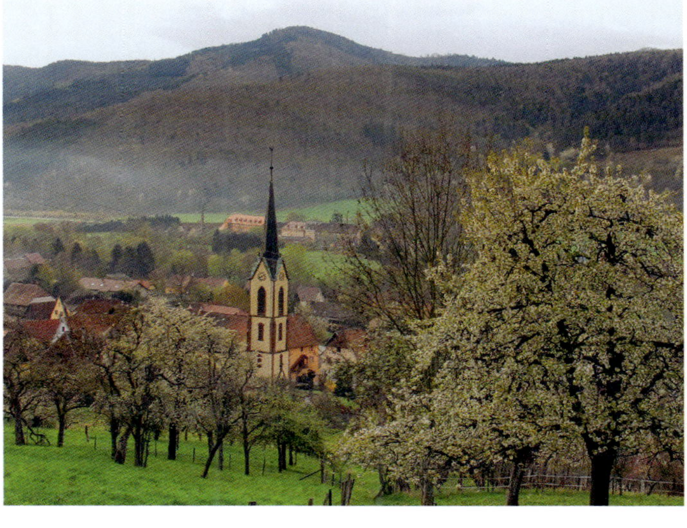

An der Forststraße gehen wir weiter hinauf zur schon sichtbaren Ruine des **2 Château du Schwarzenbourg**, die aber wegen Einsturzgefahr nicht betreten werden darf. Die Burg wurde erstmals 1261 erwähnt und 1651 zerstört.

Zur Kirche in Gunsbach Rechts der Ruine, also auf deren Südseite, wandern wir weiter in östliche Richtung auf dem vorerst ebenen Weg ohne Markierung. 150 Meter nach einer Stromleitung führt links ein kleiner Pfad abwärts. Weiter unten ist dann auch der Wegweiser nach Griesbach au Val mit der Markierung blauer Punkt zu finden. In Serpentinen steigen wir durch den Mischwald mit großem Anteil an schattenertragenden Stechpalmen abwärts. Nach Griesbach au Val kommen wir auf der Rue du Schlatt herunter. An deren Ende schlendern wir dann links die Rue Principale abwärts und nach 400 Metern links in die Rue de la Gare. Nach der Überquerung der Schienen wandern wir rechts in die Rue de la Poste. Am kleinen Bahnhof Gunsbach-Griesbach wenden wir uns links und überqueren die D 417. Geradeaus geht es auf der Brücke über die Fecht direkt auf die Kirche von Gunsbach zu. Rechts unterhalb der Kirche ist das Musée Africain Albert Schweitzer. Vor der Kirche spazieren wir aber links die Rue de l'Église hinauf bis zum Eingang der 3 **Kirche in Gunsbach**, in der Albert Schweitzer schon als Kind an der Orgel spielen durfte.

Zum Albert-Schweitzer-Monument Vom Eingang der Kirche steigen wir geradeaus zwischen Haus und Mauer den Albert-Schweitzer-Weg durch die Wiesen hinauf. Der Blick zurück schweift über die Dächer von Gunsbach in das Munstertal hinaus. An der siebten Informationstafel des Albert-Schweitzer-Wegs knickt der Pfad zwischen Obstbäumen nach links und steigt an weiteren Tafeln vorbei zum 4 **Albert-Schweitzer-Monument** hinauf. Hier haben wir den Platz erreicht, an dem Albert Schweitzer Ruhe fand und über die Welt nachdachte.

Zur Kreuzung Heiligenbild Oberhalb des Monuments steigen wir auf einem kleinen felsigen Pfad höher. An einer Kiesstraße gehen wir mit der Markierung roter Ring links. An einigen Pferdekoppeln wandern wir rechts und nach 70 Metern zwischen

Geschmackvoller Munsterkäse

An diesem Käse scheiden sich die Geister. Der würzige, intensiv riechende Munsterkäse wird nach altem Rezept der Benediktinermönche hergestellt. Abend- und Morgenmilch der Vogesenkuh wird vermischt, auf 32 °C erwärmt und mit dem Enzym des Labmagens von Kälbern zur Gerinnung gebracht. Die Masse kommt dann in die runden Formen. In drei Wochen reift sie zu dem berühmten stark riechenden Munsterkäse heran. Die Ursprungsgarantie für den *fromage de munster* ist durch die Aufschrift »Appellation d'origine contrôlée« gegeben. Die besten Käse und Gerichte daraus bekommt man in den Ferme Auberges, oben in den Vogesen. Etwas Kümmel darüber passt gut. Dazu schmeckt Elsässer Wein oder ein Obstbrand. Das Maison du Fromage ist ein Regionalmuseum mit Schwerpunkt Herstellung von Munsterkäse. Interessant sind auch der Museumsladen und das Restaurant Stub Fecht mit Gerichten, bei denen der Munsterkäse die Hauptrolle spielt (La Maison du Fromage, Vallée Munster, Rue de Munster 23, F-68140 Gunsbach, Tel. 0033/(0)3/89 77 90 00, www.maisondufromage-munster.com).

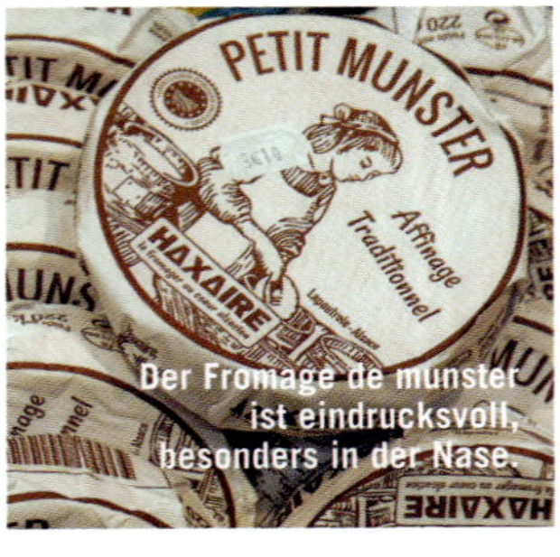

Der Fromage de munster ist eindrucksvoll, besonders in der Nase.

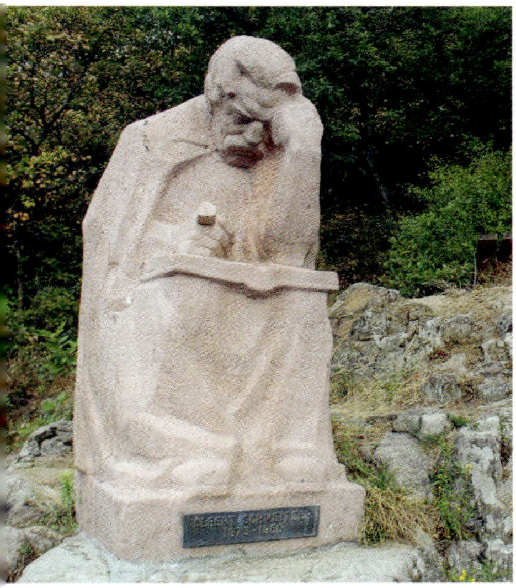

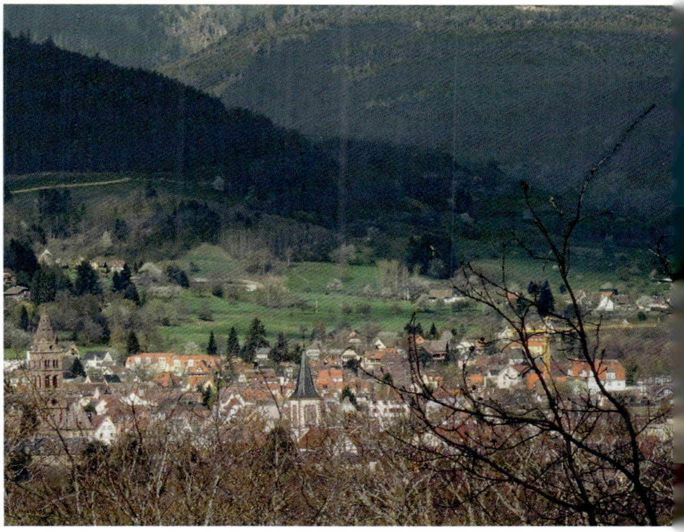

den Weiden steil nach links hinauf und erreichen im Wald eine **5** **Kreuzung mit Heiligenbild** an einem Baum. Darüber wehen tibetische Gebetsfahnen.

Links: Am Albert-Schweitzer-Monument über Gunsbach

Rechts: Blick auf Munster vor den bewaldeten Hängen der Vogesen

Zum Parkplatz Salle des Fêtes Wir folgen dem gelben Dreieck geradeaus in Richtung Grand Parcours. An einer Weggabel gehen wir nach rechts leicht aufwärts. Nach 100 Metern bleiben wir geradeaus auf der Forststraße dem roten Punkt folgend in Richtung Munster. Bald kommen wir am versteckt liegenden Gehöft Kalbach le Haut vorbei und bleiben an zwei folgenden Weggabeln geradeaus abwärts. An einer T-Kreuzung mit Picknickbank wenden wir uns nach links in Richtung Munster und Heidenbach und laufen schließlich auf dem Chemin du Galgenberg in Munster ein. Wir überqueren die D417 und gehen die Treppe hinunter und unten auf dem Parkplatz rechts an der Fecht entlang in den Parc Dr. Albert Schweitzer. Am Ende des Parks liegt der **E** **Parkplatz Salle des Fêtes**. Es ist auch lohnend, die nahe Innenstadt von Munster mit der mächtigen evangelischen Sandsteinkirche zu besichtigen. Übrigens beginnt in Munster die Route du Fromage. Sie führt zum Col de la Schlucht und verläuft dann von Breitfirst nach Sondernach und endet wieder in Munster.

An der Brücke über die kleine Fecht in Munster

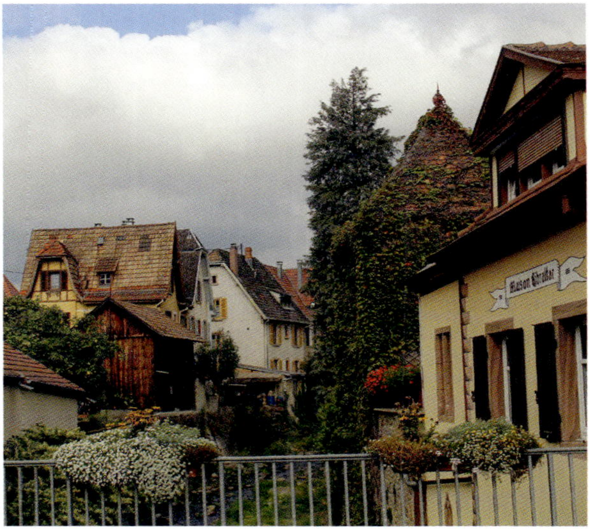

29

Zu den Burgen über Eguisheim

Aussicht über die »Zwiebelstadt«

Leicht | 3:40 Std. | 400 Hm | 10,8 km

Besonderer Genuss: Kultur am Wegrand

Tourencharakter
Leichte, vorwiegend sonnige Tour, meist auf befestigten Wegen durch Weinberge, Wälder und Ortsgebiet. Steiler Aufstieg zu den Burgen

Ausgangs-/Endpunkt
Parkplatz Mairie Eguisheim
GPS N48°02'30.2" E7°18'35.7"

Anfahrt
Auto Auf der D 30 und D 14 nach Eguisheim
Bus Mit der Linie 208 und 240 von Colmar nach Eguisheim (www.fluo.eu)

Gehzeiten
Parkplatz Mairie – Parc à cigognes 0:20 Std. – Église Saint-Pancrace in Husseren les Châteaux 0:40 Std. – Damensessel 0:20 Std. – Les Trois Châteaux d'Eguisheim 0:25 Std. – Damensessel 0:20 Std. – Place Charles de Gaulle 1:20 Std. – Parkplatz Mairie 0:15 Std.

Einkehr in Eguisheim
Restaurant Kas'fratz, Rue du Château 1, Tel. 0033/(0)3/89 41 87 66
Restaurant Caveau Heuhaus, Rue Mgr Stumpf 7, Tel. 0033/(0)3/89 41 85 72, www.caveauheuhaus.com

Karten
Club Vosgien/IGN, Blatt 6/8, 1:50 000

Touristinformation
Grand-Rue 22A, F-68420 Eguisheim, Tel. 0033/(0)3/89 23 40 33, www.tourisme-eguisheim-rouffach.com

Hinweis
Eguisheim ist beliebt. Besser das Wochenende meiden.

Die sonnige Wanderung bringt uns durch ausgedehnte Rebflächen und Wald zu den drei Burgen oberhalb von Eguisheim. Der besonders romantische und quirlige Ort Eguisheim mit seinen vielen gemütlichen Winstubs wird uns bei einem Rundgang bezaubern.

Zum Parc à cigognes Vom Ⓐ **Parkplatz Mairie** in Eguisheim gehen wir zurück zur Grand Rue und biegen links in das pittoreske Städtchen ein. Am großen Brunnen mit der Statue von Papst Leo IX. auf dem Place du Château Saint-Léon stand gleichnamiges Château. Das Besondere an dem Château ist der oktogonale Grundriss, der noch in der Mauer erhalten ist.
Auf der Grand Rue laufen wir weiter und biegen mit der Markierung blauer Ring nach links in die Rue Mgr. Stumpf und kommen an der Kirche vorbei. Die Église Saints-Pierre-et-Paul wurde zwar erst im 19. Jahrhundert erbaut, besitzt aber im Innern ein

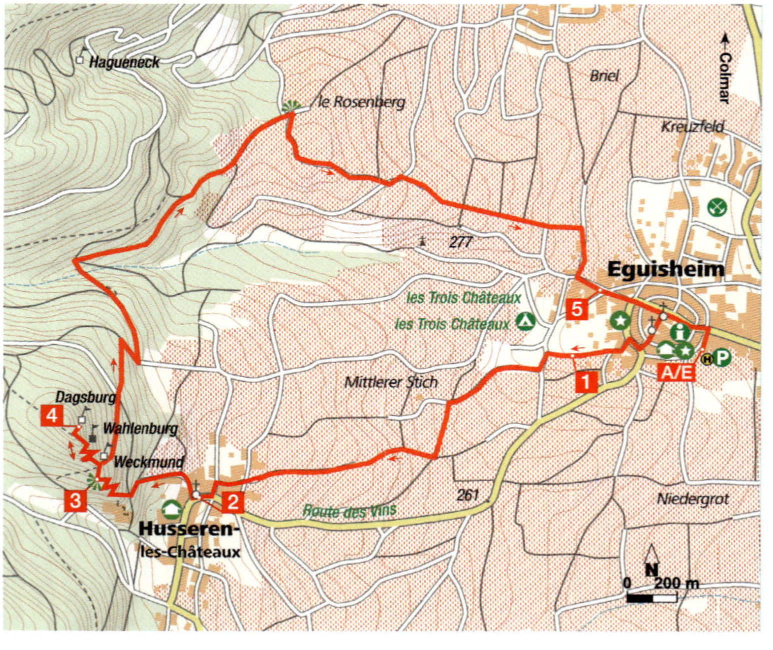

künstlerisch wertvolles spätromanisches Portal aus dem Vorgängerbau. Geradeaus laufen wir aus der Altstadt hinaus und sehen bei der Überquerung der letzten inneren Gassen, was der Begriff »Zwiebelstadt« bedeutet. Alle Gassen liegen wie die Schalen einer Zwiebel ringförmig um das Zentrum. Mit seinen Fachwerkhäusern, seiner Stadtmauer und seiner Burg ist Eguisheim eines der schönsten elsässischen Dörfer.

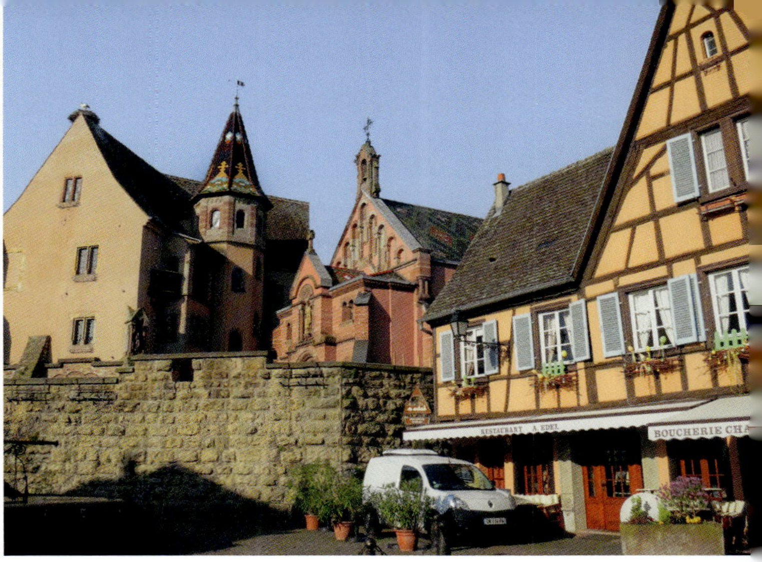

Am Place du Château Saint-Léon vor der Burg Eguisheim

An der D14 gehen wir rechts und nach 60 Metern links in die Rue du Vignoble und sofort rechts in die Rue du Réservoir, die zum ❶ **Parc à cigognes** führt. Nicht nur hier im Storchenpark, sondern auch über der Stadt klappern die Störche.

Zur Église Saint-Pancrace in Husseren les Châteaux Am Ende des Wegs laufen wir an der Kreuzung links und nach 100 Metern durch die schier endlosen Rebflächen in Richtung der schon zu sehenden Trois Châteaux d'Eguisheim. An einer Kreuzung in den Weinbergen wandern wir rechts hinauf. Bald ist Husseren les Châteaux zu sehen. Der Ort entstand aus den Hütten der Arbeiter, die im 11. bis 12. Jahrhundert die drei Burgen über dem Ort erbauten. In Husseren les Châteaux laufen wir auf der Rue des Vignerons ein und am Ende nach links. An der folgenden Kreuzung steigen wir rechts die steile Rue de l'Église hinauf zur ❷ **Église Saint-Pancrace**.

An den Les Trois Châteaux d'Eguisheim

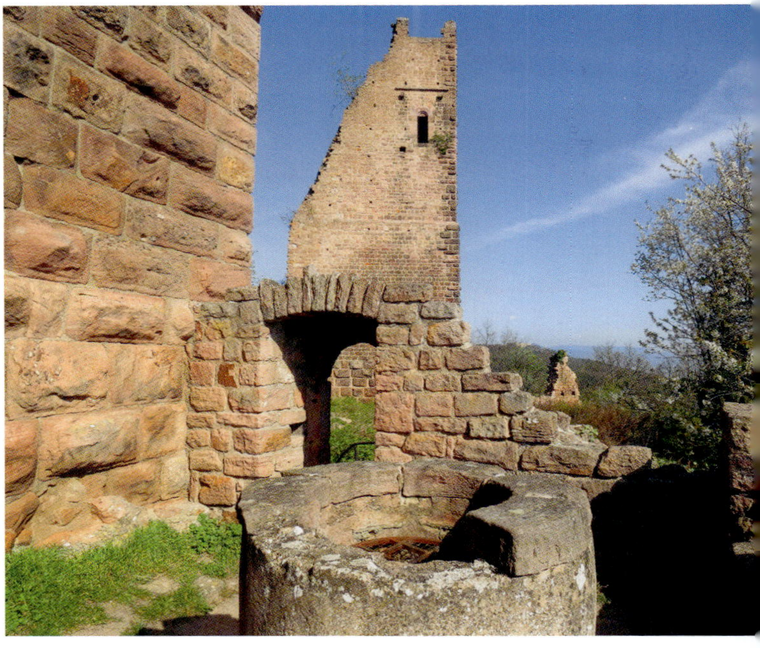

Zum Damensessel Nach der Kirche müssen wir rechts und dann links in der Rue des Trois Châteaux hinauf. Weiter oben wird die Straße zwischen den letzten Häusern zu einem Hohlweg zwischen Mauern. Nach

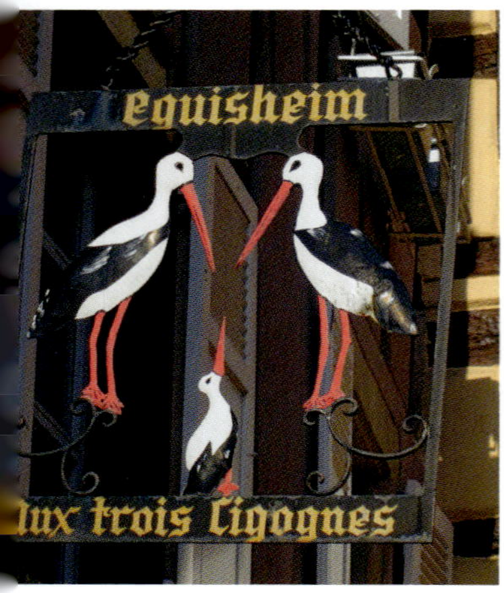

Restaurant Zu den drei Störchen in Eguisheim

dem letzten Grundstück geht es mit den Markierungen Ring und Raute in roter Farbe links in Richtung Trois Châteaux. Nach 150 Metern müssen wir rechts hinauf und die Markierung ist nun ein roter Punkt, der zuverlässig zum Aussichtspunkt ❸ **Damensessel** führt. Hier können auch Herren ein wenig rasten.

Zu den Les Trois Châteaux d'Eguisheim Auf kleinem romantischem Felsenpfad in Serpentinen bleiben wir an Abzweigen immer bergauf und kommen zum Aussichtspunkt Herrensitz. Fast ganz oben müssen wir an einer T-Kreuzung noch rechts und können dann die ❹ **Les Trois Châteaux d'Eguisheim** erobern. Die drei Bergfriede aus rosafarbenem Sandstein gehörten einst zu drei verschiedenen Burgen, die auch die »Drei Egsen« genannt werden. Die Mauerreste sind dem Verfall preisgegeben und der Turm der Wahlenburg kann leider auch nicht mehr bestiegen werden. Trotzdem ist die Aussicht über die Oberrheinebene bis in den Schwarzwald fantastisch. Die Dagsburg ist die nördliche Ruine, Wahlenburg liegt in der Mitte und im Süden steht die Weckmund. Die Wahlenburg wurde im 11. Jahrhundert als eine der ersten Burgen im Elsass überhaupt errichtet, die zwei anderen stammen aus der Zeit um 1300. Die drei unabhängigen Teile der Burg erklären sich durch die Aufteilung der Familien im 12. bis 13. Jahrhundert.

Zum Damensessel Zurück geht es zuerst auf dem bekannten Weg hinab bis zum Platz mit dem Namen ❸ **Damensessel**.

Zum Place Charles de Gaulle in Eguisheim Am Damensessel wandern wir also links abwärts in Richtung Eguisheim mit der Markierung roter Punkt. Der bequeme Pfad führt durch schattigen Wald und überquert dabei drei Forststraßen, jetzt aber mit der Markierung rote Raute. Im Bechtal zeigt der Wegweiser nach Eguisheim zwar nach rechts, aber wir steigen über das kleine Bächlein und gehen auf dem zweiten Weg rechts auf schönerer Strecke nach Eguisheim. An einem Wein-

Das Château Saint-Léon

Schon in der Römerzeit stand an der Stelle des Château Saint-Léon in Eguisheim ein Kastell auf einem Erdhügel. Im 7. Jahrhundert wurde das fränkische Herzogtum Elsass gegründet. Im 8. Jahrhundert wurde eine Wasserburg angelegt, die in staufischer Zeit mit einer charakteristischen achteckigen Wehrmauer umgeben wurde. Das Herzogtum wurde im 9. Jahrhundert in zwei Grafschaften aufgeteilt: den Nordgau und den Sundgau. Eine Seitenlinie der Grafen des Nordgaus nannten sich schließlich Grafen von Eguisheim. Im Château Saint-Léon wurde der spätere Papst Leo IX. als Grafensohn Bruno geboren. Der heutige Wohnbau innerhalb der Mauer spiegelt den Stil der Neorenaissance wider. Die neoromanische Kapelle wurde im 19. Jahrhundert erbaut.

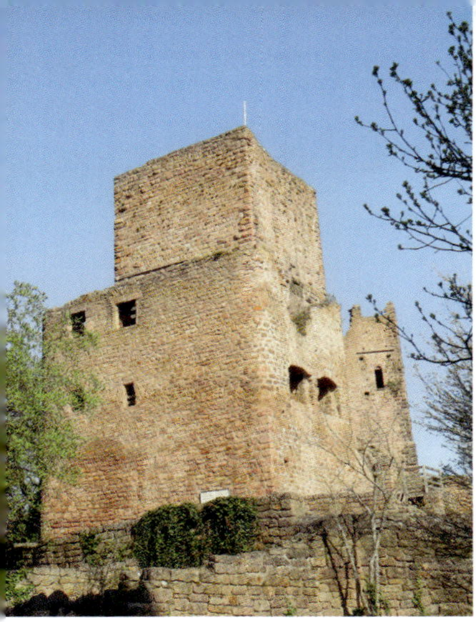

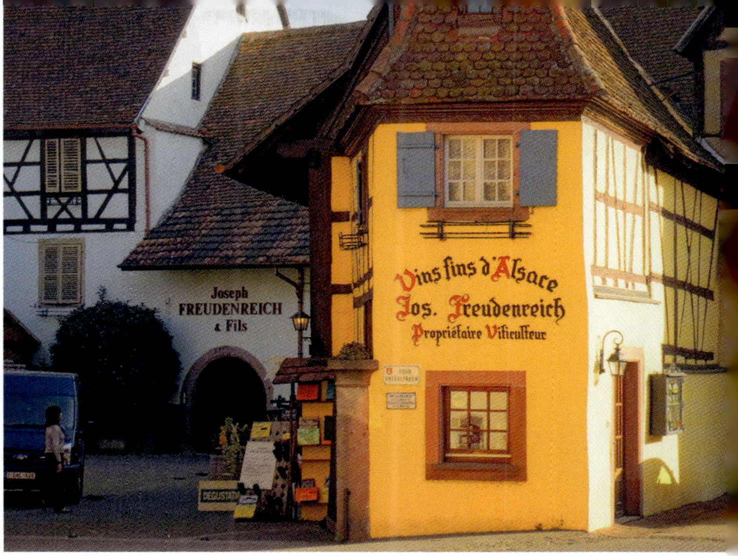

berg öffnet sich der Blick auf Eguisheim. Zunächst geht es weiter abwärts auf einem Forstweg, dann entlang von ausgedehnten Weinbergen. Am Ende der Naturstraße biegen wir nach rechts auf die asphaltierte Weinbergstraße hinauf. Hier können wir in die nördlichen Vogesen und über Colmar schauen.
Nach 10 Metern zeigt ein Wegweiser noch einmal rechts Richtung Eguisheim mit einem blauen Kreuz und grünem Kreis. 20 Meter nach einem alten Sandsteinkreuz gehen wir an einer T-Kreuzung mit Bank auf dem Kiesweg nach rechts. Noch 150 Meter vor den ersten Häusern biegen wir rechts ab. Es ist die Rue des Trois Pierres, an deren Ende wir links auf der Rue Porte Haute zum 5 **Place Charles de Gaulle** mit dem Brunnen kommen.

Links: Die Trois Châteaux d'Eguisheim stehen weit oberhalb der Stadt.

Rechts: Eguisheim ist einer der schönsten Orte Frankreichs.

Die Gassen von Eguisheim schmiegen sich wie die Schalen einer Zwiebel aneinander.

Zum Parkplatz Mairie Geradeaus an der Schule vorbei laufen wir auf der Grand Rue quer durch die Altstadt zum E **Parkplatz Mairie** zurück. Oder wir können noch einen größeren Rundgang durch das malerische Eguisheim anschließen. Ein kleiner Spaziergang durch die mit Kopfstein gepflasterten Gassen bietet an jeder Ecke neue Einblicke und Ausblicke in das geschäftige Städtchen. Bunte Fachwerkhäuser, der Blumenschmuck und eine Altstadt, in der die Vergangenheit nicht erloschen ist, verleihen der Stadt ihren pittoresken Charme.

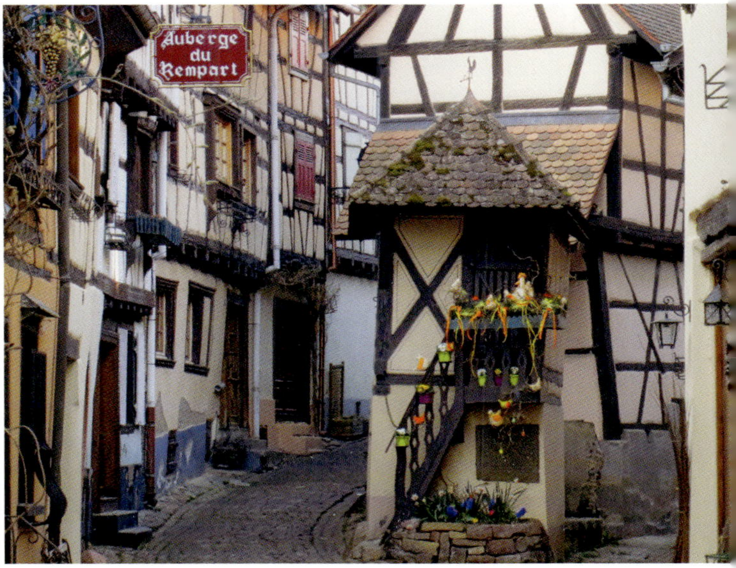

30

Zur Pèlerinage Schauenberg

Auf dem Jakobsweg bei Gueberschwihr

Leicht | 2:30 Std. | 250 Hm | 7,6 km

Besonderer Genuss: Kultur am Wegrand

Tourencharakter
Leichte, vorwiegend schattige Tour, größtenteils auf Naturwegen durch Wälder. Im Ortsgebiet auf Straßen

Ausgangs-/Endpunkt
Parkplatz Place de Mairie Gueberschwihr
GPS N48°00'15.0" E07°16'31.5"

Anfahrt
Auto Auf der D83 bis Ausfahrt Gueberschwihr und auf der D1.5 zum Place de Mairie in Gueberschwihr
Bus Mit der Linie 440 von Colmar nach Gueberschwiehr (www.fluo.eu)

Gehzeiten
Place de Mairie Gueberschwihr – Kappel Saint-Leonhard 0:40 Std. – Notre-Dame du Schauenberg 0:25 Std. – Rocher Coucou 0:30 Std. – Auberge Saint-Marc 0:20 Std. – Place de Mairie Gueberschwihr 0:35 Std.

Einkehr in Gueberschwihr
La Taverne Médiévale, Rue Haut 11, Tel. 0033/(0)3/89 49 20 79, www.taverne-medievale.com
Auberge Saint-Marc, Route de Saint Marc 5, Tel. 0033/(0)9/53 29 88 38, www.aubergesaintmarc.fr, (nur Wochenende im Sommer)

Karten
Club Vosgien/IGN, Blatt 6/8, 1:50 000

Touristinformation
Place des Unterlinden, F-68000 Colmar, Tel. 0033/(0)3/89 20 68 92, www.tourisme-colmar.com

Hinweis
Das Tor im Kloster Notre-Dame du Schauenberg wird täglich ab 8 Uhr geöffnet.

Dies ist wohl eine der schönsten Wanderungen am Rand der Vogesen. Der alte Pilgerweg bietet im Bereich von Gueberschwihr schattige Pfade, bizarre Felsformationen, großartige Aussichten und die Wallfahrtskirche Schauenberg.

Zur Kappel Saint-Leonhard Auf dem Ⓐ **Place de Mairie** in Gueberschwihr zieht die mächtige romanische Kirche Saint-Pantaléon aus dem 12. Jahrhundert die ganze Aufmerksamkeit auf sich. Allerdings stammt nur noch der Turm aus dieser Zeit. Einst stand der Turm mittig auf der Kreuzung des Querschiffs der Vorgängerkirche. Trotzdem ist der alte Turm mit seinen reich geschmückten drei oberen Fensterstockwerken noch immer einer der schönsten romanischen Bauten im Elsass. Das heutige Kirchenschiff entstand im 19. Jahrhundert.

An der Linde vor der alten Rosswäsch bei der Kirche finden wir einen Wegweiser nach Saint-Leonhard und Schauenburg, mit der Markierung blauer Ring nach links in die Rue Haut. Vor der Hausnr. 29 biegt die Rue Haut nach rechts hinauf. An der Kreuzung mit einem Brunnen verlassen wir die Straße ge-

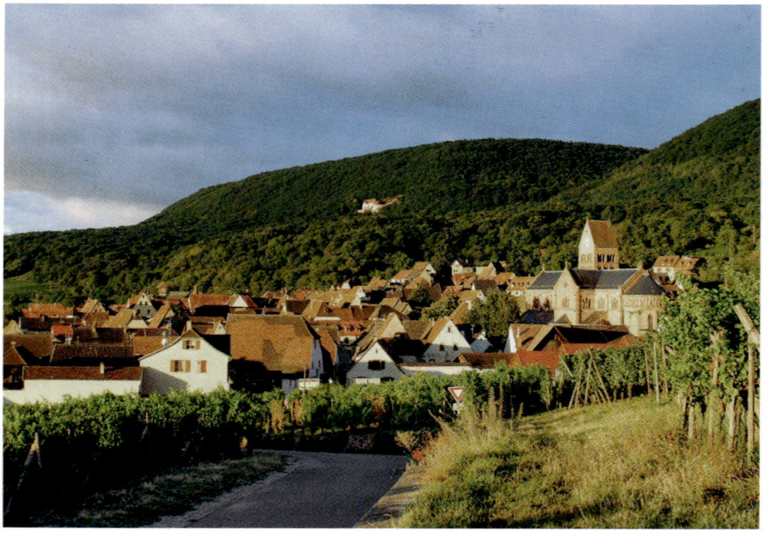

radeaus auf die Rue du Schauenberg, die nach 20 Metern vor dem roten Fachwerkhaus nach links knickt. Vor einem Sandsteinkreuz aus dem Jahr 1688 wenden wir uns nach links. 10 Meter nach einem weiteren Sandsteinkreuz wandern wir links auf einem kleinen Pfad weiter, der mit der Markierung blauer Ring nach Saint-Leonhard führt. Der schöne Weg, ein uralter Wirtschaftspfad, bringt uns durch verwilderte Obstgärten und später durch Eichen-Esskastanien-Wald. Die Terrassen im Wald zeigen an, dass die landwirtschaftlichen Flächen im Mittelalter viel größer waren. Der Pfad ist mit bemoosten Steinen in einer Reihe gesäumt und wurde bestimmt schon seit Jahrhunderten als Weg zu benachbarten Dörfern und Kirchen benutzt. Besiedelt und urbar gemacht wurde das Gebiet schon vor 4000 Jahren.

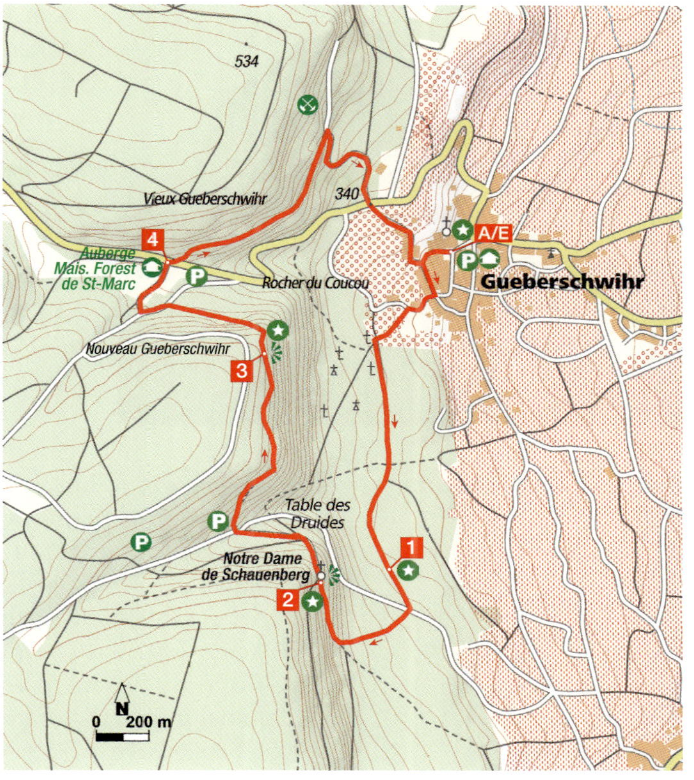

Linke Seite: Über Gueberschwihr wacht die Wallfahrtskirche Schauenberg.

An einer Kreuzung im Wald gehen wir nach links auf einem betonierten Wirtschaftsweg, dann nach 50 Metern rechts auf ei-

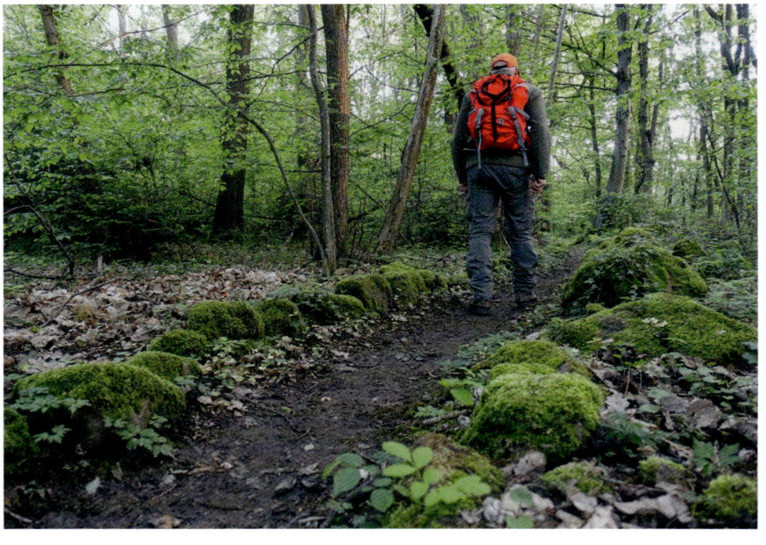

Auf dem historischen Weg zur Kappel Saint-Leonhard

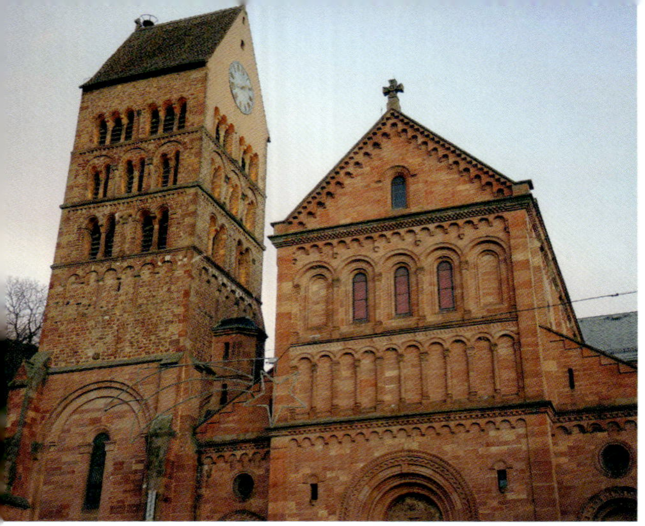

Der Turm von Saint-Pantaléon stammt aus dem 12. Jahrhundert.

nem alten Hohlweg weiter und bleiben danach geradeaus. Bald steht links auf einer Lichtung die nur noch in Grundmauern erhaltene Kloster- und Kirchenanlage **1** **Kappel Saint-Leonhard** aus dem 12. Jahrhundert. Ein ehemaliges Dorf an dieser Stelle ist gänzlich verschwunden.

Zur Notre-Dame du Schauenberg Weiter auf dem Weg queren wir nach 100 Metern mit der Markierung blauer Ring die Asphaltstraße nach Schauenberg. An einer ersten Kreuzung bleiben wir noch geradeaus. An der nächsten Wegkreuzung steigen wir rechts auf dem Chemin du Croix, die Kreuzwegstationen entlang, in Richtung Schauenberg hoch. Der alte Pilgerweg kommt von Pfaffenheim herauf. Mit Inbrunst haben die Erbauer der Kreuzwegstationen und der Figuren die Reihe vorbei am Roche du Diable gestaltet, um den sich eine Sage rankt. Dann sind wir oben auf dem Plateau der **2** **Pèlerinage Notre-Dame du Schauenberg**, die seit 1483 ein Wallfahrtsort ist. In einem der bunten Glasfenster der Kirche wird die Belagerung von Gueberschwihr im Jahr 1870 gezeigt. Der oberhalb im Wald stehende Druidentisch lässt hier eine weit ältere Anbetungsstätte vermuten. Die Aussicht ist auf jeden Fall fantastisch. Eine Panoramatafel erklärt die Welt im Sichtbereich der Rheinebene. Hinter der Kirche kommen wir durch ein Tor in den Pilgerhof mit herrlicher Aussichtsterrasse.

An der Wallfahrtskirche Notre-Dame du Schauenberg

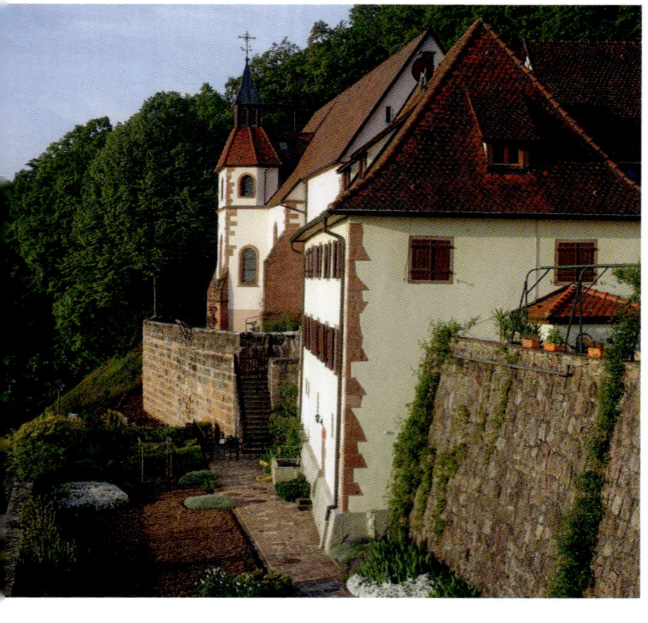

Zum Rocher Coucou Jetzt wandern wir auf der Zufahrtsstraße hinunter zum Parkplatz und gehen dort halb rechts auf einem romantischen kleinen Pfad Richtung Saint-Marc auf dem alten Jakobsweg weiter. 10 Meter vor dem Aussichtspunkt Kuckuckstein auf dem **3** **Rocher Coucou**, steigen wir rechts hinunter in Richtung Rocher Remarquable, an eindrucksvollen Felsformationen vorbei.

Zur Auberge Saint-Marc Dann fädeln wir wieder in den Hauptweg ein, der weiter unten zwei Forstwege überquert. An der Straße D 1.5 erreichen wir die **4** **Auberge**

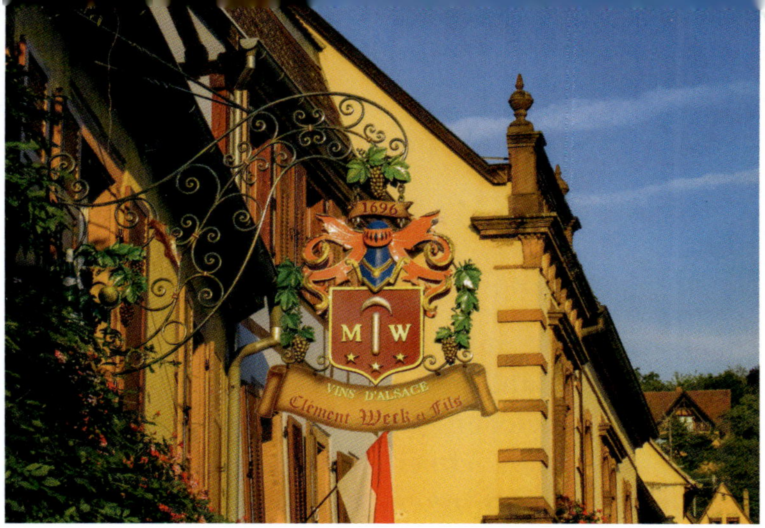

Nicht nur in diesem schmucken Weingut gibt es einen guten Tropfen.

Saint-Marc. 800 Meter weiter oben ist das Couvent Saint-Marc, das bereits im Jahr 676 entstand.

Zum Place de Mairie Vom Parkplatz der Auberge Saint-Marc überqueren wir die D 1.5 in den Wald hinein mit der Markierung roter Ring. Bald kommen wir an alten Steinbrüchen vorbei. Es gibt hier einige Brüche, in denen auch die Steine für die Kirche Saint-Pantaléon unten in Gueberschwihr und Straßenpflaster für Straßburg gebrochen wurden. Abraumhalden zeigen rege Tätigkeit an. Der Weg ist nun ein Fahrweg, auf dem die Steine abtransportiert wurden.
An einer Weggabelung gehen wir in spitzem Winkel rechts auf einem besseren Waldweg hinunter und erreichen wieder die D 1.5, die wir geradeaus überqueren. An der Rue des Mouches müssen wir links und kommen genau zum E **Place de Mairie** in Gueberschwihr zurück.
Auf der Rue Basse können wir noch einen lohnenswerten Rundgang durch das mittelalterliche Gueberschwihr erleben. An der Rue de la Source gehen wir rechts und an der Rue Haute nochmals rechts. So kommen wir an vielen Häusern aus dem 16. Jahrhundert und an schönen, blumengeschmückten Winzerhäusern vorbei und landen wieder am zentralen Place de Mairie.

Gueberschwihr an der Route Romane d'Alsace

Gueberschwihr liegt mit dem fein gegliederten romanischen Turm der Kirche Saint-Pantaléon aus dem 12. Jahrhundert zu Recht an der Route Romane d'Alsace (Elsässische Romanische Straße), die über 120 kunstgeschichtlich bedeutsame Orte und Bauten von Wissembourg bis Feldbach tangiert. Der Turm mit den drei oberen Fensterstockwerken ähnelt in der Form der Öffnungen und der Ausschmückung dem Turm der Abteikirche in Murbach (Tour 32). Gueberschwihr selbst war als Lehensgut des Bischofs von Straßburg einst eine befestigte Stadt mit Mauern und Toren. Heute ist Gueberschwihr mit seinen authentischen mittelalterlichen Gassen und Häusern ein stilles Kleinod, in dem es sich vorzüglich genusswandeln lässt.

31

Der Klassiker Petit Ballon

Berühmter Gipfel mit 360°-Panorama

Leicht | 1:50 Std. | 270 Hm | 4,7 km

Besonderer Genuss: Einkehr

Tourencharakter
Leichte, vorwiegend sonnige Tour, meist auf Naturwegen über Weiden

Ausgangs-/Endpunkt
Parkplatz Kreuzung vor der Ferme Auberge Buchwald
GPS N47°59'32.4" E07°07'51.2"

Anfahrt
Auto Von Colmar auf der D417 und D43 über Wasserbourg in Richtung Col du petit Ballon zur Ferme Auberge Buchwald

Gehzeiten
Kreuzung Ferme Auberge Buchwald – Ferme Auberge Kahlenwasen 0:15 Std. – Col du petit Ballon 0:15 Std. – Petit Ballon 0:25 Std. – Ferme Auberge Strohberg 0:25 Std. – Ferme Auberge Buchwald 0:30 Std.

Einkehr
Ferme Auberge Strohberg, Strohberg 120, F-68230 Wasserbourg, Tel. 0033/(0)3/89 77 56 00, www.ferme-auberge-strohberg.com
Ferme Auberge Buchwald, Buchwald 131, F-68230 Wasserbourg, Tel. 0033/(0)3/89 77 37 08, www.fermeaubergealsace.fr
Ferme Auberge Kahlenwasen, Kahle Wasen, F-68140 Luttenbach-prés-Munster, Tel. 0033/(0)3/89 77 32 49

Karten
Club Vosgien/IGN, Blatt 6/8, 1:50 000

Touristinformation
Place des Unterlinden, F-68000 Colmar, Tel. 0033/(0)3/89 20 68 92, www.tourisme-colmar.com

Hinweis
Der Petit Ballon ist beliebt. Besser das Wochenende meiden.

Die Wanderung auf den Petit Ballon (auch Kleiner Belchen oder Kahler Wasen genannt) führt bequem auf aussichtsreichen Bergpfaden hinauf. Einige urige Einkehrmöglichkeiten in Ferme Auberges laden zur Rast und bringen die Kräfte zurück.

Zur Ferme Auberge Kahlenwasen Vom Parkplatz an der Ⓐ **Kreuzung vor der Ferme Auberge Buchwald** müssen wir auf dem asphaltierten Sträßchen in Richtung Petit Ballon mit der Markierung gelbes Dreieck nach Südwesten starten. In der Rechtskurve bleiben wir geradeaus auf dem Weg durch das Drehkreuz und kommen zur ❶ **Ferme Auberge Kahlenwasen**.

Zum Col du petit Ballon Vor der Terrasse der Ferme Auberge Kahlenwasen steigen wir links über die Weiden bergan und bleiben dabei auf dem rechten, steileren Weg. Schon bald ist der ❷ **Col du petit Ballon** mit prächtigem Blick über die Vogesen erreicht.

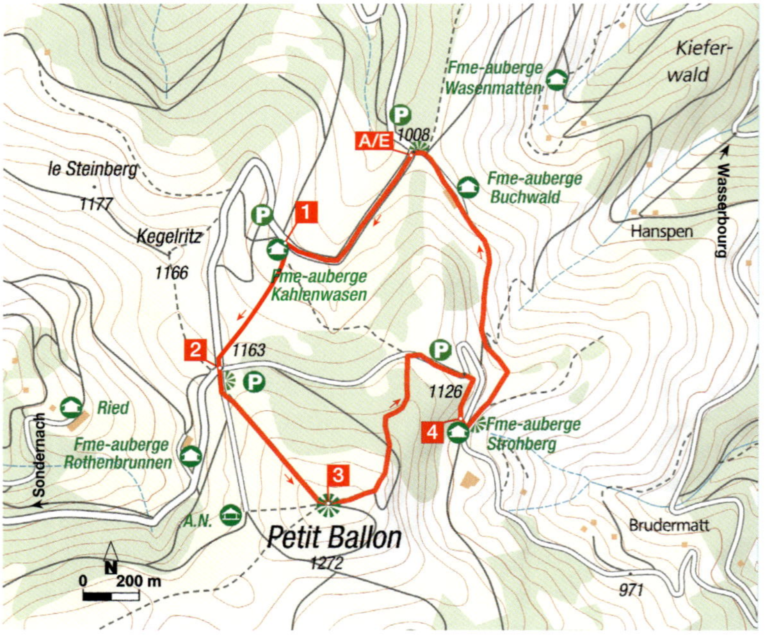

Auf den Petit Ballon Am Col du petit Ballon beginnt unser Aufstieg auf dem Schotterweg mit der Markierung rotes Dreieck in südöstliche Richtung. Auf dem Wegweiser steht »Petit Ballon Sommet«. 30 Meter nach dem Tor nehmen wir den kleineren Weg nach links über die Weiden entlang des Zauns. Einzelne sturmerprobte Wacholderbüsche und zerzauste Fichten beherrschen die Szenerie. Bald treffen wir auf den Gipfel des ③ **Petit Ballon** mit der Marienstatue. Hier bietet sich eine großartige Sicht auf die Berge des Vogesenkamms. Im Süden steht der Grand Ballon mit dem kugelförmigen Antennenaufsatz für die Flugsicherheit. Im Osten reicht der Blick in das Vallée Noble und bis in die Rheinebene hinunter.

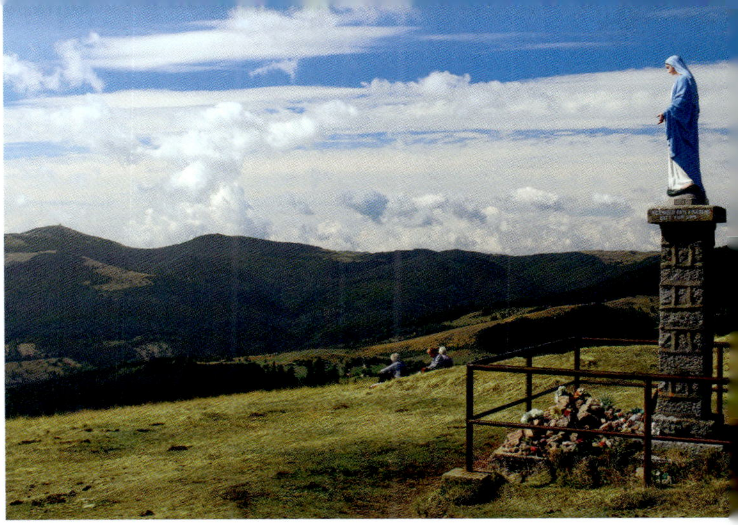

Auf dem Petit Ballon steht eine Marienstatue.

Zur Ferme Auberge Strohberg Nun folgen wir der Markierung gelbes Dreieck nach Osten entlang eines Laufgrabens aus dem Ersten Weltkrieg in Richtung Buchwald. Am Ende der Weide nehmen wir den kleinen Pfad über den Hang voller Blumen abwärts. Ganze Felder mit Türkenbundlilien füllen im Sommer die Flächen. Weiter unten queren wir in einem Buchenwald einen Forstweg geradeaus. Am Parkplatz am Col du Strohberg müssen wir rechts auf der Kiesstraße abwärts. In der Kehre bleiben wir geradeaus auf dem kleinen Pfad, der genau zur ④ **Ferme Auberge Strohberg** mit schöner Sonnenterrasse führt.

Zur Ferme Auberge Buchwald Unseren Weg setzen wir in spitzem Winkel nach Norden auf dem Schottersträßchen aufwärts fort, benutzen aber schon nach 30 Metern den Pfad durch das Drehkreuz rechts der Straße über die Weiden. Der Pfad und dann ein breiterer Weg führt hinunter zur Ⓔ **Ferme Auberge Buchwald**, mit herrlicher Aussicht in das Munstertal und nach Rouffach hinab.

Genuss in der Ferme Auberge

Kaum eine Wanderung tangiert so viele Ferme Auberges wie diese auf den Petit Ballon. Jede Einkehr bildet in sich eine organische Einheit, die sich aber aufgrund der Persönlichkeit der bewirtenden Bergbauernfamilien alle voneinander unterscheiden. Die Speisen aus eigener Erzeugung haben immer einen Bezug zur aktuellen Jahreszeit. Einige Bergbauern züchten die Kühe der Vogesenrasse, deren Milch zu verschiedenen Käsesorten wie *Bargkass*, *Bibelskäs* und Münsterkäse sowie zu Butter und Joghurt verarbeitet wird. Überall kann man einen leckeren Kalbsbraten oder Burgunderbraten genießen oder sich ein herrliches Rippstück bestellen. Auf jeden Fall gibt es das opulente Melkeressen und Käse zum Mitnehmen.

32

Zur alten Abtei Murbach

Von Kloster zu Kloster durch weite Wälder

Leicht | 3:20 Std. | 440 Hm | 10,0 km

Besonderer Genuss: Kultur am Wegrand

Tourencharakter
Leichte, vorwiegend schattige Tour mit deutlichen Steigungen, meist auf Pfaden und Waldwegen durch Wälder. Im Ortsgebiet auf Straßen

Ausgangs-/Endpunkt
Parkplatz Stiftskirche Lautenbach, Place de l'Église
GPS N47°56'27.6" E07°09'31.0"

Anfahrt
Auto Auf der A35 zur Ausfahrt D201 und auf der D8 und D40 über Rouffach nach Lautenbach
Bus Mit der Linie 454 von Mulhouse nach Lautenbach (www.fluo.eu)

Gehzeiten
Parkplatz Stiftskirche Lautenbach – Mairie Lautenbachzell 0:20 Std. – Col de Wolfsgrube 0:40 Std. – Chapelle de Notre-Dame de Lorette 0:50 Std. – Abteikirche Murbach 0:10 Std. – Col de Schrangen 0:40 Std. – Parkplatz Stiftskirche Lautenbach 0:40 Std.

Einkehr
Restaurant Á la Truite, F-68610 Lautenbachzell, Grand Rue 47, Tel. 0033/(0)3/89 74 05 17, www.restaurant-a-la-truite.fr
Restaurant L'Auberge de l'Abbaye, Rue de Guebwiller 20, F-68530 Murbach, Tel. 0033/(0)3/89 26 51 33, www.aubergedelabbaye68.com

Karten
Club Vosgien/IGN, Blatt 6/8, 1:50 000

Touristinformation
Place de la République 12 A, F-68250 Rouffach, Tel. 0033/(0)3/89 78 53 15, www.tourisme-eguisheim-rouffach.com

Die Erbauer der Benediktinerabtei Murbach haben eine wunderbare romanische Kirchenfassade geschaffen. Auf den Wegen durch den Forêt de Guebwiller bestand im Mittelalter reger Austausch mit dem Benediktinerkloster Lautenbach.

Zur Mairie in Lautenbachzell Vom Parkplatz an der **A Stiftskirche Saint-Michel** in Lautenbach startet diese Wanderung auf der Rue Edmont Gerrer in Richtung Norden vor der Kirche vorbei. Die Stiftskirche Saint-Michel verdient mehr als nur einen kurzen Blick. Das ehemalige Kloster von Lautenbach wurde im 8. Jahrhundert gegründet und bestand bis zur französischen Revolution. Die dreischiffige Basilika der Stiftskirche Sankt Michael und Gangolf ist eines der besten Beispiele für die romanische Baukunst des 11. bis 12. Jahrhunderts und liegt deshalb auch an der Route Romane d'Alsace. Besonders hervorzuheben ist

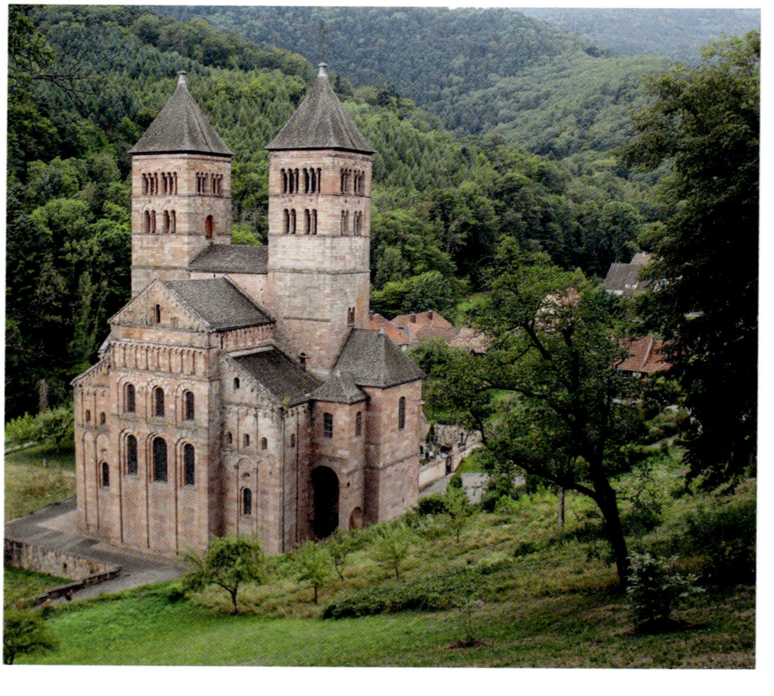

die Eingangshalle mit den Arkaden, in denen Kreuzrippengewölbe die Decke tragen. Die figürlichen Darstellungen auf dem Gesims veranschaulichen die Laster, die Bestrafung der Sünder und den Sieg des Guten über das Böse. Die Steinmetzarbeiten sind in bestechender Feinheit ausgeführt.

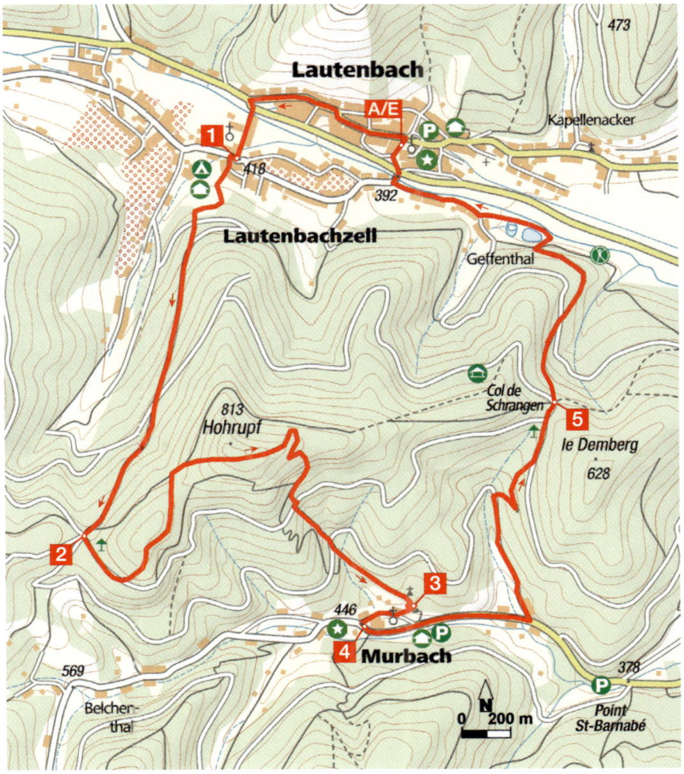

Nach der Kirche biegen wir am Platz vor der Mairie nach links in die Rue Principale. Am Ende der langen Straße überqueren wir die D430 und auf der Brücke das Flüsschen Lauch geradeaus in die Rue du Moulin in Lautenbachzell. Rechts steht eine alte Mühle, in der das Museum Vivarium du Moulin seine Exponate zeigt. Es ist vor allen Dingen ein Museum lebender Insekten, aber es ist auch noch die alte Technik der Mühle vorhanden (www.vivariumdumoulin.org). Die Rue du Moulin endet an der Kreuzung vor der ❶ **Mairie Lautenbachzell**. Rechts ist das Restaurant Á la Truite zu sehen.

Zum Col de Wolfsgrube Am Rathaus steigen wir geradeaus in der Rue de la Mairie in Richtung Col de Wolfsgrube hoch. Die Wegmarkierung ist ein rot-weiß-rotes Rechteck. Nach dem letzten Haus wird die Strecke zu einem steilen Hohlweg. An einer Wegkreuzung mit Aussicht über Lautenbachzell bleiben wir geradeaus und queren weiter oben eine Forststraße. An einer zweiten Forststraße setzen wir unseren Weg nach rechts auf dieser aufwärts fort. An einer Kreuzung in X-Form gehen wir geradeaus weiter hinauf und erreichen bald den Pass ❷ **Col de Wolfsgrube** mit Schutzhütte und Picknickplatz.

Zur Chapelle de Notre-Dame de Lorette Der Pass Col du Wolfsgrube ist auch eine kuriose Neun-Wege-Kreuzung, an der wir links in Richtung Col du Schrangen mit der Markierung gelbes Dreieck nun eben dahinwandern. Später neigt sich der kurvige Forstweg leicht abwärts. Nach einer Linkskurve steigen wir rechts den Pfad mit der Markierung blaues Dreieck in Serpen-

Linke Seite: Die romanische Abteikirche Saint-Leodegar in Murbach

Detail an der Fassade der Abteikirche Murbach

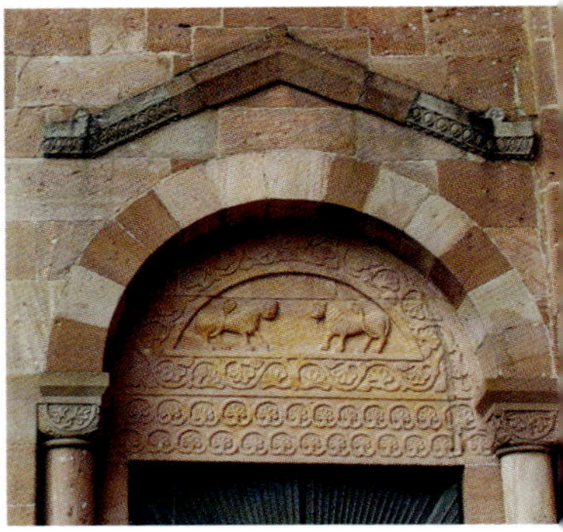

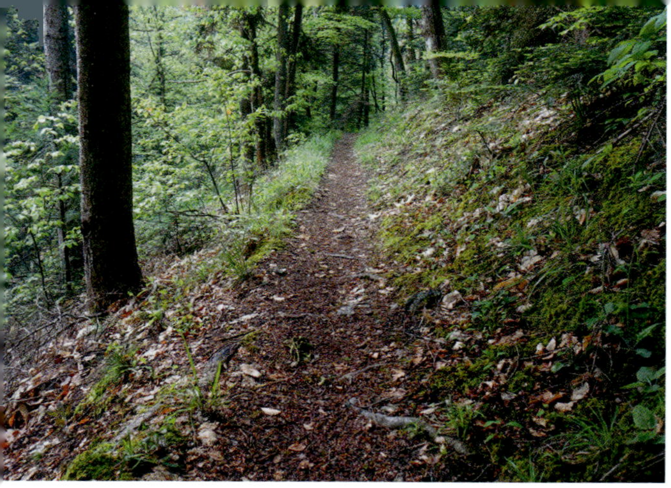

Auf dem Pfad geht es nach Murbach hinunter.

tinen in Richtung Murbach hinunter. Eine Forststraße wird überquert und weiter unten zeigen sich die ersten Blicke durch das Blätterwerk auf die große Kirche. An der innen schön ausgestalteten **3** **Chapelle de Notre-Dame de Lorette** öffnet sich der schönste Blick auf die Abteikirche Murbach.

Zur Abteikirche Saint-Leodegar in Murbach Der Weg hinunter zur Kirche zeigt den Friedhof, der den Platz des früheren Langhauses einnimmt. Auf der Rue de l'Église machen wir ein paar Schritte nach links zum vorderen Eingang der **4** **Abteikirche Saint-Leodegar in Murbach**. Das Kloster Murbach war im 11. bis 12. Jahrhundert einer der mächtigsten Klöster des Heiligen Römischen Reichs Deutscher Nation. Im Inneren befinden sich zwei Gedächtnisgräber. Das eine ist Graf Eberhard gewidmet, der den Bau des Klosters finanziert hat. Das andere wurde für sieben Mönche erbaut, die im 10. Jahrhundert bei der Ungarninvasion gestorben sind.

Zum Col de Schrangen Nach der Besichtigung gehen wir auf der Rue de l'Église nach Osten abwärts durch das Tor neben der Mairie. Nun trägt die Straße den Namen Rue de Guebwiller. Nach dem Tor schauen wir rechts durch die Türe in der Mauer in den hübschen mittelalterlichen Garten, der Heil- und Küchenpflan-

Perle an der Route Romane d'Alsace

Die im 12. Jahrhundert erbaute Kirche Saint-Leodegar der im Jahr 727 gegründeten Benediktinerabtei Murbach liegt traumhaft eingebettet in dem schönen Blumental. Das Langschiff und die Klostergebäude fielen dem Dreißigjährigen Krieg zum Opfer. Geblieben ist die wunderschöne Kirchenfassade aus rosafarbenem Sandstein. Am Südportal sind zwei Löwen in den Stein gehauen. Einer der beiden Löwen streckt den Besuchern die Zunge heraus. Über 1000 Jahre lang hatten die Äbte des Klosters starken Einfluss auf Politik und Bildung. Heute ist die Kirche eine Perle an der Route Romane d'Alsace. Ein besonders schönes Bild ergibt sich von der kleinen Kapelle, oben im Wald. Beachtenswert ist auch der nette mittelalterliche Garten außerhalb des Tors. Die Abteikirche Saint-Leodegar in dem schönen Tal ist ein wahrer Genuss für die Augen.

zen jener Zeit präsentiert. Aus dem Garten können wir auf der offenen Seite unten über den Parkplatz wieder heraus und wir setzen unseren Weg auf der Rue de Guebwiller fort. Vor dem Ortsendeschild von Murbach wandern wir nach links aufwärts mit der Markierung gelbes Kreuz in Richtung Col du Schrangen. Weiter oben zweigt 50 Meter vor einer Linkskurve nach rechts ein Pfad von der Forststraße ab, der zum 5 **Col de Schrangen** führt.

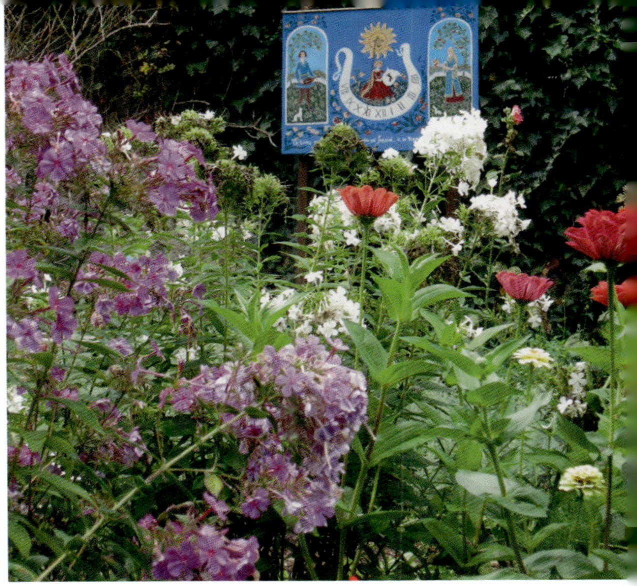

Im mittelalterlichen Garten des Klosters Murbach

Zur Stiftskirche Saint-Michel in Lautenbach An der Sieben-Wege-Kreuzung auf dem Col du Schrangen bleiben wir geradeaus auf dem Pfad abwärts in Richtung Lautenbachzell. Die Markierung bleibt das gelbe Kreuz. Es ist ein herrlicher Pfad durch schönen Mischwald, der zeitweise Blicke über Lautenbach erlaubt.

Einmal quert der Pfad um 20 Meter nach links versetzt eine Forststraße. An einer Weggabel bleiben wir geradeaus auf nun ebenem Weg. Vor einem Hausgrundstück mit grünem Zaun wandern wir nach rechts abwärts und laufen dann auf der Rue du Geffental neben dem Flüsschen Lauch entgegen der Fließrichtung weiter. Auf der Brücke überqueren wir nach rechts wieder die Lauch und sehen schon unseren Startpunkt, die E **Stiftskirche Saint-Michel in Lautenbach**.

Links: Beste Aussicht über Lautenbach-Zell

Rechts: Gut, dass es in allen elsässischen Dörfern Brunnen gibt.

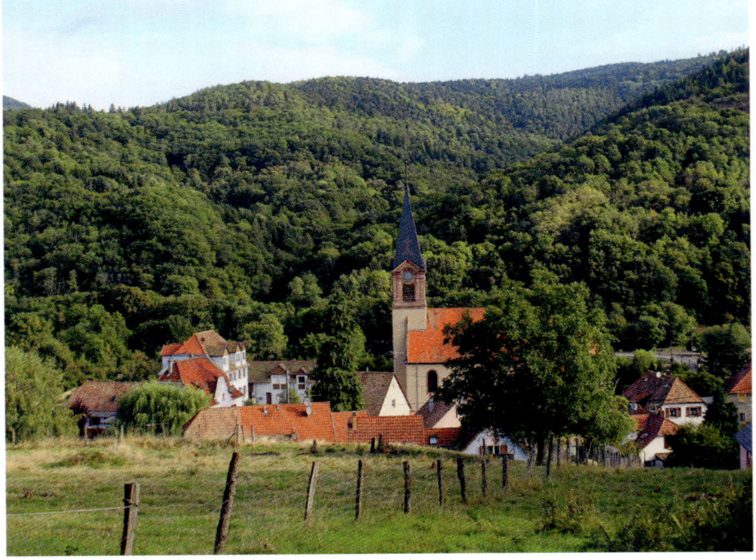

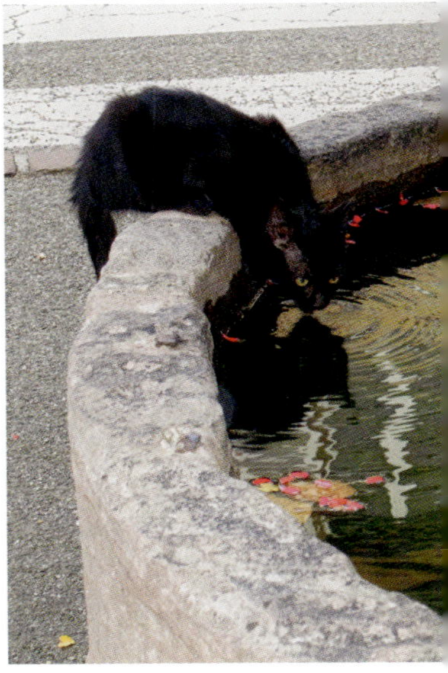

33

Auf den Grand Ballon

Das hohe Dach der Vogesen

Leicht | 1:20 Std. | 230 Hm | 3,8 km

Besonderer Genuss: Aussicht

Tourencharakter
Leichte, vorwiegend sonnige Tour, größtenteils auf steinigen Naturwegen über Bergwiesen

Ausgangs-/Endpunkt
Parkplatz am Col du Haag an der Route des Crêtes
GPS N47°54'18.3" E07°05'25.0"

Anfahrt
Auto Von Mulhouse auf der N 66 über Thann und auf der D 1388 zum Col du Haag
Bus Von Colmar zum Col de la Schlucht und mit dem Bus Navette des Crêtes zum Col du Haag (www.parc-ballons-vosges.fr/navette-des-cretes, www.fluo.eu)

Gehzeiten
Parkplatz am Col du Haag – Source Rennenbach 0:20 Std. – Monument Diables Bleus 0:20 Std. – Grand Ballon 0:05 Std. – Chalet Hôtel du Grand Ballon 0:15 Std. – Parkplatz am Col du Haag 0:20 Std.

Einkehr
Ferme Auberge du Haag, F-68610 Geishouse, Tel. 0033/(0)3/89 48 95 85, www.fermeaubergealsace.fr

Karten
Club Vosgien/IGN, Blatt 6/8, 1:50.000

Touristinformation
Rue de la 1ère Armée 7, F-68800 Thann, Tel. 0033/(0)3/89 37 96 20, www.hautes-vosges-alsace.fr

Hinweis
Bergschuhe und Trittsicherheit erforderlich. Am Vogesenkamm kann es im Sommer windig und kühl sein. Der Grand Ballon ist beliebt. Besser Wochenenden meiden

Diese Wanderung steigt bis auf 1424 Meter hinauf. Der Grand Ballon (Großer Belchen) ist das Dach der Vogesen, mit nicht zu überbietendem Panoramablick. Wenn auch gut besucht, ist die Bergwelt der Ballons doch eine bezaubernde Umgebung.

Zur Source Rennenbach Vom Parkplatz vor der Ferme Auberge am **A Col du Haag** wandern wir mit der Markierung rotes Rechteck nach Südosten in Richtung Grand Ballon gemächlich aufwärts. An einer Weggabel bleiben wir rechts dem roten Rechteck treu. Weiter oben durchqueren wir einen für die Vogesen typischen Buchen-Krüppelwald. Danach steigen wir an einer Weggabel nach links zur **1 Source Rennenbach** auf. Der Berg gegenüber mit den Weiden am flachen Gipfel ist der Thanner Hubel (Tour 34).

Zum Monument Diables Bleus Ein Pfad leitet von der Quelle wieder hinunter zum Hauptweg auf den Grand Ballon. Der Weg

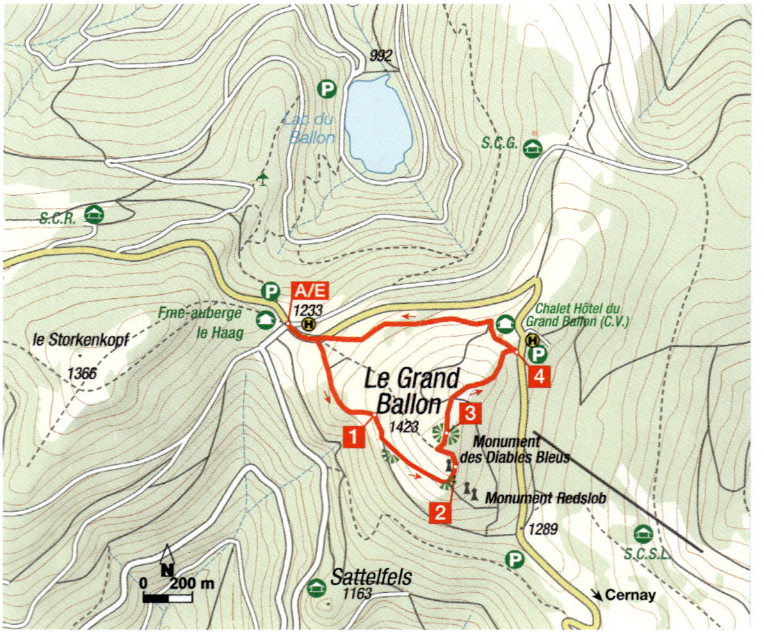

ist nun zum Teil sehr steinig und erfordert unsere volle Aufmerksamkeit. Allmählich bleiben von der mageren Vegetation nur noch verkrüppelte Mehlbeeren und verschiedene robuste Polsterpflanzen übrig. Auf der Südseite des Gipfels steht das 2 **Monument Diables Bleus**, das dem französischen Gebirgsjägerbataillon des Ersten Weltkriegs gewidmet ist.

Auf dem hohen Dach der Vogesen

Das Panorama vom Grand Ballon zeigt genau im Norden den Petit Ballon (1272 m) (Tour 31). Von Nordosten bis nach Süden breitet sich die Rheinebene aus. In der Fläche liegen die Städte Rouffach, Guebwiller, Soultz, Cernay und Mulhouse. Den Hintergrund bildet der Schwarzwald mit dem Schwarzwälder Belchen (1414 m) im Osten. Der Thanner Hubel (1183 m) (Tour 34) steht im Südsüdwesten. Im Südwesten erhebt sich der Ballon d'Alsace (1247 m). Der Drumont (1200 m) ist genau im Westen. Im Nordwesten stehen der Grand Ventron (1204 m) und der Lauchenkopf (1314 m), im Nordnordwesten der Hoheneck (1363 m) (Tour 26). Der Belchen im Schwarzwald, der Belchen (Ballon d'Alsace) und der Belchen (Belchenflue) in der Schweiz formen ein Dreieck.

Auf den Grand Ballon Der Aufstieg zum flachen Gipfel ist schnell geschafft. Der Grand Ballon (Großer Belchen) ist der höchste Gipfel der Vogesen mit 1424 Metern über dem Meer und ein beliebtes Gebiet für Wanderer. Die Umgebung bietet eine bezaubernde Landschaft und der Grand Ballon ist auch ein Naturschutzgebiet. Beim Bau der Antenne auf dem 3 **Grand Ballon** wurde eine Aussichtsplattform für Besucher nicht vergessen. Hier bietet sich ein umwerfendes Panorama.

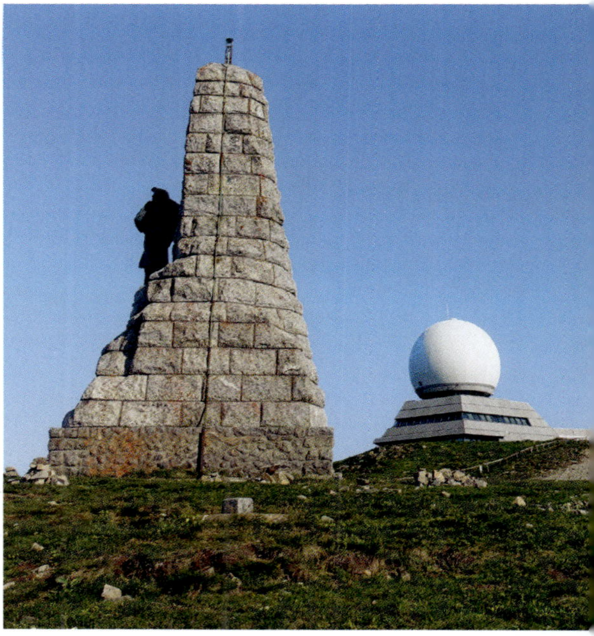

Das Monument Diables Bleus und die Antenne auf dem Grand Ballon

Zum Chalet Hôtel du Grand Ballon Von der Antenne steigen wir auf dem pompösen Marmorweg hinunter und machen an der Weggabel einen Abstecher nach rechts zum Point de vue mit Blick auf das Chalet Hôtel du Grand Ballon und auf die Route des Crêtes. Auf dem Weg weiter hinunter genießen wir bald die Aussicht auf den Lac du Ballon, der im Norden auf 992 Metern Höhe liegt. Er wurde schon im 17. Jahrhundert von dem Architekten und Festungsbaumeister Vauban künstlich aufgestaut. Unten am Col du Grand Ballon stehen das 4 **Chalet Hôtel du Grand Ballon** und zwei Restaurants.

Zum Col du Haag Vom Hotel führt der Weg mit der Markierung rot-weiß-rotes Rechteck aussichtsreich zurück zum Ausgangspunkt am E **Col du Haag**.

34

Rossberg und Thanner Hubel

Zwei Aussichtsberge in den Südvogesen

Leicht | 2:50 Std. | 500 Hm | 8,0 km

Besonderer Genuss: Ruhe und Natur

Tourencharakter
Leichte, vorwiegend sonnige Tour, größtenteils auf Naturwegen durch Wälder und über Weiden

Ausgangs-/Endpunkt
Parkplatz am Col du Hundsruck
GPS N47°48'23.3" E07°02'33.6"

Anfahrt
Auto Von Mulhouse auf der N 66 über Thann auf der Route Joffre zum Col du Hundsruck
Bus Mit der Linie 605 von Thann nur nach Bourbach le Bas (www.fluo.eu)

Gehzeiten
Col du Hundsruck – Martisplatz 0:25 Std. – Refuge du Skiclub Rossberg 0:50 Std. – Rossberg 0:15 Std. – Refuge du Skiclub Rossberg 0:10 Std. – Orientierungstisch Thanner Hubel 0:25 Std. – Ferme Auberge Thanner Hubel 0:15 Std. – Col du Hundsruck 0:30 Std.

Einkehr
Restaurant La Fourmi, F-68620 Hundsruck, Bitschwiller-lès-Thann, Tel. 0033/(0)3/89 38 86 02, www.hotel-fourmi.fr
Ferme Auberge Thanner Hubel, F-68620 Bitschwiller-lès-Thann, Tel. 0033/(0)3/89 38 11 93, www.thannerhubel.fr

Karten
Club Vosgien/IGN, Blatt 6/8 oder 7/8, 1:50 000

Touristinformation
Rue de la 1ère Armée 7, F-68800 Thann, Tel. 0033/(0)3/89 37 96 20, www.hautes-vosges-alsace.fr

Hinweis
Der Thanner Hubel ist beliebt. Besser das Wochenende meiden.

Die Wanderung um den Thanner Hubel ist eine leichte Panoramarunde. Das rote Gestein des Bergs ist Zeugnis der vulkanischen Tätigkeit vor 350 Millionen Jahren. Die Einkehr in der Ferme Auberge Thanner Hubel sorgt für das leibliche Wohl.

Zum Martisplatz Während des Ersten Weltkriegs baute General Joffre 1916 diese nach ihm benannte Route Joffre von Bitschwiller lés Thann über den 748 Meter hohen Col du Hundsruck hinunter nach Masevaux. Damit hatte man eine Verbindungsstraße zwischen dem Tal der Thur und dem Tal der Doller. Über den Col du Hundsruck konnte man relativ schnell Truppen und Kriegsmaterial an der damaligen Grenze zu Deutschland verschieben. Im Zweiten Weltkrieg hatte die Route Joffre nochmals eine strategische Bedeutung. Für die französischen Stoßtruppen wurde weiter oben, östlich des Col du Hundsruck, das Denkmal Monument National des Troupes de Choc errichtet.
Vom Parkplatz auf dem A **Col du Hundsruck** an der Route Joffre steigt links neben dem Hotel Auberge la Fourmi (Zur Ameise) ein Pfad mit der Markierung rotes Rechteck hoch zum Ross-

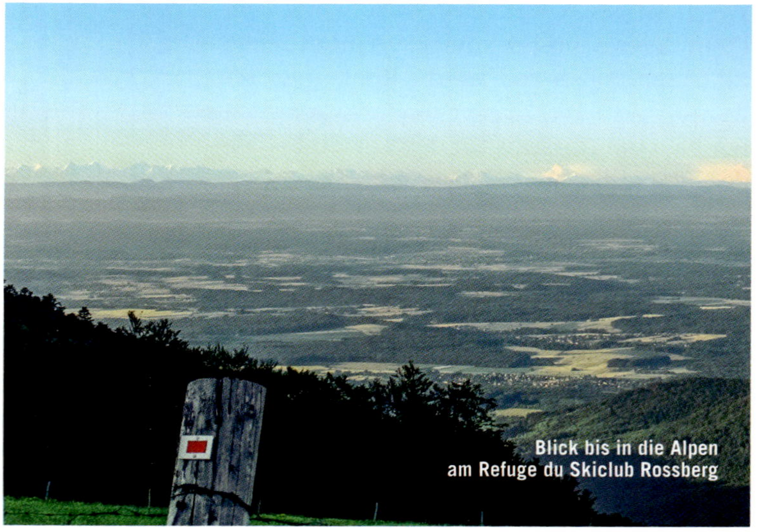

Blick bis in die Alpen am Refuge du Skiclub Rossberg

berg und Thanner Hubel. Zwei Forststraßen werden im Aufstieg überquert. Der schattige Mischwald endet nach 1,2 Kilometern an einer Bank mit Blick über die Weiden. Etwas weiter oben ist die Kreuzung mit dem Namen **1 Martisplatz**.

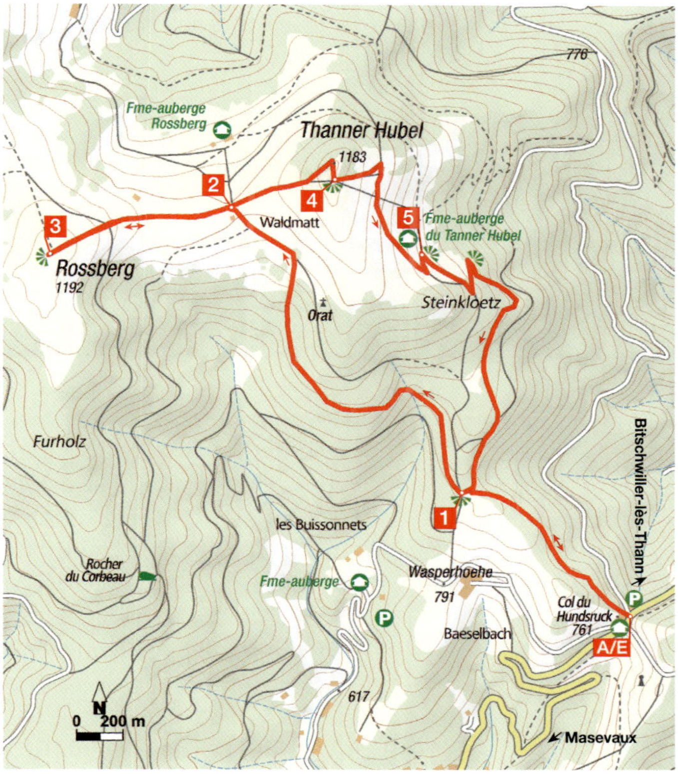

Zum Refuge du Skiclub Rossberg Wir wandern jetzt geradeaus mit der Markierung rotes Rechteck auf kleinem Weg weiter. 50 Meter geht es auf einer alten Forststraße, dann steigen wir rechts auf einem Pfad aufwärts. Im schattigen Weißtannen-, Douglasien- und Buchenwald fühlen wir uns wohlbehütet. An unserem Weg steht am Place de Nussbaum der kreativ konstruierte Brunnen mit dem Namen Rothebrand Brennala. Der schattige Picknickplatz lädt zur ersten Rast. Kleinere ebene Flächen im Wald deuten auf Kohlplätze hin, auf denen die Köhler aus den Dörfern im Tal seit dem 16. Jahrhundert Holzkohle herstellten. Im 18. Jahrhundert wurde der Bedarf an Holzkohle durch die Industrialisierung im Thurtal sehr groß. Textil-, Eisen- und Chemieindustrie hatten sich dort unten angesiedelt.
Am Waldrand weiter oben stoßen wir auf einen Forstweg. Von nun an geht es über Weiden mit der Markierung rotes Rechteck nach links Richtung Rossberg zum **2 Refuge du Skiclub Rossberg**. Im Nordosten ist jetzt der Grand Ballon mit der Antenne zu sehen (Tour 33).

Rast am Martisplatz

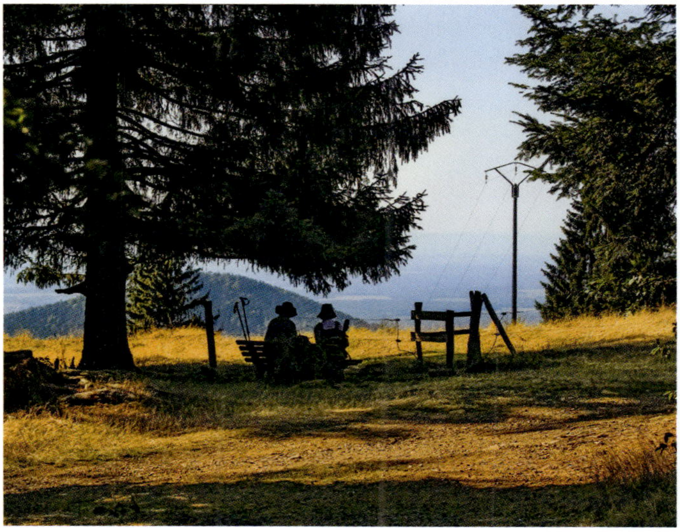

Auf den Rossberg Vom Chalet steigen wir nach links in Richtung Rossberg hinauf. An einer

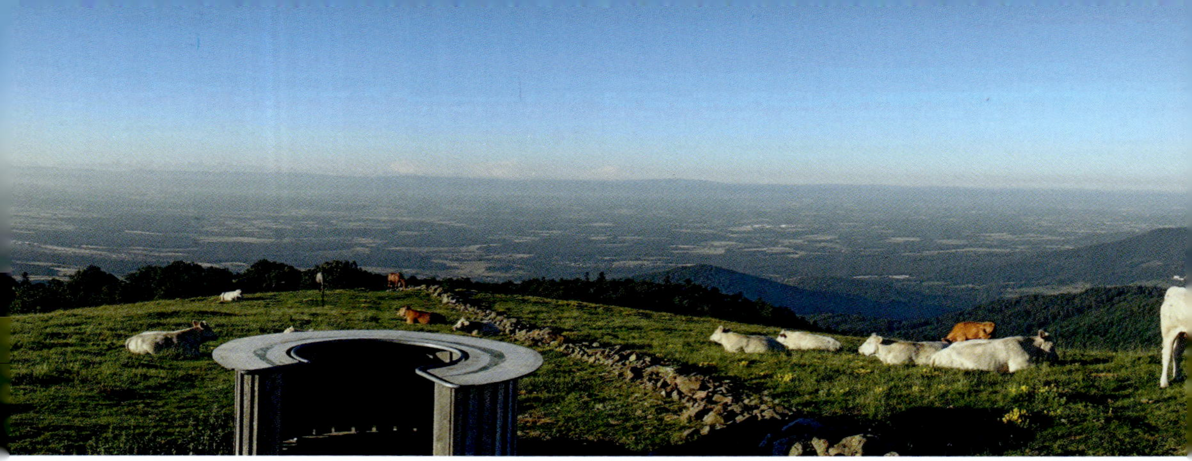

Am Orientierungstisch auf dem Thanner Hubel

Weggabelung, 50 Meter vor dem Chalet Sportclub Mulhouse, wandern wir links bergan. Der Gipfel des 3 **Rossbergs** besteht aus aufgetürmten Felsen, von denen die Rheinebene gut überschaubar ist. Der bekanntere Thanner Hubel mit der Sicht hinunter nach Thann wird oft begangen. Auf den Almwegen zum Rossberg hingegen ist der Wanderer meist allein. Der einsame, kahle Rossberg bietet aber noch bessere Aussichten, besonders in die südliche Rheinebene, in den Schwarzwald und in die Schweizer und Französischen Alpen bis zum Mont Blanc.

Zum Refuge du Skiclub Rossberg Der Weg wieder zurück zum 2 **Refuge du Skiclub Rossberg** ist einfach, weil das Haus ja von oben allzeit sichtbar ist. Dort bleiben wir jetzt links vom Zaun geradeaus aufwärts.

Die Ferme Auberge Thanner Hubel besitzt eine schöne Sonnenterrasse.

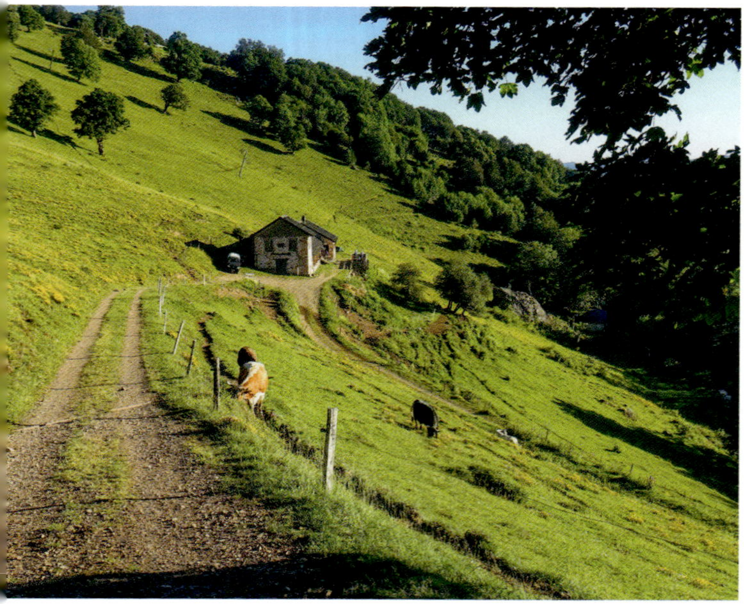

Zum Orientierungstisch auf dem Thanner Hubel Wegen der Bäume bietet sich oben auf dem Thanner Hubel wenig Aussicht, aber an der höchsten Stelle finden wir einen Zaundurchstieg. Entlang der Lesesteinmauer in südliche Richtung abwärts steht ein 4 **Orientierungstisch** mit Erklärung der Landschaft. Der Blick nach Thann und Cernay hinunter ist großartig. Im Tal der Thur verlief im 12. Jahrhundert eine wichtige Handelsstraße zwischen Holland und Italien. Aber auch die Kette des Schwarzwalds und der Schweizer Jura sind gut zu sehen.

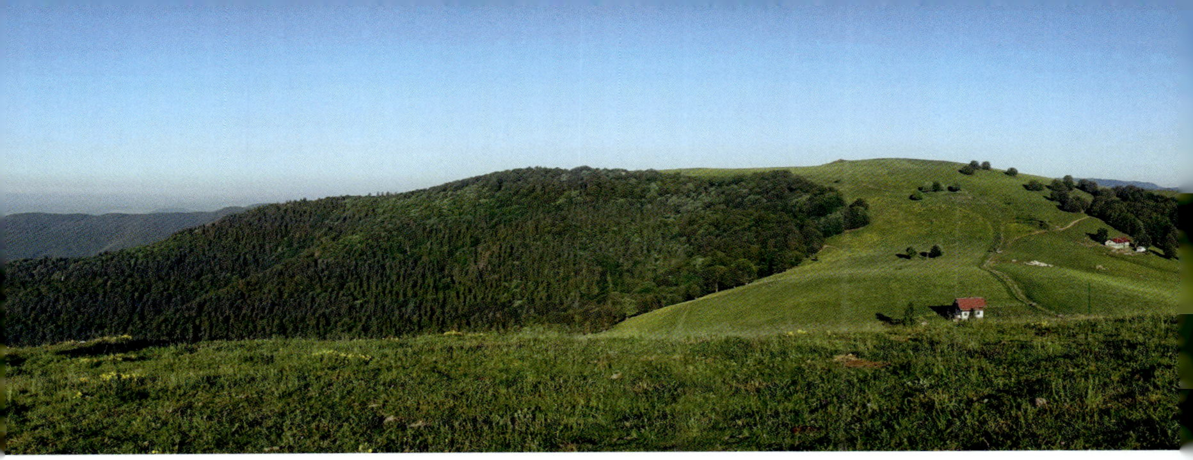

Zur Ferme Auberge Thanner Hubel Vom Panoramatisch aus gehen wir auf dem undeutlichen Almweg abwärts und queren den Skilift. Am Refuge Club Vosgien Duthanner Hubel biegen wir rechts auf den Almweg, der direkt zur 5 **Ferme Auberge Thanner Hubel** hinunterführt. Unseren Hunger und das Verlangen nach einer Pause können wir auf der Terrasse stillen.

Zum Col du Hundsruck Von der Ferme Auberge Thanner Hubel führt der Almweg weiter abwärts. An einem Platz im Wald wenden wir uns in spitzem Winkel nach links auf einen Forstweg zum Col du Hundsruck. Die Markierung ist das rote Dreieck. Nach 120 Metern müssen wir auf einen Pfad mit dem roten Dreieck in spitzem Winkel nach rechts. Dann überqueren wir interessante Steinschutthalden aus auffällig rotem plutonischen Gestein. Auf solchen von der Sonne aufgeheizten Schotterschutthalden-Biotopen lebt die räuberische Springspinne. An schattigen Stellen im Wald wächst der essbare Wald-Sauerklee. Er schmeckt vorzüglich als geringe Zugabe in Salaten, wobei man sich dann den Essig sparen kann.
Der Pfad quert eine breite Waldstraße im hohen Tannen-Buchen-Wald und bald ist wieder die Bank unterhalb des Martisplatzes erreicht. Von hier wandern wir nach links zum nahen E **Col du Hundsruck** zurück.

Botanische Besonderheiten

Über die Straße Route Joffre hinweg können wir in einem Abstecher noch hinauf zum Monument National des Troupes de Choc, einem Gedenkstein für die französischen Stoßtruppen. Der sonnenbeschienene felsige Hang auf der linken Seite des Wegs ist von botanischem Interesse. Vereinzelt steht hier neben dem gewöhnlichen Besenginster und der weiß blühenden Schlehe, der nur 20 bis 30 cm hohe Deutsche Ginster (*Genista germanica*), das ebenso kleine gelb blühende Strauchfingerkraut (*Potentilla fruticosa*) und das Stattliche Knabenkraut (*Orchis mascula*), eine wunderschöne Orchidee. Hier lassen sich auch noch andere typische Pflanzen der Halbtrockenrasen finden. Durch Entfernung der zunehmenden Verbuschung der Schlehen-, Haselnuss- und anderen Sträucher versucht man, dieses Biotop zu erhalten. Oben am Monument National des Troupes de Choc haben wir Ruhe und einen schönen Blick hinunter auf das Dorf Bourbach le Haut.

35

Burg Hohenpfirt und Rossbergturm

Aussichten über Ferrette

Leicht | 2:40 Std. | 300 Hm | 7,3 km

Besonderer Genuss: Kultur am Wegrand

Tourencharakter
Leichte, vorwiegend schattige Tour, größtenteils auf Naturwegen durch Wälder und Ortsgebiet

Ausgangs-/Endpunkt
Parkplatz Place Charles de Gaulle in Ferrette
GPS: N47°29'40.1" E07°18'51.7"

Anfahrt
Auto Von Mulhouse auf der D432 nach Ferrette
Bus Mit der Linie 830 von Mulhouse nach Ferrette (www.fluo.eu)

Gehzeiten
Parkplatz Place Charles de Gaulle – Château Hohenpfirt 0:20 Std. – Parkplatz Place Charles de Gaulle 0:15 Std. – Aussichtsturm Rossberg 0:45 Std. – Klingelstein 0:30 Std. – Fromagerie Antony 0:15 Std. – Parkplatz Place Charles de Gaulle 0:35 Std.

Einkehr
Hôtel Restaurant Collin, F-68480 Ferrette, Rue du Château 4, Tel. 0033/(0)3/89 40 40 72, www.hotelcollin.fr
Restaurant Le Caveau Saint Bernard, Rue du Château 10, F-68480 Ferrette, Tel. 0033/(0)6/83 13 60 53
Fromagerie Antony, Rue de la Montagne 5, F-68480 Vieux-Ferrette, Tel. 0033/(0)3/89 40 42 22, www.fromagerieantony.fr

Karten
Club Vosgien/IGN, Blatt 7/8, 1:50 000

Touristinformation
Rue de la 1ère Armée 1a, F-68480 Ferrette, Tel. 0033/(0)3/89 08 23 88, www.sundgau-sud-alsace.fr

Diese schattige Wanderung durch weite Wälder des Sundgaus präsentiert zwei Panoramapunkte, mit Blick in die Schweiz, die Vogesen und den Schwarzwald. Glanzstücke sind die Ruine des Château Hohenpfirt über Ferrette und der Tour du Rossberg.

Zum Château Hohenpfirt Vom Parkplatz auf dem **A Place Charles de Gaulle** vor der Kirche starten wir auf der Rue du Château aufwärts in die historische Oberstadt. Am Weg liegt auf der rechten Seite der Jardin Medieval. Der mittelalterliche Garten zeigt typische Kulturpflanzen seiner Zeit. Die Bürgerhäuser des netten Städtchens haben alle eine interessante Geschichte, die eine Broschüre der Touristinformation erzählt. Besonders beachtenswert ist das rote Renaissancerathaus aus dem 16. Jahrhundert mit den typischen Drillingsfenstern der Epoche. Am schönen Place des Comtes nehmen wir an der Straßengabelung den linken Weg auf der Rue Saint-Bernhard

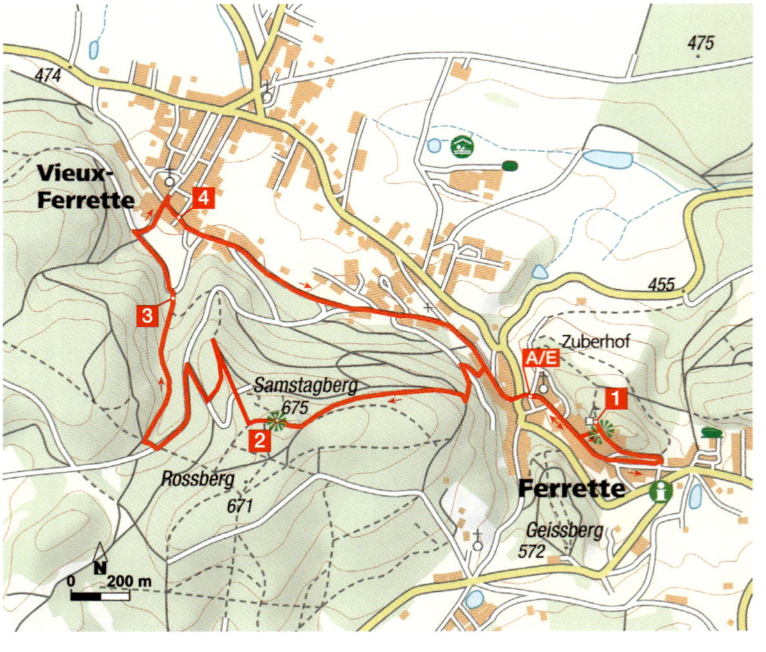

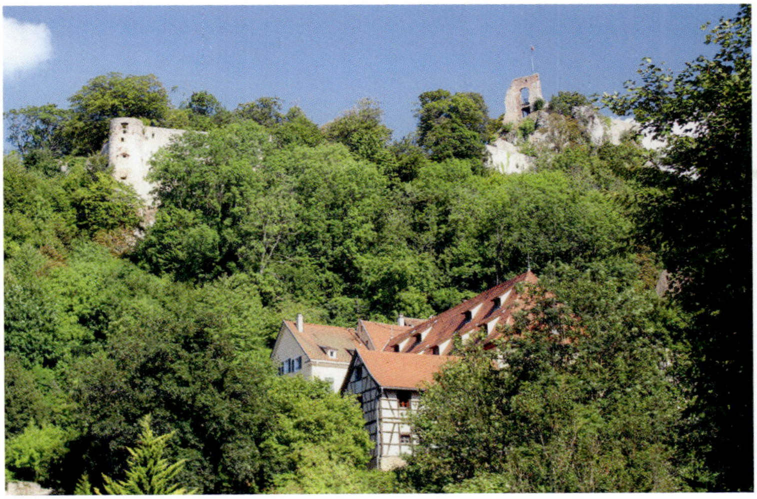

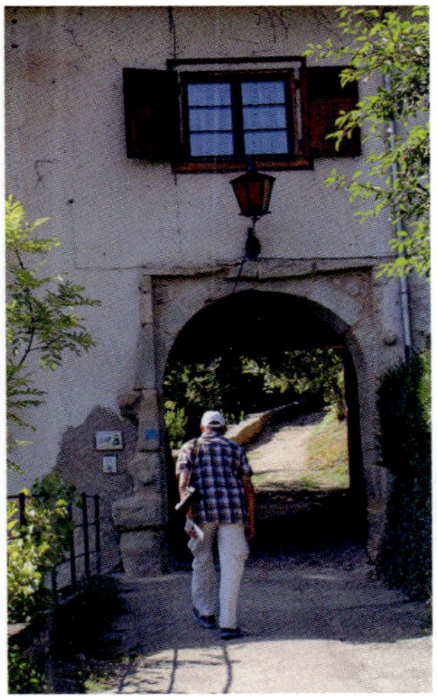

durch die Steinpfeiler des ehemaligen Obertors der Stadtmauer mit dem Wappen der zwei Fische der Grafen von Pfirt. Dann zweigt in spitzem Winkel nach links aufwärts der Weg ab, der zum Château Hohenpfirt hinaufführt. Gleich ist das gut erhaltene Untertor der Burg aus dem 16. Jahrhundert erreicht. Durch den oberen Haupteingang erreichen wir die Unterburg und dann die zum Teil aus dem Fels geschlagene Oberburg des ❶ **Château Hohenpfirt**. Der Bergfried aus dem 13. Jahrhundert ist frei zugänglich und zeigt eine beeindruckende Aussicht

Links: Das Château Hohenpfirt überragt Ferrette.

Rechts: Das gut erhaltene Untertor der Burg Hohenpfirt

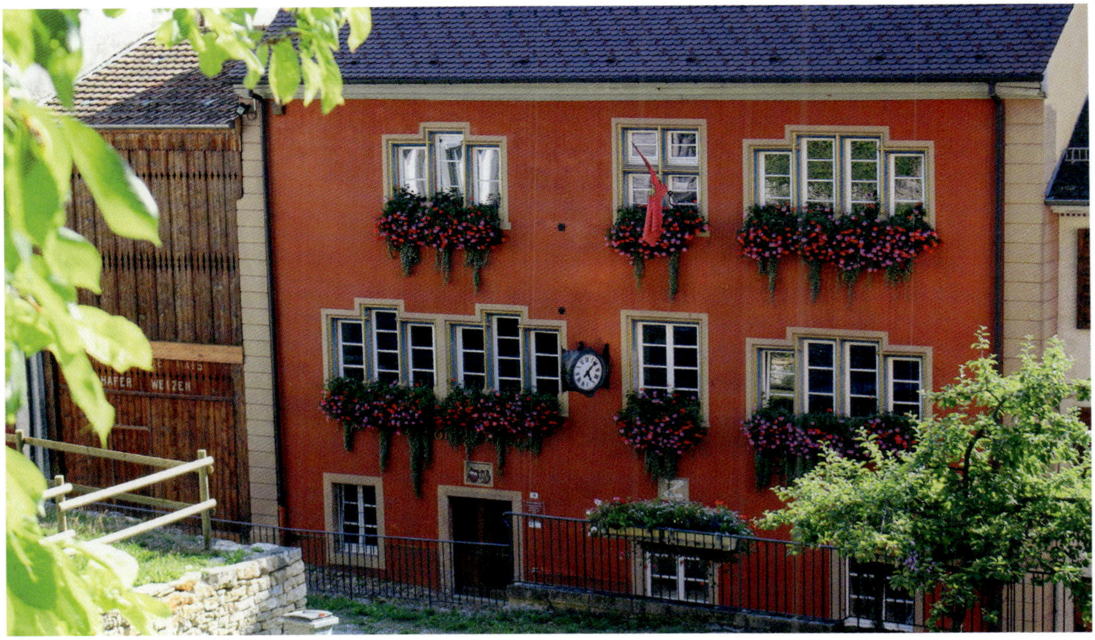

Das rote Renaissancerathaus stammt aus dem 16. Jahrhundert.

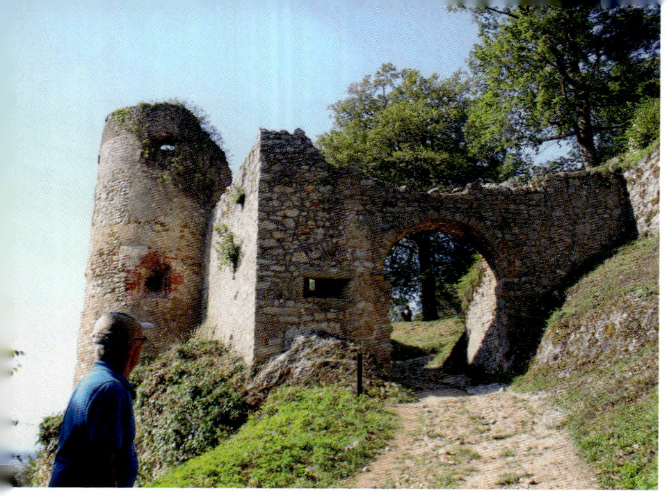

über Ferrette, Vieux-Ferrette und weite Teile des Sundgaus.

Zum Parkplatz auf dem Place Charles de Gaulle Vom Château Hohenpfirt steigen wir wieder hinab und benutzen dann aber nach dem oberen Haupteingang den kleinen Pfad nach rechts hinunter, der durch eine Lücke in der Abgrenzungsmauer des Hauptwegs beginnt. Der Steig endet in der Rue du Château, genau vor dem roten Renaissancerathaus, vor dem wir nach rechts abwärts, vorbei am mittelalterlichen Garten, zum A E **Parkplatz auf dem Place Charles de Gaulle** laufen.
Die katholische Kirche Saint-Bernard de Menthon gründet auf das 13. Jahrhundert. Sie beherbergt eine kuriose Madonnaskulptur mit einem dreiarmigen Jesuskind auf dem Arm.

Das Château Hohenpfirt

Um das Jahr 1125 begann der Graf von Pfirt mit dem Bau der Burg über Ferrette. Damit zählt sie zu den ältesten Burgen im Elsass. Die Burg besteht aus zwei Teilen. Die unteren zwei Tore entstammen dem 16. Jahrhundert, und das Unterschloss wurde im 14. bis 16. Jahrhundert erbaut. Nur die Oberburg stellt den ältesten Teil der Anlage aus dem 12. Jahrhundert. Heute ist nur noch eine Ruine von dem mächtigen Schloss übrig, die aber besonders durch die aus dem Fels geschlagene Oberburg beeindruckt. Die Aussicht vom Turm ist ein Genuss.
Mit dem Tod des letzten Grafen von Pfirt fiel die Grafschaft 1324 durch die Ehe der Johanna von Pfirt mit dem Habsburger Albrecht II. an das Herzogtum Österreich. Im Dreißigjährigen Krieg wurde die Anlage zerstört. Die Fürsten von Monaco nennen sich immer noch Grafen von Pfirt, da sie auch eine Zeit über Ferrette herrschten.

Zum Aussichtsturm auf dem Rossberg Unten in Ferrette wandern wir an der Kreuzung mit dem Brunnen vor dem Salon de Thé die Rue Léon Lehmann nach rechts hinauf. Nach den Garagen der Hausnr. 11 nehmen wir auf der linken Seite die Treppe aufwärts. Die Markierung ist hier der blaue Punkt und auf dem Wegweiser steht »Tour du Rossberg«. Der Pfad zieht sich durch jungen Wald in Serpentinen nach oben und überquert dabei dreimal einen Forstweg. Hin und wieder ist der Pfad ein richtiger Panoramaweg mit Blick über Ferrette zum Château Hohenpfirt hinüber. An einer Wegkreuzung mit Grenzstein im Hochwald laufen wir nach rechts in Richtung Tour du Rossberg und erreichen den 2 **Aussichtsturm auf dem Rossberg**. Auf 77 Gitterstufen und dann noch auf einer Leiter geht es für schwindelfreie Wanderer nach oben. Das herrliche Panorama lohnt den Aufstieg. Es umfasst die Vogesen, den Kaiserstuhl, Schwarzwald, Schweizer Jura und bei guter Sicht die breite Alpenkette.

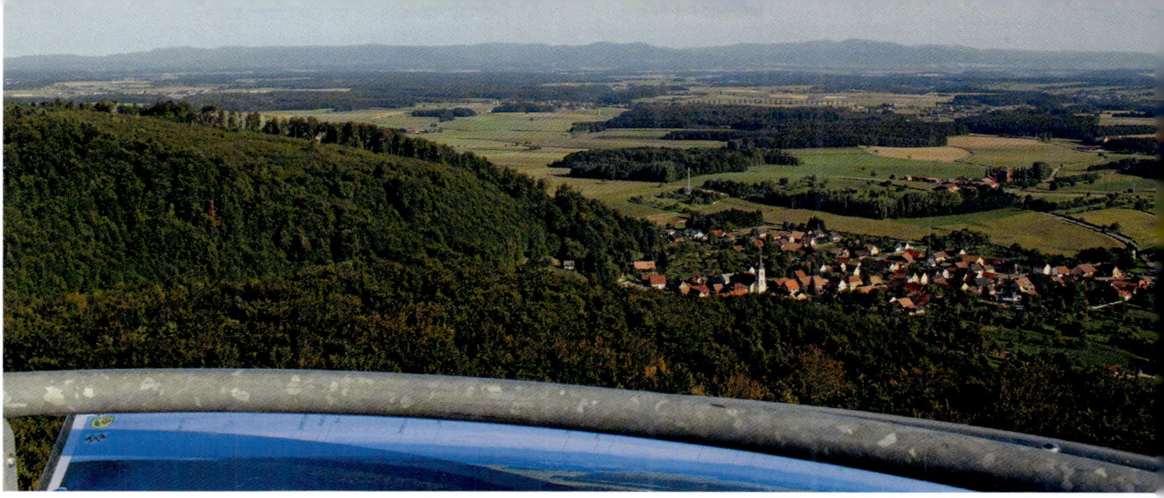

Blick vom Aussichtsturm auf dem Rossberg in die Vogesen

Zum Klingelstein Wieder auf festem Boden, geht es geradeaus am Aussichtsturm vorbei in Richtung Vieux-Ferrette mit der Markierung blauer Punkt. An der Weggabel 30 Meter nach dem Turm bleiben wir geradeaus abwärts, aber jetzt mit der Markierung roter Punkt. An der nächsten Gabelung müssen wir rechts auf der Fahrspur hinunter in Richtung Vieux-Ferrette, nun mit der Markierung rot-weiß-rotes Rechteck. An einer weiteren Weggabel bleiben wir geradeaus abwärts. Unsere Spur endet an einer besseren und ebenen Forststraße, der wir in spitzem Winkel mit der Markierung rot-weiß-rotes Rechteck nach links folgen. An einer Weggabel laufen wir rechts abwärts und an der folgenden Kreuzung wieder rechts hinab. Die Markierung ist jetzt ein rotes Dreieck. Ein Schild weist zum 3 Klingelstein. Am Wegrand liegen einige größere Felsen.

Linke Seite: Am oberen Haupteingang der Burg Hohenpfirt

Zur Fromagerie Antony Weiter unten gehen wir an der Weggabel nach dem Wasserreservoire links und an der Kreuzung am Waldrand rechts hinunter in Richtung Kirche in Vieux-Ferrette. An der Kreuzung wandern wir vor dem Brunnen auf der Rue de la Montagne nach rechts in Richtung Ferrette. Hier verlief die alte Römerstraße, die von Basel nach Puntrut im Schweizer Kanton Jura führte. Das Haus auf der linken Seite mit der Nr. 5 ist ein Anlaufpunkt für Genießer. Hier ist die weithin bekannte 4 Fromagerie Antony mit ausgezeichnetem Angebot.

Der Aussichtsturm auf dem Rossberg überragt die Bäume.

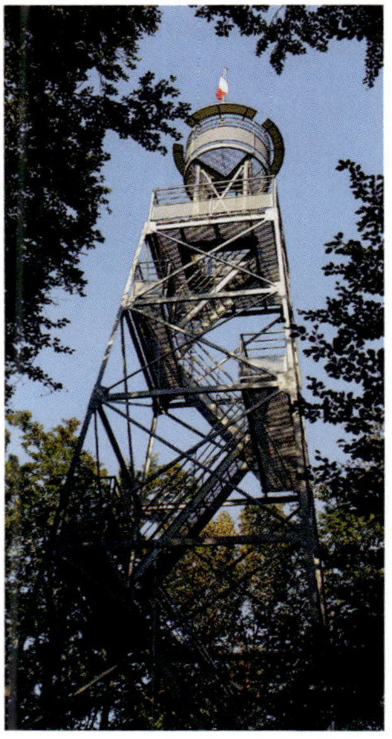

Zum Parkplatz auf dem Place Charles de Gaulle Wir bleiben immer geradeaus und die Rue de la Montagne wird zur Rue du Rosberg. Dann ist voraus das Château Hohenpfirt über Ferrette zu sehen. Nach dem Haus mit der Nr. 1 knickt die Straße nach rechts und ist jetzt die Rue Léon Lehmann. So kommen wir auf bekanntem Weg wieder hinunter zum E Parkplatz auf dem Place Charles de Gaulle in Ferrette.

36

Zur Chapelle Saint-Brice

Pfade am Jakobsweg und an der Ligne Maginot

Der Ausflug durch das sanfte Hügelland des Sundgaus ist Erholung pur. Am Jakobsweg liegt die alte Kapelle Saint-Brice mit der urigen Einkehrmöglichkeit Auberge Saint-Brice. Ein Bunker der Ligne Maginot dient heute als Aussichtswarte.

Zur Kreuzung mit Bank Vom Parkplatz an der **A Mairie Bettlach** beginnen wir die Wanderung mit der Markierung roter Punkt auf der Rue de la Fontaine nach Südosten abwärts in Richtung Saint-Brice. Nach den letzten Häusern und nach einem Obstgarten wandern wir an einer Kreuzung in den Wiesen, auf dem Asphaltsträßchen nach links entlang einer Reihe Kirschbäumen aufwärts. An der höchsten Stelle des Sträßchens gehen wir am Ende des Asphaltbelags an der **1 Kreuzung mit Bank** und Aussicht nach links. Im Südwesten ist hinter Oltingue in den Feldern die Église Saint-Martin des Champs aus dem 14. Jahrhundert zu erkennen. Dieser Platz ist einen Besuch wert, der insbesondere

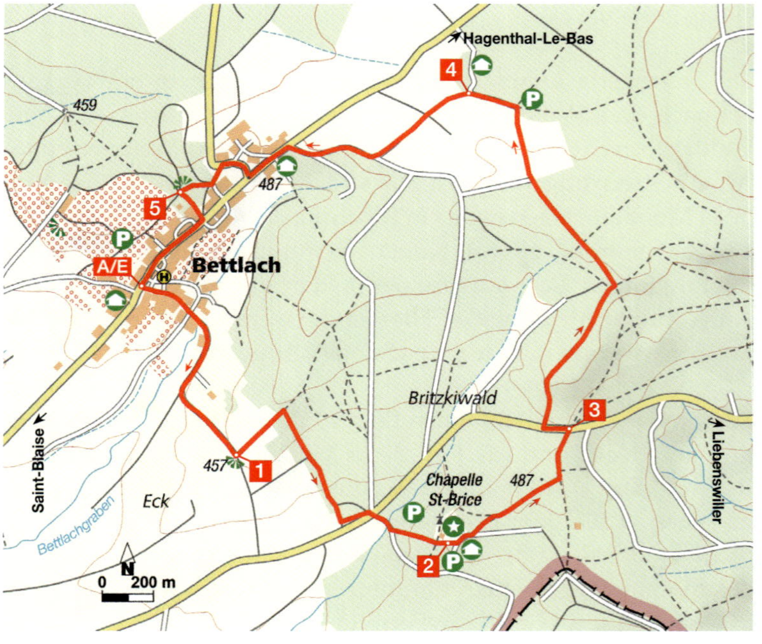

Leicht | 2:10 Std. | 160 Hm | 6,5 km

Besonderer Genuss: Ruhe und Natur

Tourencharakter
Leichte, vorwiegend sonnige Tour, meist auf Naturwegen durch Wälder, Wiesen, Felder und Ortsgebiet

Ausgangs-/Endpunkt
Parkplatz an der Mairie Rue de Bâle in Bettlach
GPS N47°30‘31.2“ E07°24‘47.4“

Anfahrt
Auto Auf der A35 Ausfahrt Lörrach, dann D105 und D473 nach Bettlach
Bus Mit der Linie 755 von Mulhouse nach Hésingue und mit dem Bus Linie 759 nach Bettlach (www.fluo.eu)

Gehzeiten
Parkplatz Mairie Bettlach – Kreuzung mit Bank 0:20 Std. – Chapelle Saint-Brice 0:20 Std. – Landstraße D9BIS 0:20 Std. – Abzweig Hütte 0:30 Std. – Bunker mit Aussicht 0:30 Std. – Parkplatz Mairie Bettlach 0:10 Std.

Einkehr
Auberge Saint-Brice, Britzkiwald, F-68480 Oltingue, Tel. 0033/(0)3/89 07 35 86
Auberge Aux 2 Clés, Rue de Bâle 77, F-68480 Bettlach, Tel. 0033/(0)3/89 40 65 75
Restaurant Studerhof, Rue de Bâle 9, F-68480 Bettlach, Tel. 0033/(0)3/89 40 71 49, www.studerhof.fr

Karten
Club Vosgien/IGN, Blatt 7/8, 1:50 000

Touristinformation
Rue de la 1ère Armée 1a, F-68480 Ferrette, Tel. 0033/(0)3/89 08 23 88, www.sundgau-sud-alsace.fr

Hinweis
Bei Nässe sind die Pfade rutschig.

zur Zeit des Sonnenuntergangs ein nettes Erlebnis ist.

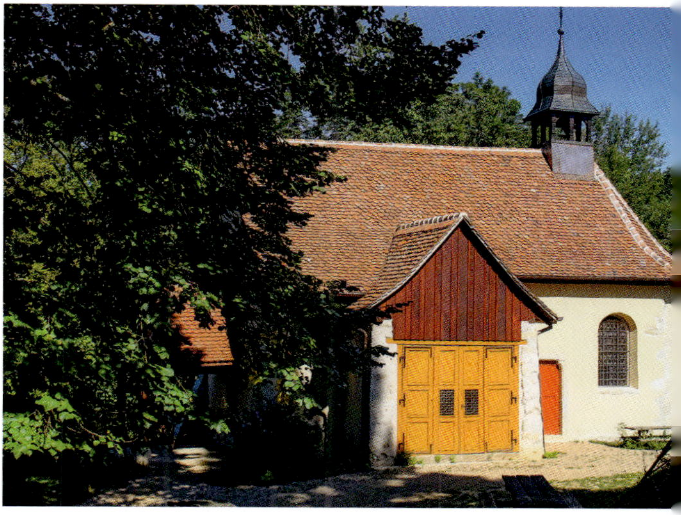

Die Kapelle Saint-Brice ist ein gut renoviertes Kleinod.

Zur Chapelle Saint-Brice An der Kreuzung mit Bank und Aussicht gehen wir also links und an der Kreuzung im Wald nach rechts auf einem schmalen Pfad mit der Markierung roter Punkt abwärts. Die Landstraße D9BIS wird überquert und 20 Meter nach dem Waldparkplatz benutzen wir links den kleinen Pfad hinauf zur 2 **Chapelle Saint-Brice** und Auberge Saint Brice. Der Hügel, auf dem die Chapelle Saint-Brice mitten im Wald steht, ist seit mehr als 4000 Jahren besiedelt. Archäologen haben hier eine jungsteinzeitliche Verteidigungsanlage ausgemacht. 1361 wurde die Chapelle Saint-Brice erstmals urkundlich erwähnt. Im 16. Jahrhundert war sie ein bedeutender Wallfahrtsort mit einer Einsiedelei. Von der ursprünglichen Kapelle sind heute noch die Umfassungsmauern und die Fenster erhalten. Im Dachgeschoss gefundene Votivgaben werden im archäologischen Museum in Straßburg aufbewahrt. Die heutigen Anziehungspunkte und der Genuss sind eher die urigen Sitzplätze unter der großen Linde an der Auberge Saint-Brice. Die Tartes flambées sind herrlich. Zwei Hängebauchschweine laufen zwischen den Tischen umher, halten aber freundlichen Abstand.

Der barocke Altar in der Kapelle Saint-Brice

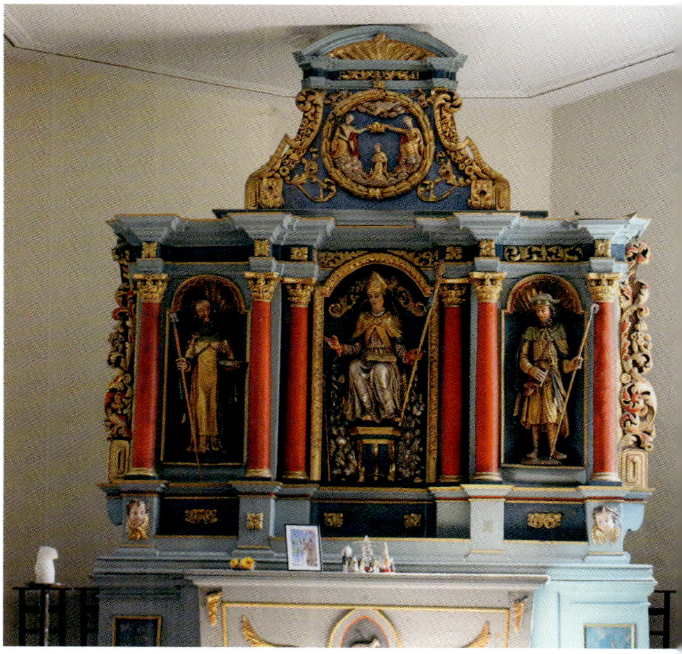

Zur Landstraße D9BIS Wieder vor den Gebäuden gehen wir nach Südosten über den Parkplatz und an der Kreuzung vor der Wiese mit schönem Blick auf die Kapelle nach links in Richtung Bettlach weiter. An einer Kreuzung bleiben wir geradeaus und der Weg wird zu einem Pfad. An einer Weggabelung gehen wir links abwärts auf erdigem Untergrund und kommen wieder zur 3 **Landstraße D9BIS**.

Zum Abzweig Hütte Der Landstraße folgen wir für 30 Meter nach links, überqueren sie und wandern dann

Rechte Seite: Aussicht nach Oltingue und zur Kirche Saint-Martin

mit der Markierung roter Punkt rechts in den Wald hinauf. Die Markierung roter Punkt und auch die gelbe Raute begleiten uns weiter oben auf dem Grenzweg auf einem Hügelrücken. An einer T-Kreuzung mit einem Grenzstein schickt uns der rote Punkt nach links in Richtung Bettlach durch jüngeren Wald, in dem wir stets geradeaus bleiben. Nach dem Wald geht es geradeaus über die Felder und am gegenüberliegenden Waldrand an der Kreuzung nach links. An der T-Kreuzung 4 **Abzweig Hütte** am Ende des Walds müssen wir nach links, können aber nach rechts einen kurzen Abstecher zu einer sehr schönen Schutzhütte mit Picknickplatz machen.

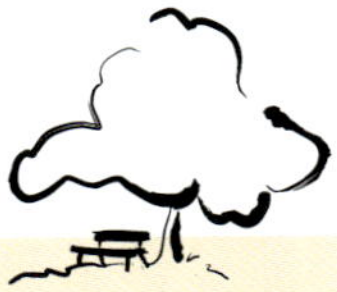

Der Sundgau

Zwischen der Schweiz, Deutschland und der französischen Region Franche-Comté erstreckt sich ein kleines Gebiet mit sanften Hügeln am Rand des Elsässischen Juras. Die Region ist seit dem paläolithischen Zeitalter bewohnt. Sie wurde erst von Römern, dann von Alemannen und schließlich von Franken kolonisiert. Der Name Sundgau taucht im Jahre 750 auf, als das Herzogtum Elsass in zwei Grafschaften aufgeteilt wurde, den Nordgau und den Sundgau.
Heute ist der Sundgau der südlichste Landstrich im Elsass. Das Gebiet ist landwirtschaftlich geprägt und lässt Erinnerungen an frühere Zeiten wiederaufleben. Alte Mühlen, Waschstellen und regionaltypische Bauernhöfe und Häuser in alemannischer Fachwerkbauweise zeigen Authentizität. Die Route carpe frite (Straße des frittierten Karpfens) schlängelt sich durch das Land der tausend Teiche. Der Sundgau verspricht Ruhe, Erholung und Natur, denn die Region ist eine ziemlich unbekannte Gegend, die vom Tourismus kaum berührt ist. Mit seiner abwechslungsreichen Landschaft ist der Sundgau ausgezeichnet zum Wandern geeignet.

Zum Bunker mit Aussicht An einer Gabelung in den Feldern wählen wir wieder den linken Weg und kommen so an die Rue du Bâle (D12) in Bettlach, der wir nach links abwärtsfolgen. Weiter vorne ist das Schild vom Restaurant Studerhof zu sehen. Wir laufen aber 30 Meter vorher rechts in die Rue de la Tuilerie sowie vor dem wunderschön restaurierten Sundgauer Fachwerkhaus nach links und überqueren dann die D21 am Zebrastreifen in Richtung Sentier des Casemates und Bellevue. An einer Gabelung gehen wir nach rechts und dann geradeaus. (Wer an Bunkern interessiert ist, nimmt die kurze Schleife des Sentier des Casemates nach rechts mit in seine Wanderung auf.) Auf dem geraden Weg erreichen wir am Waldrand eine Informationstafel und auf der Wiese einen 5 **Bunker mit Aussicht**. Die erhöhte Stellung ist wirklich eine gute Aussichtswarte, von der aus das Sundgauer Hügelland zu überschauen ist. Eine Orientierungstafel hilft die Landschaft zu entdecken und einzuteilen. Im Hintergrund stehen die Höhen des Schweizer Jura. Der Sundgau ist ein Gebiet mit sanften Hügeln, tausend Teichen und authentischen Dörfern. Eine stille, aber abwechslungsreiche Region, ideal zum Wandern. Im Südwesten ist hinter Oltingue in den Feldern wieder die Église Saint-Martin des Champs zu sehen.

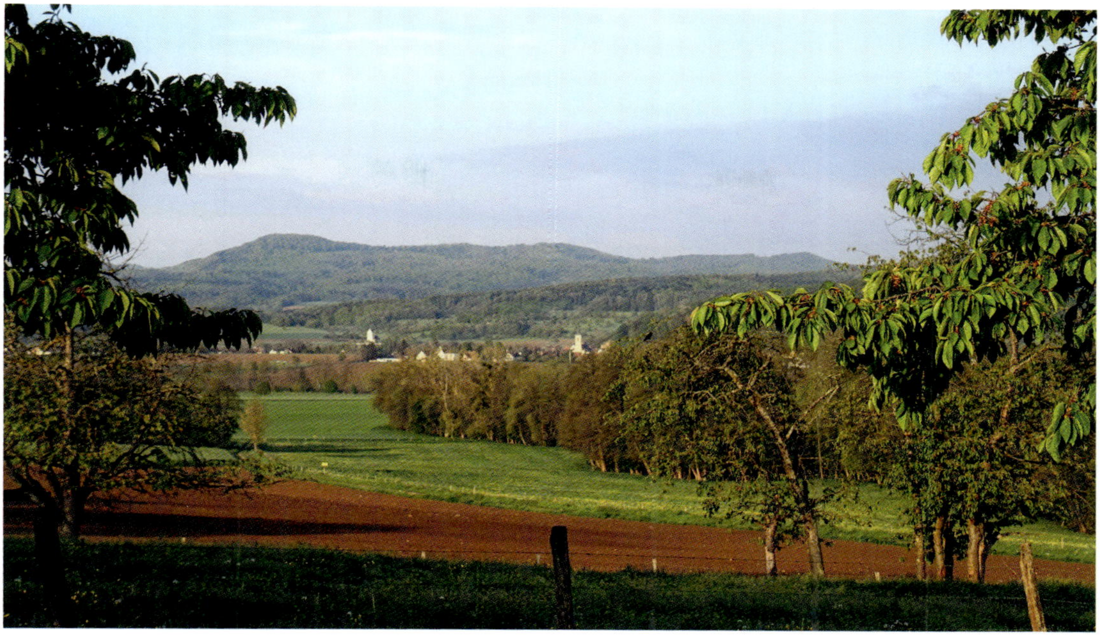

Zur Mairie in Bettlach Vom Aussichtsplatz auf dem Bunker müssen wir zurück an den Waldrand, an dem die Informationstafel steht, und gehen dort nach rechts und bleiben nach 30 Metern geradeaus abwärts. Unten endet der Weg an der Rue de Bâle, der wir nach rechts bis zum Parkplatz an der Ⓔ **Mairie in Bettlach** folgen.

Links: Ein herrliches Sundgauer Fachwerkhaus in Bettlach

Rechts: Der Bunker bei Bettlach ist eine vortreffliche Aussichtswarte.

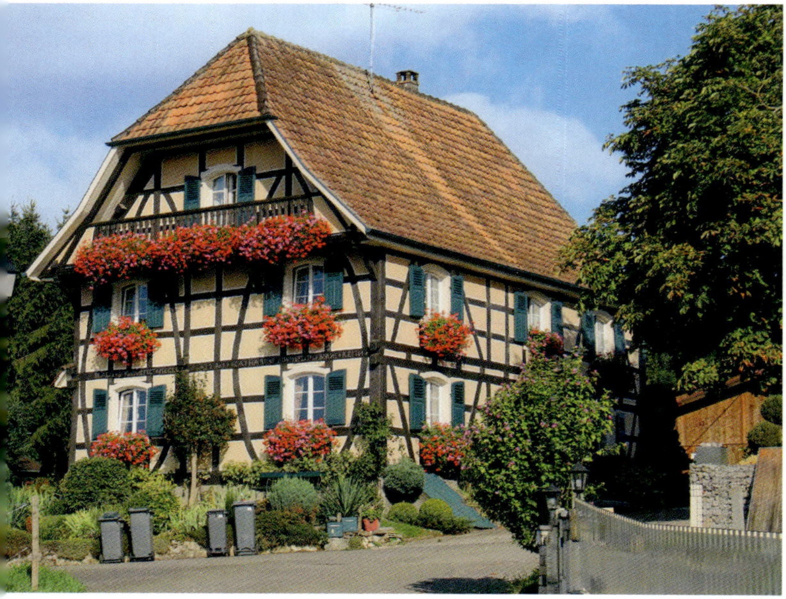

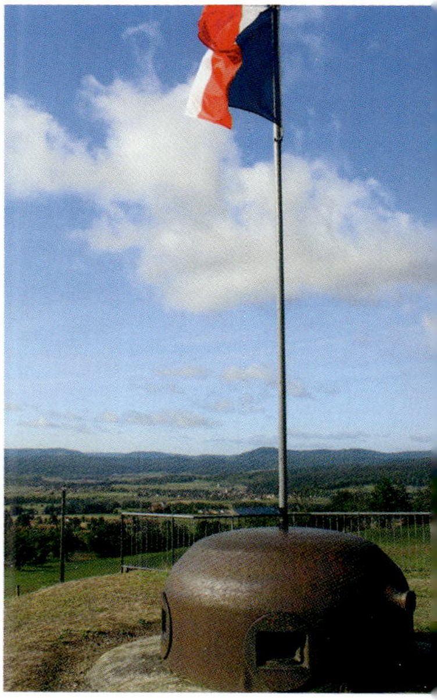

37

Zum stolzen Château Landskron

Auf Grenzwegen zur einst schönsten Burg

Leicht | 2:00 Std. | 180 Hm | 4,0 km

Besonderer Genuss: Kultur am Wegrand

Tourencharakter
Leichte, vorwiegend sonnige Tour, meist befestigte Wege durch Wälder, Wiesen, Weinberge und Ortsgebiet

Ausgangs-/Endpunkt
Parkplatz an der Chapelle des âmes du purgatoire
GPS N47°29'26.8" E07°28'54.0"

Anfahrt
Auto Auf der A35 Ausfahrt Lörrach und auf der D105, D473, D128 und D23 nach Leymen
Bahn Nach Basel und mit der **Trambahn** Linie 10 nach Leymen (www.bahn.de, www.sbb.ch)

Gehzeiten
Parkplatz an der Chapelle des âmes du purgatoire – Château Landskron 0:30 Std. – Weinberghäuschen 0:30 Std. – Wendeschleife Flüh 0:25 Std. – Abzweig Gare 0:25 Std. – Parkplatz an der Chapelle des âmes du purgatoire 0:10 Std.

Einkehr in Flüh
Wirtshaus zur Säge, Steinrain 5, Tel. 0041/(0)61/731 17 17, www.säge-flüh.ch
Restaurant Rose, Steinrain 4, CH-4112 Flüh, Tel: 0041/(0)61/731 31 75, www.roseflueh.ch

Karten
Club Vosgien/IGN, Blatt 7/8, 1:50 000

Touristinformation
Rue de la 1ère Armée 1a, F-68480 Ferrette, Tel. 0033/(0)3/89 08 23 88, www.sundgau-sud-alsace.fr

Hinweis
Ausweis mitnehmen, es geht mehrfach über die Grenze. Bei Nässe sind die Pfade rutschig.

Von Heinrich Aby, Pfarrer in Leymen (1886–1940), sind die Worte überliefert: »An der Grenze steht als Warte eine Burg aus alter Zeit, bietet auch in ihren Trümmern noch ein Bild der Herrlichkeit.« Heute ist die Ruine ein beliebtes Wanderziel.

Zum Château Landskron Vom Parkplatz an der Ⓐ **Chapelle des âmes du purgatoire** (Arme-Seelen-Kapelle) starten wir aufwärts und nehmen an der Informationstafel den mittleren Weg mit der Markierung blaues Rechteck in Richtung Château Landskron. An einem Haus steigen wir links auf dem Pfad hinauf. Am Ende des Pfads geht es auf der Zufahrtsstraße zum ① **Château Landskron**. Die Vogesen, der Sundgau, Schwarzwald, Basel und der Schweizer Jura liegen zu Füssen. Auch die Burgundische Pforte, von der warme Luftströmungen einfließen, zeichnet sich deutlich ab. Unten im Wald wächst der gelb blühende, mediterrane Blasenstrauch und im schweizerischen Ort Flüh wird Wein angebaut.

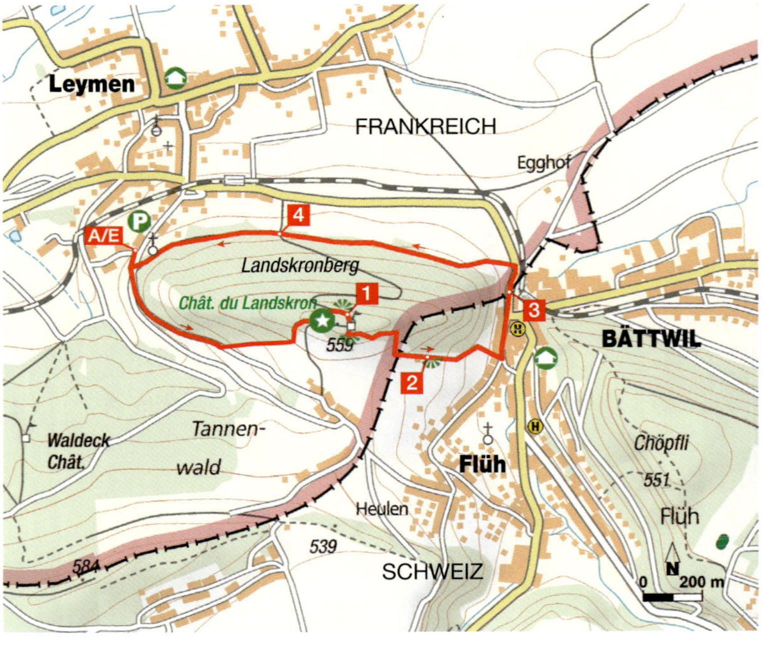

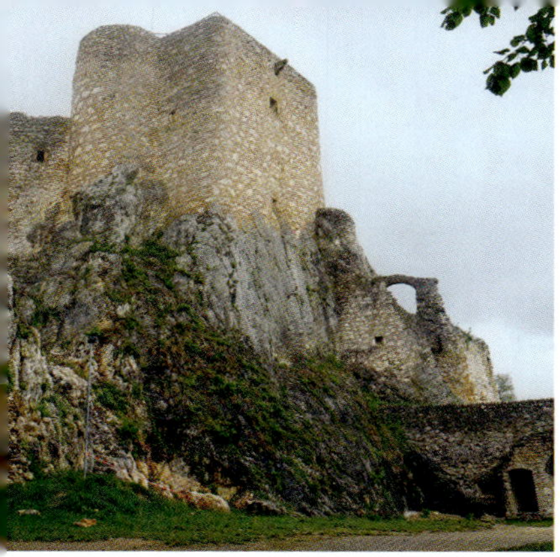

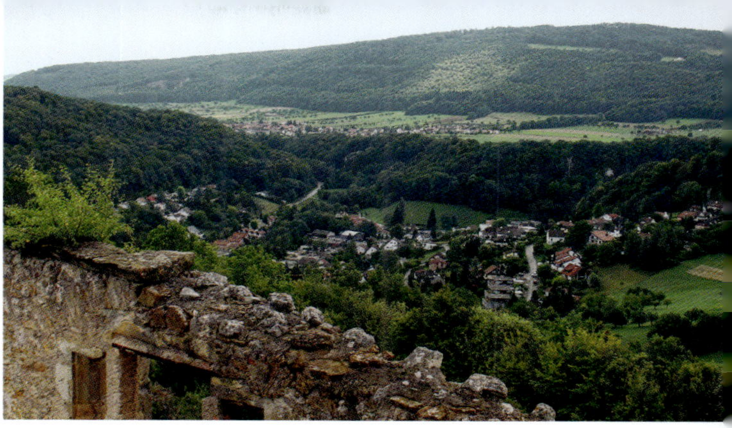

Links: Das Château Landskron ist immer noch eine mächtige Erscheinung.

Rechts: Blick vom Château Landskron auf Bättwil und Witterswill in der Schweiz

Zum Weinberghäuschen Auf der anderen Seite des Vorhofs steigen wir von der Burg hinunter und wandern dann rechts um die Burg mit der Markierung gelbe Raute der Solothurner Waldwanderung durch den Graben. Nach der eisernen Treppe geht es in Richtung Osten links hinunter und romantisch unter Felswänden entlang. Auf einem felsigen Steig kommen wir hinunter zu einem **2 Weinberghäuschen** in den historischen Landskronreben. In dieser Weinlage wird seit dem 15. Jahrhundert Wein angebaut. Heute führen sieben Hobbywinzer die Tradition fort.

Zur Wendeschleife in Flüh An der Bank am Ende des steilen Wegs gehen wir am Zaun links und unten in Flüh auf der Straße Steinrain wieder nach links an drei ordentlichen Wirtshäusern vorbei. Nach der Kreuzung bleiben wir geradeaus neben der D23IV. Nach der **3 Wendeschleife** der Trambahn am Bahnhof Flüh steigen wir links den Wiesenweg ohne Markierung hinauf.

Zum Abzweig Gare (Bahnhof) Der Wiesenpfad beschreibt einen Linksbogen und dann wandern wir am Waldrand nach rechts weiter. Der Pfad und später der Forstweg verläuft am Fuß des Landskronbergs bis zum **4 Abzweig Gare**.

Zur Chapelle des âmes du purgatoire Hier bleiben wir geradeaus, außer jemand möchte zum Bahnhof. Der Forstweg führt geradewegs zur Informationstafel oberhalb der **E Chapelle des âmes du purgatoire** zurück.

Das einst schönste Schloss

Das mächtige Basler Adelsgeschlecht der Münchs erbaute die Burg Landskron im Jahr 1297. Basel wurde bei dem Erdbeben 1356 weitgehend zerstört und auch die Burg wurde dabei stark beschädigt, aber wieder erneuert. Nach dem Dreißigjährigen Krieg nahm der französische König Ludwig XIV. die Bastion in Besitz und ließ sie durch den Festungsbaumeister Vauban verstärken. Sie diente als Grenzfestung und Staatsgefängnis. 1813 wurde die Landskron von den Bayerischen und Österreichischen Truppen erobert und schließlich 1814 gesprengt. Heute bemüht sich der schweizerisch-französische Verein Pro Landskron um den Erhalt der Ruine. Die Aussicht von der Burg ist ein Genuss für das Auge und wird von einer Panoramatafel erklärt.

Für jeden Tag die richtige Tour

					km							
1	🔵	Ruinen über dem Steinbachtal	2:40 Std.	270 Hm	8 km	●	●	●			●	●
2	🔵	Durch Cleebourgs Weinlagen	2:40 Std.	180 Hm	8,7 km	●	●	●	●	●		●
3	🔵	Entzückendes Wissembourg	2:40 Std.	140 Hm	8,5 km	●	●	●	●	●		●
4	🔵	Von Jaegerthal nach Windstein	2:30 Std.	280 Hm	7,6 km	●	●	●			●	
5	🔵	Zum Château de la Wasenbourg	2:30 Std.	260 Hm	7,0 km	●	●	●	●		●	●
6	🔵	In den Wäldern um Lichtenberg	2:20 Std.	280 Hm	7,4 km	●	●	●	●		●	●
7	🔵	Bezauberndes La Petite-Pierre	2:50 Std.	230 Hm	8,7 km	●	●	●			●	●
8	🔵	Von Bouxwiller auf den Bastberg	2:30 Std.	220 Hm	7,9 km	●	●	●	●	●		●
9	🔵	Auf den Col du Saverne	2:50 Std.	260 Hm	9,2 km	●	●	●	●		●	●
10	🔵	Zu den Burgen über Saverne	3:10 Std.	300 Hm	9,3 km	●	●	●	●		●	●
11	🔵	Am Schiffshebewerk bei Arzviller	3:40 Std.	200 Hm	11,0 km	●	●	●	●	●		
12	🔵	Rocher du Sickert und Dabo	3:10 Std.	330 Hm	9,7 km	●		●	●		●	●
13	🔴	Auf den mystischen Donon	2:10 Std.	280 Hm	6,6 km	●		●			●	
14	🔵	Von Wolxheim zum Dompeter	2:30 Std.	100 Hm	8,7 km	●	●	●	●	●		●
15	🔵	Um die romanische Stadt Rosheim	3:00 Std.	210 Hm	9,5 km	●	●	●	●	●		●
16	🔵	Von Obernai nach Bœrsch	3:20 Std.	200 Hm	11,4 km	●	●	●	●	●		●
17	🔴	Heiliger Mont Saint-Odile	3:00 Std.	320 Hm	8,8 km	●	●	●			●	●
18	🔵	Dambach-la-Ville bis Burg Bernstein	2:20 Std.	320 Hm	6,0 km	●	●	●			●	●
19	🔴	Auf den Panoramaberg Climont	2:20 Std.	360 Hm	6,8 km	●					●	

Nr.		Tour	Gehzeit	Höhenunterschied	Länge	Einkehr	kindergeeignet	Sehenswürdigkeit	wintergeeignet	viel Sonne	schattiger Weg	Busverbindung
20	🔵	Château du Haut-Kœnigsbourg	2:00 Std.	210 Hm	5,2 km	●	●	●			●	●
21	🔵	Saint-Hippolyte bis Bergheim	3:10 Std.	120 Hm	10,3 km	●	●	●	●	●		●
22	🔴	Burgen über Ribeauvillé	2:50 Std.	300 Hm	7,4 km	●	●	●		●		●
23	🔵	Von Hunawihr nach Riquewihr	2:30 Std.	210 Hm	7,2 km	●	●	●	●	●		●
24	🔵	Ammerschwihr bis Kaysersberg	3:00 Std.	320 Hm	8,6 km	●	●	●	●		●	●
25	🔴	Die Haut Chaumes am Lac Vert	3:30 Std.	380 Hm	10,0 km	●		●		●		●
26	🔵	360°-Panorama auf dem Hohneck	1:10 Std.	130 Hm	3,0 km	●	●	●		●		●
27	🔵	Der einprägsame Lingekopf	3:00 Std.	280 Hm	8,8 km	●	●	●			●	
28	🔵	Von Munster nach Gunsbach	3:30 Std.	400 Hm	11,6 km	●		●	●		●	●
29	🔵	Zu den Burgen über Eguisheim	3:40 Std.	400 Hm	10,8 km	●		●		●		●
30	🔵	Zur Pèlerinage Schauenberg	2:30 Std.	250 Hm	7,6 km	●	●	●	●		●	●
31	🔵	Der Klassiker Petit Ballon	1:50 Std.	270 Hm	4,7 km	●	●			●		
32	🔵	Zur alten Abtei Murbach	3:20 Std.	440 Hm	10,0 km	●		●			●	●
33	🔵	Auf den Grand Ballon	1:20 Std.	230 Hm	3,8 km	●	●	●		●		●
34	🔵	Rossberg und Thanner Hubel	2:50 Std.	500 Hm	8,0 km	●		●		●		
35	🔵	Burg Hohenpfirt und Rossbergturm	2:40 Std.	300 Hm	7,3 km	●	●	●	●		●	●
36	🔵	Zur Chapelle Saint-Brice	2:10 Std.	160 Hm	6,5 km	●	●	●	●	●		●
37	🔵	Zum stolzen Château Landskron	2:00 Std.	180 Hm	4,0 km	●	●	●	●	●		●

Piktogramme erleichtern den Überblick

- Gehzeit
- Höhenunterschied
- Länge
- Einkehr
- kindergeeignet
- Sehenswürdigkeit
- wintergeeignet
- viel Sonne
- schattiger Weg
- Busverbindung

PS: Meine Freunde und ich

Die Privilegien eines Schreiberlings

Meine Freunde nennen mich spaßhalber »Schreiberling« oder »Tintenkleckser«. Das ist leicht zu ertragen, denn wenn ich ihnen erzähle, wie ich meine Wanderbücher schreibe, sind sie still. Sie beneiden mich um mein wochenlanges freies Leben in den Bergen und Landschaften ferner Länder. Dem Neid die Krone setzt dann die Buchreihe »Wandergenuss …« auf, die mich »zwingt« die Welt der Genüsse zu erforschen. Zum Beispiel in der Betrachtung der Natur, ein kultureller Genuss, Vergnügen in der Einsamkeit und Stille oder eine besondere Einkehrmöglichkeit. So darf ich auch leckeren Wein und regionale Spezialitäten probieren. An fantastischen Aussichten, an denen man sich nicht sattsehen kann, labe ich mich und schreibe darüber. Wenn ich solche Dinge erzähle, dann schaut der Neid aus den Augen meiner Freunde.

Die schwarzen Tage eines Schreiberlings

Nicht immer lassen sich Wanderungen mit einem beschreibbaren Genuss so leicht finden. Es ist auch nicht erbauend, sich auf unbekannten Wegen zu verlaufen. Es macht keinen Spaß, bei schlechtem Wetter zu warten, bis ich ein druckfähiges Foto zustandebringe. Das trockene und öde Korrekturlesen vor der Abgabe des Buchmanuskripts an den Verlag ist auch nicht schön. Aber über die schwarzen Tage eines Schreiberlings erzähl ich meinen Freunden nichts!

Hinter dem Leben eines Schreiberlings verbergen sich Privilegien, aber auch schwarze Tage.

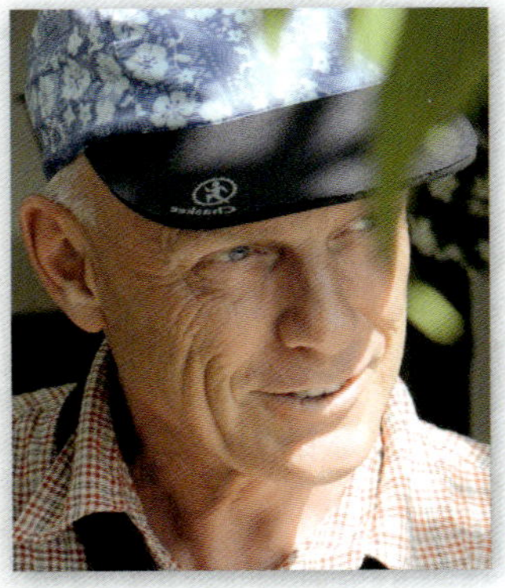

Rainer D. Kröll

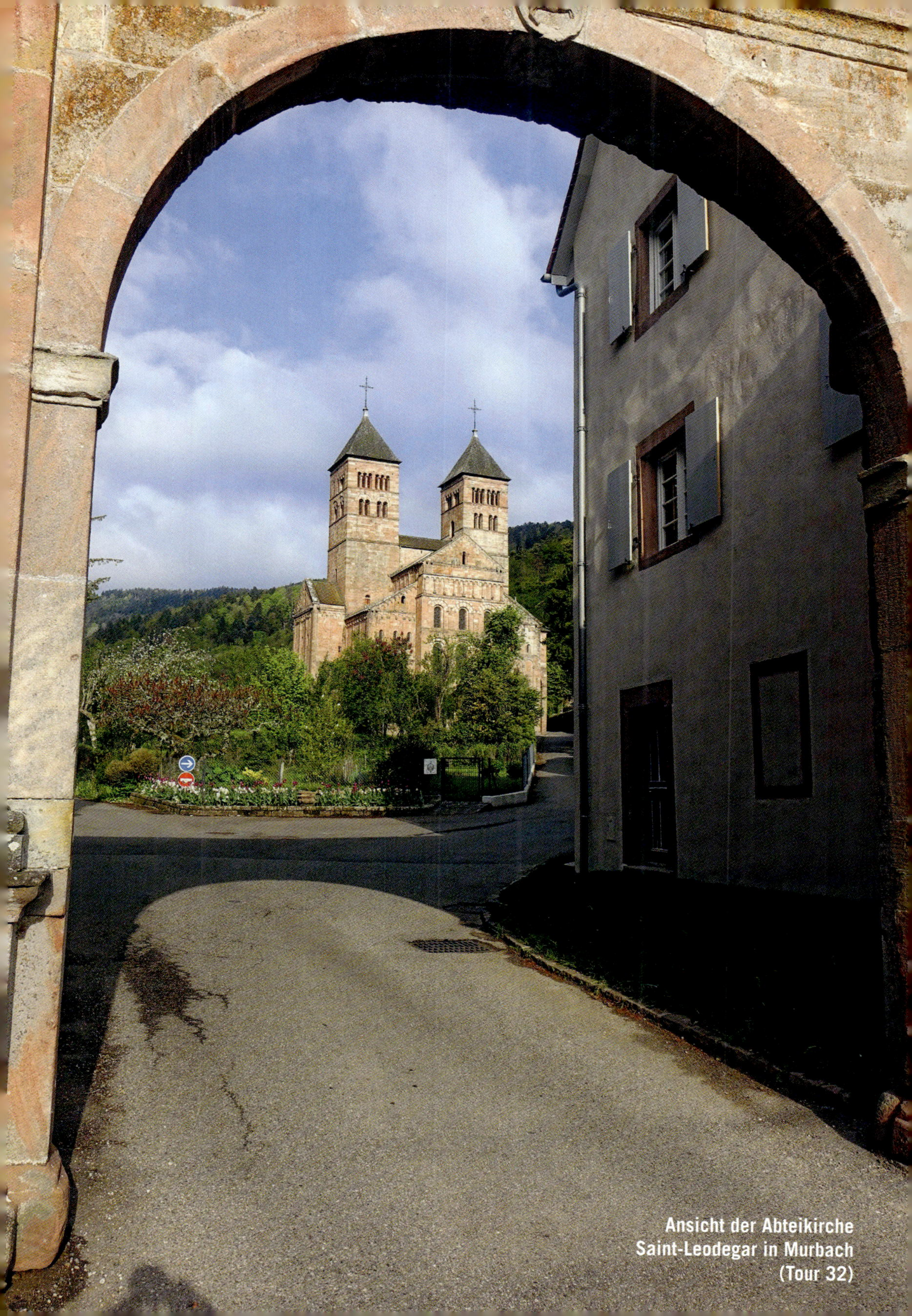

Ansicht der Abteikirche
Saint-Leodegar in Murbach
(Tour 32)

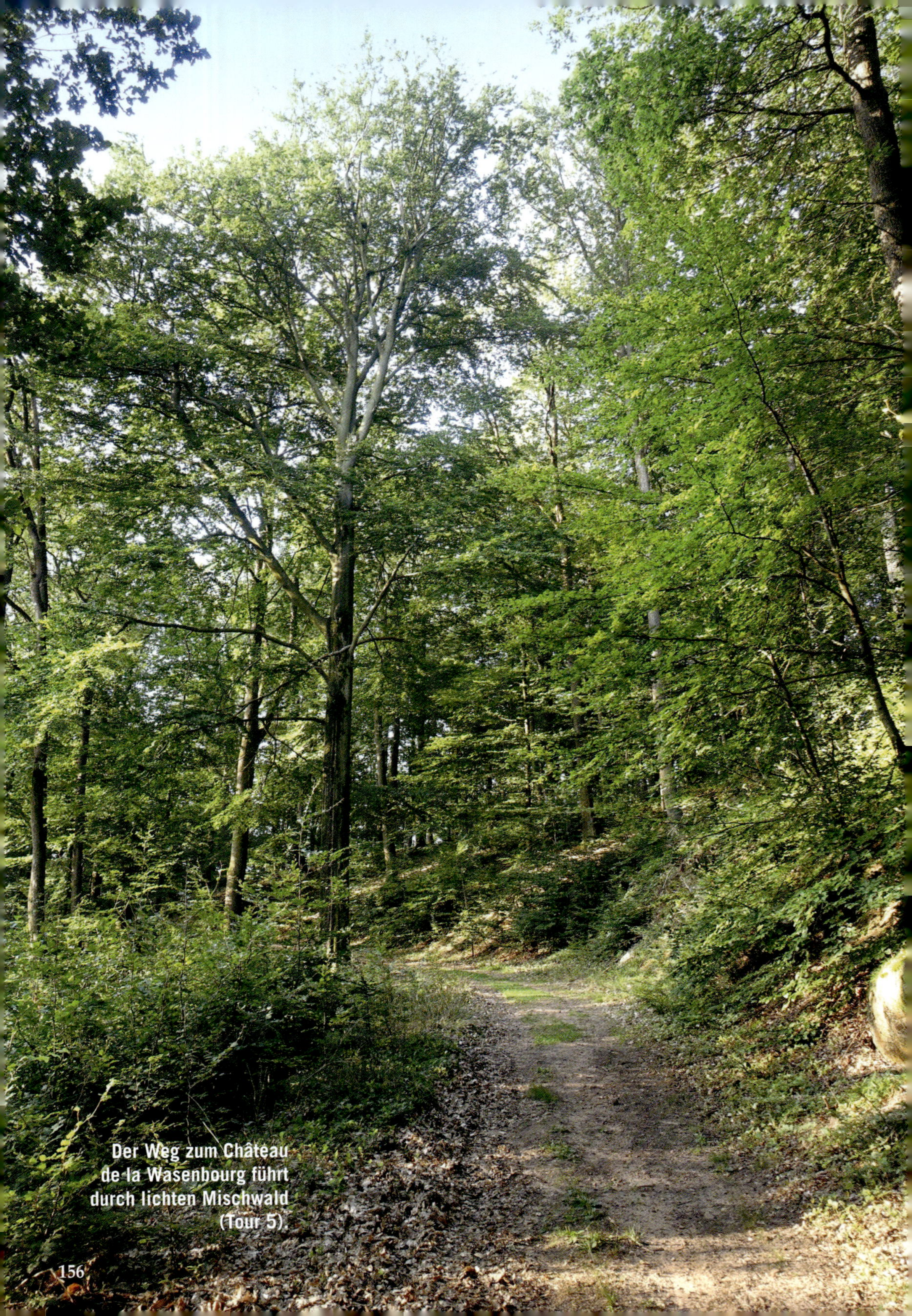

Der Weg zum Château de la Wasenbourg führt durch lichten Mischwald (Tour 5).

Register